常乃惪
作品精选集

常乃惪◎著

吉林人民出版社

图书在版编目（CIP）数据

常乃惪作品精选集 / 常乃惪著 . -- 长春：吉林人
民出版社，2022. 9
ISBN 978-7-206-17905-1

Ⅰ.①常…　Ⅱ.①常…　Ⅲ.①思想史 – 中国 ②文化史
– 中国　Ⅳ.① B2 ② K203

中国版本图书馆 CIP 数据核字（2020）第 263044 号

出 品 人：常　宏
选题策划：吴文阁　翁立涛　四季中天
责任编辑：张　娜
封面设计：老　刀

常乃惪作品精选集

CHANG NAIDE ZUOPIN JINGXUAN JI

著　　者：常乃惪
出版发行：吉林人民出版社（长春市人民大街 7548 号　邮政编码：130022）
咨询电话：0431-85378007
印　　刷：天津画中画印刷有限公司
开　　本：650mm × 960mm　　　　1/16
印　　张：20　　　　　　　　字　　数：250 千字
标准书号：ISBN 978-7-206-17905-1
版　　次：2022 年 9 月第 1 版　　印　　次：2022 年 9 月第 1 次印刷
定　　价：56.80 元

出版说明

常乃惪（1898—1947），原名乃瑛，字燕生，笔名凡民、平生、萍之、惪之等，山西榆次人。常乃惪天资聪颖，才智过人，幼时有"神童"之誉，14岁时"对于经史之学已渐有根底"。1916年，名列山西全省中学生国文会考第一，得"山西状元"之名，考入北京高等师范学校（现北京师范大学）史地部预科。北京高师毕业后，常乃惪曾短暂留学日本，后任北京高师附中、上海吴淞公学教师和上海商务印书馆编译室编辑。1925年后，曾先后任教于燕京大学、山西大学、四川大学、华西大学等高校。1947年病故。

常乃惪不仅是一位历史学家，还是教育家、思想家、哲学家。他的治学内容除历史、教育、哲学外，还涉及社会学、文学等领域。代表作有《中国民族小史》《中国文化小史》《中国思想小史》《中国政治制度史》《法兰西大革命史》《西洋文化简史》《文艺复兴小史》等，可谓著作等身，涉猎甚广。

鉴于此，我们编选了本书，编选说明如下：

一、此次出版的《常乃惪作品精选集》，选取了常乃惪最具代表性的两部作品《中国思想小史》和《法兰西大革命史》。

二、保留原作中符合当时语境的表述，只对错别字、常识性错误进行改动。

三、参照 2012 年 6 月实施的《出版物上数字用法》国家标准，在"得体""局部体例一致""同类别同形式"等原则下，对原书中涉及年龄、年月日等数字用法，不做改动（引文、表格和括号内特别注明的除外）。中华人民共和国成立后的年、月、日统一采用公元纪年法表示。

正如有人说："书写出来并不是为了藏在高墙之后，而是为了向世界传播，激励和启发世人。"我们出版本书，希望读者朋友能够从中得到有益的启发和借鉴。

限于整理者水平有限，错漏不当之处在所难免，诚望读者朋友批评指正。

编　著

目 录
contents

中国思想小史

法兰西大革命史

中国思想小史

导言　中国五千年来思想变迁的鸟瞰

　　思想史与学术史同呢？不同呢？说不同，所采的材料，所用的方法，未尝不大同小异；说同呢，内容所讲的确乎彼此两样。学术史——或者哲学史——所注重的是学说的内容，师徒传授的门户派别，以个人为中心的学者传记等等——思想史对于这些却全不注重，它所注重的乃是一时代思想递嬗的源流大概，及于当时及后世的波动影响。讲学术史尽可以个人为中心，多少忽略时代和地域等背景，讲思想史却完全不能不注意到时代、地域等等交互的影响。近来学术史乃至哲学史的著作也都渐渐抛弃以个人为中心的学案体，而趋重于环境的影响之叙述了，从此以后思想史的位置，将比学术史——特别是哲学史——的位置还高了。

　　中国有学术么？这话是不能轻易回答的，因为真正以科学方法为根据的学术，在欧洲也不过二百年来的事，在中国今日则甫在萌芽，尚无供历史记载的资格，更谈不到学术二字。中国有哲学么？自周、秦诸子以来，百家争鸣，其中未尝无近乎哲学性质的学说，不过中国的民族性是平易务实，所有主张多务求有裨实用，并不好为幽深玄远的思辩，因此发达为纯正哲学的机会甚少，只有六朝以后，从印度输入的佛教思想，颇有哲学的意味，但一到中国，学风也渐渐趋于实际，不是纯印度的旧来色彩了。地域环境之移人如此，因此在中国求为学术史或哲学史的记载是很不容易的，但五千年孕育深厚的民族，其发为思想自然不无可观，以民族的固有天性和环境铸成思想，以思想之力又铸成民族，彼此循回影响，遂造成今日庞大的中华民族与中华民族思想，对于全世界都有莫大的影响，这种情形又是我们所决不可放弃过了的，因此中国思想史的研究就绝对不可缓了。

我们要对于中国民族思想的内容作详细的研究，就不可不先将五千年来演化的源流大概先为鸟瞰的解剖，使读者心中对于全盘情形先有一番了解，然后再进而为细密的叙述，才不至茫然无措，因此本章先将这种思想演化的大概情形，作一番鸟瞰的叙述。

思想不是平空发生出来的，他是民族精神结晶的表现，民族精神也不是天造地设一成不变的，他的成因，一半是民族血统，一半是地域环境和时代环境所造成。要研究中国民族的思想演化情形，除了各时代的时代环境应该注意外，对于中国民族的先天气质和地域环境也不能不注意，尤其要注意的是地域环境，因为民族的气质如何，本来难以表现，所表现出来的，尽是受过地域环境影响以后的情形，因此地域环境就更不能不特别加以注意。中国是个温带的国家，地方又广大，平原和河流又多，气候又温暖，物产又繁盛，这样情形之下，思想是应当早发达的。就最可靠的历史记载言，距今四千年时代，至少已有了系统的思想的萌芽了。在四千年以前，中国民族的思想进展到如何程度，我们今日无文献可征，已难十分断言了，不过从上古的种种民谣神话以及器物制度上考察起来，或者仍不无可以揣想而知之处。至于尧舜以降，多少已有书籍和器物可征，从这时代起到西周末年止，我们可以看作是一个相近的时代，这时代中我们所有的记载证明了一部分贵族宫廷的人已有了系统的观念思想，而大多数平民却仍生活在不识不知的神话之中。这时代因为交通不便、民族接触较少的缘故，至少文化的中心因民族之不同也分裂为数个，较显著的如黄河流域的诸夏民族文化，淮水流域的东夷民族文化，江汉流域的荆蛮民族文化，渭水流域的氐羌民族文化，四川中部的巴蜀民族文化，都各有其特异之点，由此产出的民族思想也各有其系统，彼此不同。除了诸夏民族之外，其他民族的本来思想因为记载简略的缘故，我们仅能于流传的故事神话之中，略得其一二，其详已不可得闻，这些不同的民族思想，到春秋以后因列国接触的结果，逐渐都加入诸夏思想系统之中，彼此混合调和，遂造成今日中国民族的整个思想了。

春秋战国是各民族接触频繁的时代，也是各种思想系统彼此竞争和调和最烈的时代。原始的诸夏民族思想因为政治进化较早的缘故，发展较为完备，表现出来的是儒、墨两家的思想。儒家重伦理秩序，墨家重实用节俭，两家为说虽稍有不同，根本的精神却无甚差别，都是发源于诸夏民族重实践的民族性。与这种精神相反的，则有道家与阴阳家两派。道家重虚无自然，阴阳家重鬼神怪诞，两家为说虽稍有不同，其源却均出于东夷民族的思想，不过一受海国的影响，气势较为雄大，一则发展于江汉流域，因地域丰饶的结果，思想较为高深罢了。最后出者为法家，法家起于韩、魏而盛行于秦，都是西北区域，西北为氐羌族的根据地，因气候寒冷，地势贫瘠，虽经周、秦两代的建都，文化仍甚落后，思想无甚表现，直到战国末年才有法家出现，其重功利、尚实用的精神仍与诸夏思想系统相近，不过更加黥刻峻厉，带有西北民族的色彩罢了。但法家的人生观却多承自道家，其受东夷族思想之影响也不少。要之先秦诸子，法家最为后出，其受他派影响也最多，故其学说首尾完密，壁垒森严，可谓集古代学说之大成，后来西汉一代的实际政治都是依据法家的主张而实行的。

经过战国末年思想发展极盛的结果，到秦、汉统一以后，便有衰颓的倾向了。西汉初年的社会，以前各派的分子仍然都在活动，不过都无杰出的人才。儒家只有董仲舒一派的迂儒撑持门面，和叔孙通、公孙弘等无耻小人，假借名目，献媚时主。道家则也将原始那种极端破坏的思想抛弃，只以清净无为等浅薄思想，迎合当时的人心。这两派的末流都吸收当时流行的方士妖妄之说，与阴阳家末流相合，造成谶纬的思想，支配东汉一代的政治社会，结果成为道教。阴阳家更加堕落，自战国末年就失去创始者的本意，变为方士了。秦、汉以后，这种方士逐渐吸收当时的社会上的多神思想，蔚成大宗，后来的道教便是中国多神思想的总汇，很值得注意的。法家在西汉一代最见实用，但结果毗于事功而忽略理论，因此思想方面转没有什么大的建树，不过在实际上颇支配当时的人心罢了。墨家本来不重理论，秦、汉以后更因与当时专制潮流不合的缘故，表面上销声匿迹，实际上任侠好义之士多带有墨者的意味，不过因为不尚理论的结果，渐渐数典忘祖不知道他们的思想所自了。总之西汉一代是各派思想日就式微的时代，到东汉时代各派遂均灭亡。东汉表面上尊崇儒家，似乎思想界为一派所垄断，实则有经师而无儒者，有训诂而无发明，够不上称为思想家。当时支配一般思想界者仍是儒、道、阴阳三派结合而成的多神宗教，思想界之堕落如此，无怪乎一到魏、晋之际，要生大的反动了。

思想到了东汉，可算消沉黑暗已极，妖妄的方士思想传布于民间，遂造成黄巾之祸。四百年来的统一大帝国，由此破裂。乱世社会不易安定，思想因之易趋激烈，遂渐渐产生对于古代传统思想反抗的怀疑精神。汉末的孔融，魏末的何晏、王弼，晋初的竹林七贤，都是此时代的代表。不过当时风气初开，规模未具，仅有对于传统思想反抗的破坏精神，别无新的建设。加以时代不宁，民生困苦，故颓废思想易于成立。伪《列子》中《杨朱篇》的思想即其代表。假如当时环境没有新的发展，则思想界也未必就长此安于颓废，或者就老庄哲学的路，发展为一种名理探讨的新精神也未可知，不过费的时间总要长些。乃时势凑巧，因种族移徙的结果，西域交通之路大开，印度的佛教思想竟大举输入中华，给颓废饥渴的思想界以一种新兴奋剂，从此思想界的工作，都集中到翻译事业上去了。

六朝的翻译事业，与两汉的训诂事业，虽均为述而不作的劳动，性质似乎相同，其实就精神上和效果上说起来，却大不相同。汉代的经师当思想由盛而衰之际，其功作仅止于抱残守缺，毫无进展，当其任者也多系拘谨迂阔的书生，并无非常杰出之才，故影响社会极小。六朝则正当思想革新的机会，外来的学说完全新颖，为向来所未见，足以吸引第一流人才的注意，而其内容博大精深，又足以维系人心的信仰，故翻译者妙契微言，听受者共乐新义，影响之大就决非区区汉代经师所可比了。

六朝时代，正在输入印度思想之际，大家都努力于介绍的工作，不暇咀嚼消化，在创造上无甚表现，不过单以介绍而论，已使中国思想界得了一支新生力军，发生一种新的变化罢了。到了六朝末年，翻译的工作业已将次圆满，印度思想重要的部分业已差不多都介绍过来，中国的学者接收了这一批新礼物之后，自然要逐渐求其与固有思想调和融化而另创出一种新东西来。自北魏中叶的净土宗起，到隋朝的天台宗，唐初的华严、禅宗等，都是中国人自创的东西，就是法相宗虽从印度输入，也是经过玄奘法师的改良，另有一番新意义的。

佛教到了唐朝中叶，已经发达到了极点，种种新义都已发挥净尽，物极必反，以后的佛教便往下坡路走了，唐朝末年的佛教徒骄奢淫佚，愚昧无知，已不能尽餍人心，学士大夫渐渐有另辟新路的动机，如韩愈、柳宗元、刘禹锡、李翱都是有志开辟新路的尝试者，不过时机未熟，成就不大。到了晚唐五代的丧乱时期俱已过去，北宋的政治统一开幕，因着政治的和平安定，思想得以酝酿发舒以至于成熟。北宋中叶以后欧阳修、王安石的实利主义和二程子的理学俱已成立，到南宋以至于元，便全是理学家的天下了。

理学起于北宋，大成于南宋，而盛于元及明初，元、明两代经过政治当局有意的提倡，简直成为一种变相的宗教，为人主箝制人心的工具了。末流之弊自然趋于黯刻，到明朝中叶反动渐起。一部分名士文人，专模仿浪漫的感情生活，虽为理学直接的反动，但在思想上无切实的立足点，尚非重要，在思想上占重要地位的，则为王守仁之良知学说。王学虽仍不脱理学之名，但实际上主张直接痛快，破坏一切，已超出宋儒的范围，非理学所能拘束了。

这种对于宋儒理学的反动，一经开始其势不可复止，故到明末清初，受了国家时局的激刺，便有更新的思想萌芽。黄宗羲、顾绛、王夫之、傅山、颜元等都各有新学派出现，不但宋儒拘他不住，即阳明学说也渐成过去了。这时候真是个新机萌芽的时代。不幸清圣祖以后，专制日亟，文网日密，屡兴摧残思想的大狱，又用利诱手段，以爵禄牢笼学者，以辞章销磨志气，因此思想界受此挫折，不能照直线往前进行，不得已以玩物丧志的考据之学来销磨岁月，清代考据学之盛，正清代思想界之不幸。但思想终非禁锢所能终了的，清代嘉、道以后，禁网渐疏，新思想逐渐复活，魏源、龚自珍等皆其代表。假使无欧洲思想的输入，这种思想也会逐渐发育起来成为系统的学说的。恰好欧洲的思想又适在这个时机输入进来，给思想界添一支非常有力的生力军，恰如六朝时代之输入印度思想一样。自清末以至今日都和六朝的初期相似，是一个努力介绍的时代，不过尚无像六朝时代那样大规模的忠实介绍罢了。但这种机运一动，决难中止，欧洲思想终有尽量地输入中国之一日，前途之光明正未有艾哩。

综观中国思想界的大势，自原始的神道思想进而为先秦诸子系统的学说，又吸收印度思想而造成宋明的理学，最后则欧洲思想输入，极恢奇变诡之致。足见民族创造力之大，融和力之伟，思想终无中断之一日，这就是我们所可引为乐观的地方了。

第一章　原始中国民族的神话思想

　　原始的中国民族并不是整个的，极概括地分起来至少也可以分为八九个不同的民族。各种民族占据的环境既不同，又因古代交通不便，彼此声息隔绝，无从交换意见，结果自然易于造成特殊的思想。这种思想后来有的澌灭无闻，有的日益光大，有的与他族思想相互混合，造成今日整个的中国思想，其情形各不相同。已经澌灭的思想，我们今日考证起来，尤为困难。大抵民族思想之发展迟速，内容丰啬，与民族所处的环境大有关系。原始的许多中国民族之中，其较有独立的思想系统堪令人注意者，仅有分布黄河流域的诸夏族，和淮水流域的东夷族。此外巴蜀民族虽有文化，而因与中国交通较迟，纪载已多轶灭，无从考起；荆蛮、氐羌等族文化较低，表现甚少；闽粤、北狄、西藏诸族，距中原荒远，文化发展也较后，更无思想之可言。唯今日盘踞珠江上流山地之苗族，古代相传分布的势力较广，文化的开辟也较早，其思想内容也有可以注意之处，惜乎可考的纪载也不多了。

　　在这许多民族之中，最可注意的自然是诸夏族，因为他是中国民族的主干，他的文化发达也最早，流传下来的也最多，所以无论是任何种类的中国历史都不能不以他的事件为主

干。诸夏族的来源有人说是从中央亚洲迁来，有的说是中国土
著，我们姑不具论，总之自有历史以来，这个民族业已盘踞在
黄河流域的中部，即今河南省及山东省的西部，山西省的西部
一带。这一带地势平衍，土脉肥沃，易于产生文化，但气候并
不甚热，在古代水患也较多，故人民不能过于逸乐产生很高尚
的思想，只有与生活有关的平实思想容易成立，故其思想多趋
于稳健切实。这一块大平原之中，除了西方有山岭以与陕、甘
一带的氐羌族（戎人）相隔离之外，南北东三面都无险可守，
和异民族容易接触，南方则有苗族，后来的荆蛮不知与苗族是
同种否，大约彼此接近，东方则有东夷，北方则有北狄，除北
狄因环境不良，略无文化及思想可考见外，苗族及东夷的文化
发展也都很早，都有独立的思想系统，可以与诸夏相交换。上
古诸夏族的敌人，最初是苗族，其后是东夷。苗族自黄帝斩蚩
尤于中冀①，尧胜南蛮于丹水②之浦以后，逐渐失败南窜至长江
流域，已失了与诸夏冲突的机会。他们的思想一部分被诸夏族
吸收，变成中国民族思想的一分子，大部分犹遗留于江汉之间，
直到楚国开化始挟之以与中夏思想相颉颃。东夷族与诸夏族之
开化时期相仿佛，地势实逼处此，彼此冲突最多，融会也最深。
今日所传的种种诸夏文化及思想之中，所含东夷族思想成分最
多。上古诸夏族所传的圣人，如伏羲、神农、虞舜等，多不能

---

① 中冀：古地名，指中原地区，今为河北保定沧州一带。
② 丹水：丹江的古称，《商州志》载，丹水因丹鱼而得名，其发源于秦岭南麓，
流经陕西、河南、湖北，在丹江口市与汉水交汇，注入丹江口水库。

谓为与东夷族无关。直到大彭 [①] 霸于夏末，殷商代夏而兴，淮夷、徐戎叛于周初，徐偃王称霸于西周中叶，东夷族之势力犹倔强不伏，有与诸夏族代兴之势，可见其强了。治上古中国民族思想史者，对于苗、东夷二族与诸夏族的关系，是不可不注意的。

上古诸夏民族思想是怎么样呢？也是和其他原始民族一样，应该从神话一类的荒唐传说中去找的。中国的神话材料虽也不为不多，但于研究上古的思想上看起来，价值并不甚大，因为大部分的故事都是从战国以至汉朝才出现的。譬如神话最多的纬书，内有关于开辟及古代史迹的神话，但全系汉朝的迂怪儒家所捏造，并不足以代表初民的思想。其次如《淮南子》中神话也最多，《淮南子》所采多系当时社会的传说，与向壁虚造者不同，故较有价值，其中如女娲补天、姮娥奔月等故事，更值得令人注意。不过《淮南子》是代表道家和阴阳家思想的书，所采撷的区域，又是在江淮流域，则此种神话之来源与阴阳家不无关系，阴阳家的思想多与诸夏的传统思想不同，具有海国的气味，与其谓为代表诸夏族，无宁谓为代表东夷族。其他《庄子》《列子》等道家的书中的神话也可以同样性质视之。故真正代表诸夏族之神话仍只能于《诗》《书》《易》等五经中求之，就中《春秋左氏传》载神怪事较多，可以考见上古诸夏族神话之一斑。

---

① 大彭：即彭国，又名大彭国。由彭氏部落首领彭祖建立，夏朝属国，夏王启曾命大彭国君寿平定西河叛乱。商前期很强大，商王外壬时，帮助商平定了邳人、姺人的叛乱。商王武丁时，商灭掉了大彭国。大彭国大约存在了800年。

秋，龙见于绛郊，魏献子问于蔡墨曰："吾闻之，虫莫知于龙，以其不生得也，谓之知，信乎？"对曰："人实不知，非龙实知。古者畜龙，故国有豢龙氏，有御龙氏。……及有夏孔甲，扰于有帝，帝赐之乘龙，河汉各二，各有雌雄，孔甲不能食，而未获豢龙氏，有陶唐氏既衰，其后有刘累，学扰龙于豢龙氏，以事孔甲，能饮食之，夏后嘉之，赐氏曰御龙。"……献子曰："今何故无之？"对曰："夫物，物有其官，官修其方，朝夕思之，一日失职，则死及之，失官不食，官宿其业，其物乃至，若泯弃之，物乃坻伏，郁湮不育，故有五行之官，实列受氏姓，封为上公，祀为贵神，社稷五祀，是尊是奉。木正曰勾芒，火正曰祝融，金正曰蓐收，水正曰玄冥，土正曰后土。龙水物也，水官弃矣，故龙不生得。"……献子曰："社稷五祀，谁氏之五官也？"对曰："少皞氏有四叔，曰重，曰该，曰修，曰熙，实能金木及水，使重为勾芒，该为蓐收，修及熙为玄冥，世不失职，遂济穷桑，此其三祀也。颛顼氏有子曰犁，为祝融；共工氏有子曰勾龙，为后土，此其二祀也。后土为社，稷田正也，有烈山氏之子曰柱，为稷，自夏以上祀之。周弃亦为稷，自商以来祀之。"

——昭二十九年《传》

再看《国语》中的一段，更叙得清楚。

古者民神不杂，民之精爽不携贰者，而又能齐肃
衷正，其知能上下比义，其圣能光远宣朗，其明能光昭
之，其聪能听彻之，如是则神降之。在男曰觋，在女曰
巫。是以使制神之处位次主，而为之牲器时服。而后使
先圣之后之有光烈，而能知山川之号，高祖之主，宗庙
之事，昭穆之世……而敬恭明神者以为之祝。使名姓之
后，能知四时之生，牺牲之物……坛场之所，上下之神
氏姓之出，而心率旧典者为之宗。于是乎有天地神民类
物之官，谓之五官。各司其序，不相乱也。民是以能有
忠信，神是以能有明德。

——《国语·楚语》

以上两段中的神话观念，虽出自春秋时代的智识阶级之口，
其中自难免含有后来进化的思想，但二人都是追述古代的情形，
总有一部分是事实的。从这两段之中，可以看出上古思想之一
斑。第一，古代人信民神是不杂的，有专门事神的官，谓之巫
觋① 卜史宗祝，他们的位置很高，有支配人事的权力。第二，古
代人信神的意思可由这些巫觋之类代达出来，所以生活很有标
准，不至动摇。第三，古代人的宗教观念是多神的，他们所认为
神者很多，其有无主宰统属不可深知，即有，关系也是很浅薄
的，皇矣上帝的一神观念，是商周以后才发达的，上古有史之
初，尚无此见解。第四，古代人之所谓神本具有人格，与人性相

---

① 巫觋：古代称女巫为"巫"，男巫为"觋"，合称"巫觋"。

去不远，除了日月山川等自然物都认为有神以代表之外，凡人之有才能功烈，为生民所信仰者，死后即成神灵，受后人的祭祀。物之奇异不常者也有神性，也可以为神。以上这几种观念，本是原始民族所同具的。不过诸夏民族受环境的影响，思想至为平实，故其神的观念也至为简单，除了拜物，拜伟人之外，并无其他新奇花样。其所谓神，都是具体的人物，且系与日常生活有关的，不似希腊、印度及波斯神话之多代表抽象的哲理，这便是诸夏民族思想的特色，正可以表示出他们只是大平原中一个老实安分的民族，没有什么有余时间去胡思乱想的。

诸夏族原始的神话思想是这样的简单，所以今日流传的中国神话之中，外来的成分很多。大约如同盘古开天辟地一类的神话是从苗族中流传过来的，此外苗族的思想影响于诸夏者有多少，此时已无可深考。在古代对于诸夏思想影响最深者，要算东夷族。东夷族最古时期的思想如何，也已经不能知道，但从历史上有记载的时期起，东夷族神话思想，已经比诸夏族进步了。东夷族的散布区域是从山东半岛起，淮水流域全部都在他们的范围之内，其种族有莱夷、淮夷、徐戎等，血统大约彼此相近。东夷族的鬼神观念较为发达，诸夏族只重神而不重鬼，东夷族则鬼神并重，迷信鬼怕鬼的风气似乎很盛，用人于社是东夷的风俗，可想见其宗教之残忍好杀。大约一神的观念也是从东夷族输入的。因为上帝的观念是从商朝以后才兴起的，商朝是东夷民族，他的宗教是东夷的宗教。试看《夏书·甘誓》上夏人数有扈氏的罪状，启说他"威侮五行，怠弃三正"，而《商书·汤誓》上商人数夏人的罪状，则有"有夏多罪，天命殛之"，"夏氏有罪，予畏上帝，不敢不正"等语，可见对于神道的观念已经很有进步了。夏朝的历史记载流传到后世的很少，在仅有的几篇《夏书》之中，也看不出多少当时鬼神迷信的痕迹，到商朝则这种风俗显然可考。以殷墟甲骨文字为证，可以发现当时迷信鬼神卜筮 [①] 的风俗很多，这种迷信，在夏时虽非没有，但绝不像商朝那样发达的。

从粗浅的多神观念的夏朝进化到一神观念的商朝，虽然也许是时代的关系，但种族的关系也不为少，研究古代中国民族思想史者，对于这两种关系都不可不注意的。

---

① 卜筮：古代民间占问吉凶的两种方法，是古代巫术的一种表现，指用龟甲、蓍草等工具预测某些事项，不同的时代使用的方法有所不同，历代有所创新。

第二章　宗教与伦理观念之进化

中国民族在夏以前，还在过着一种素朴的原人思想，对于宗教的观念是很简单的，除了崇拜自然、生物，和已往的伟人以外，并无若何含有高深哲理的宗教信仰，其他学理方面更无规模。现今的《尚书·尧典》《皋陶谟》诸篇虽然有很秩然的伦理观念可资研究，但以上诸篇撰作的时代尚待研究，我们与其承认这几篇书真是虞夏时代的史官所记录，无宁从梁任公先生之说，认虞夏书为周以后的人所追述者较为可信。其实上古史官与祝卜之类性质相同，并不任秉笔记载之职，尧舜的事迹，当时有何人记载？再以文体而论，《尧典》诸篇文从字顺，较之殷盘周诰 [①] 之佶屈聱牙者不可同日而语，以文体变化的原则而论，《尧典》的时代也决不能早于《盘庚》。就此两端，就很可启我们对于这几篇史料的怀疑性了。

除了以上的几篇史料以外，我们若想找古代人民哲理思想的材料，就不能不从商朝以后的记载中去找。依我们看来，古代中国人民哲理思想的发达，决不会早于商朝以前。试看商汤即位以

---

① 殷盘周诰：殷盘，指《尚书·商书》中的《盘庚》篇；周诰，指《尚书·周书》中的《大诰》《康诰》《酒诰》《召诰》《洛诰》等篇。

后，为着七年之旱，尚有自己翦发去爪，献于神灵作牺牲的野蛮举动，倘若虞夏之间已有很完备的哲学观念成立，则岂有数百年之后，宫廷之上，尚沿习这种野蛮的迷信举动的道理。可知当商人初代夏而兴的时候，尚未脱野蛮迷信的时代，商人固系由游牧民族突起，其文化程度较低，但为商所灭之夏人，虽早已进于农业生活，也不会比商人高至若干程度以上。如此我们假定中国民族——合诸夏族与东夷族而言——自商朝以前，尚在简单的多神信仰时代，到东夷民族的商人侵入中原，征服夏人以后，始以其本族之一神观念加入诸夏的宗教思想之中，而信畏上帝的习惯渐渐成立。这时候的一神教，并非严格的一神思想，不过于诸神之上设立一至尊之神加以尊奉而已，其诸夏族旧有的诸神及东夷族的诸神依然存在，于上帝之下作一属员。这就是当时的情形。

因为东夷族的商人迷信鬼神最烈，所以产生两种影响，对于后来的思想界很有关系：第一是信仰天神的风气渐渐有力，上帝的权威增高；第二是因信鬼而追念死人，祭祀祖先的习惯渐渐流行，养成后来宗法社会的伦理观念。这二者都是商人所养成的。在最初多神的时代，有没有天之一神，尚未可知，即有，想亦不过群神之一，位置未必很高。到商以后天才成为唯一的大神，谥之曰上帝，认为有宰制一切的力量。当时社会上对于上帝的观念一定是很敬畏的，上帝的权力很大，几乎和以色列人的耶和华相似，诗书之中表现这种思想的很多。

这种信仰到商、周交替之际还是极盛。上帝是一个有人格有意志的尊神，为一切伦理规范所自出。商王武乙的射天正是当时天神崇拜极盛的反映，纣的作恶也说"我生不有命在天"，武王的伐纣也说"予惟小子，不敢替上帝命"，可见当时上帝权威之盛了。但是上帝的崇拜尽管绝对是宗教的，到了民智进步，理智发达之后，这种素朴的思想不足以维持，就不能不逐渐向抽象的、理论的方面进行。于是具体的人格化的天神，渐有变为抽象的规范化的自然法则之势。这种过渡的情形，在《尚书·洪范》中表示得最明白：

> 我闻在昔鲧堙洪水，汩陈其五行，帝乃震怒，不畀洪范九畴，彝伦攸斁。鲧则殛死，禹乃嗣兴，天乃锡禹洪范九畴，彝伦攸叙。

洪范九畴是一种人事的规范，是抽象的理论，但是怎样会突然出现呢，他是从上帝颁下来的，他是一种具体的事实，这样说才能使当时的人明白，才能适合当时的需要。纯粹具体的偶像不能压服当时的人心，纯粹抽象的理论也不能使当时的人了解，只有这样半抽象半具体的哲理性的神话，才能应付当时的事实。

从此以后，上帝的直接命令已经不能生效了，他只有依靠他所颁布的人事法典才能处理人间的事务了，换言之，专制的上帝已经变成立宪的上帝了，慢慢地他的钦布宪法也要依靠人类的手才能敷演执行了，他虽名为上帝其实已经成了人类利用的一个偶像了。这就是从具体的宗教信仰进化到抽象的伦理规范的过渡时代的情形。

鬼的迷信也是东夷族的特色，商汤的献身牺牲，周公旦的代兄请命，都是从的商俗。直到春秋时代，宋襄公尚用鄫子于次雎之社以属东夷，宋为商后，其习惯也有所自承的，因为信鬼很深，其对于死者的尊崇记念也特别利害，所谓慎终追远的典礼就是从此起的。纯粹的宗法社会固然自周以后才成立，但其来源却是从商代重鬼的风气起的。因为商人信鬼，所以凡人死之后都认为尚有灵魂存在，犹能为厉，若不时常加以祭祀，则这些鬼饿极了就难免要作怪，所以上至国君，下至私家，都应该有宗庙祭祀之礼。祭祀的时候，在庙前作乐，唱歌，跳舞，且以活人当作偶像，代表死者，谓之为尸。这些风气都是野蛮民族中所通行的。日久之后，民智渐开，有些聪明的人觉得单是怕鬼的一念不足以解释祭祀的意思，因之加了一层慎终追远的高尚意思。从此以后，子孙祭祀祖宗不是因为怕鬼的作怪而祭祀，只是推生时的恩情到死后的一番好意了。既然祭祀的意思改变到如此，因此人死之后只有至亲的人如同子孙才有祭祀的义务，倘若死后没有子孙，就不免"若敖氏之鬼其馁而"了。

《小戴礼·祭义》篇中有一段解释祭祀的意义很清楚：

> 宰我曰："吾闻鬼神之名不知其所谓。"子曰："气也者神之盛也，魄也者鬼之盛也，合鬼与神，教之至也。众生必死，死必归土，此之谓鬼。骨肉毙于下阴为野土，其气发扬于上为昭明，焄蒿凄怆，此百物之精也，神之著也。因物之精，制为之极，明命鬼神，以为黔首，则百众以畏，万民以服。圣人以是为未足也，筑为宫室，设为宗祧，以别亲疏远迩，教民反古复始，不忘其所由生也。众之服自此，故听且速也。"

祭祀的意义最初只为着是享鬼神，聪明的政治家利用这迷信去畏服黔首，后来才更进而发生"反古复始"的意味。研究制度史的人应该留意这种事实，研究思想史的人更应该留意这种事实。

这"敬天""敬祖"两个观念从商朝发生以后，对于当时的社会一定发生很大的影响。后来维系中国民族的根本伦理观念就是由这两个观念结合演绎而出。这两个观念本是两事，但后来却结合成为一致，为这两观念结合的枢纽者就是祭祀之礼。《小戴礼·礼运》篇说：

> 故先王患礼之不达于下也，故祭帝于郊，所以定天位也；祀社于国，所以列地利也。祖庙所以本仁也，山川所以傧鬼神也，五祀所以本事也。故宗祝在庙，三公在朝，三老在学，王前巫而后史，卜筮瞽[①]侑皆在左右，王中，心无为也，以守至正。

将神、鬼、人、物都一并归纳到宗教信仰之内，又替他们各安置了相当的位置，这种有组织的复杂宗教观念，是人类思想进步的一种表征，在祭祀之礼中最表现得清楚。

但祭祀不过是人类对于神鬼应当尽的一种义务，还不足以推广宗教的作用，宗教所赖以发施权威直捷干涉人事者，所赖的是"巫史卜筮瞽侑"之类，而所用以沟通人类与鬼神意思的最重要

---

① 瞽：古代乐师。古代以目盲者为乐官，故为乐官的代称。

的工具要算卜筮。《小戴礼·表记》篇说：

> 昔三代明王皆事天地之神明，无非卜筮之用。

卜筮事不知起自何时，但盛于商朝以后却是可信的，晚近发现的殷墟甲骨，就是当时商朝的君主占卜之用的，从里边的文字看起来，当时占卜的风气非常之盛，几乎每有举动必要问之于卜，可见一时的风气了。卜筮之初起本来全是为宗教的工具，但到后来应用日广，流传日盛，竟脱离宗教而独立成为一种信仰，于是数的思想遂与鬼神思想对立有抗衡之势，聪明的士大夫竟多有信数而不信鬼神的了。这也是思想史上的一大变迁，其机大约也始自商末，以五行作基础的《洪范》，以八卦作基础的《周易》，都是起自商末，可以为证。

总之，自商人兴起以后，始将原始粗浅的多神思想演进为有组织有系统的一神思想，以这种思想建立当时政治社会的基础，以祭祀维系他的信仰，以卜筮帮助他的运用，由此推演而成为纪念祖先的风俗，数千年来的中国社会基础由此奠基，这是商人对于后代中国最大的贡献。《表记》篇说：

> 子曰："夏道尊命，事鬼敬神而远之，近人而忠焉，先禄而后威，先赏而后罚，亲而不尊。其民之敝，蠢而愚，乔而野，朴而不文。殷人尊神，率民以事神，先鬼而后礼，先罚而后赏，尊而不亲。其民之敝，荡而不静，胜而无耻。周人尊礼尚施，事鬼敬神而远之，近人

而忠焉，其赏罚用爵列，亲而不尊。其民之敝，利而
巧，文而不惭，贼而蔽。"

夏、周两代都是"事鬼敬神而远之"，只有商人是"率民以
事神，先鬼而后礼"，可见商人是个最信鬼神的民族了。宗教思
想之完成于商代，实在是不足怪的事情。

第三章　神权思想之衰落与
人事观念之代兴

中国上古的神权政治至商朝达到极点，其时的宗教崇拜对象上有天神，中有地祇（群神），下有人鬼。生民一举一动皆须受神意的支配，丝毫不敢违背。在这种环境之下，人类是没有自由思想的余地的。这种神权思想到了商朝的末年渐渐摇动起来。武乙以帝王之尊，首先反抗上帝的迷信，敢于肆行最大的侮辱于天神，这种精神决不止是武乙一个人的狂妄心所能造成，一定有时代的思潮给他以一种暗示才能如此。虽然当时天神的权威犹在，武乙终于因为受不住当时宗教权威的压迫而被指为受天雷震死，但是贵族社会之中，有了对于天神怀疑的心理，却是不可掩的事实。从此以后，聪明的贵族虽然不敢公开反抗当时普遍的神权政治，但却有人用和平的手段，慢慢改革神权的思想，一步一步引导迷信无礼的神意使之进于有条理的人事规范之内。代表这种趋势最显著的作品，就是《洪范》和《周易》。

《洪范》据说是箕子向周武王陈述的理论，大约有几分可信，总之至早不能过于周初。"洪范"就是宇宙大法的意思，内容全是较有系统的哲理谭，是中国最古的一部有关思想的著作。他的著作托始于禹，据说是天因为禹治水有功所以锡以"洪范九畴"，这种神话与《旧约》上摩西在西奈山受十诫于上帝的故事极相似，自然不足深信。但是这种神话却是很有意义的。在效力一方面看起来，若是平空撰著一篇理论拿来劝化世人，在那个神权发达的时代是不会发生效力的，不但不能发生效力，恐怕还要被指为渎神非法受了刑罚，唯有这种神道设教的办法才能压服人心，推行新制而有余。不过在当时创说的人还未必是有意的神道设教，只是由一种半理智半迷信的动机所催促而成的罢了。在他一方面从内容的意义看，这是神意和自然法则结合一致的观念所由发轫。人类对于自然界加以理智的解剖的最初一幕是很值得令人注意的。

《洪范》是一篇有系统的著作，它的内容纲要见于开首的一段：

> 初一曰五行，次二曰敬用五事，次三曰农用八政，次四曰协用五纪，次五曰建用皇极，次六曰乂用三德，次七曰明用稽疑，次八曰念用庶征，次九曰向用五福，威用六极。

全篇只是以自然的现象及法则为标准，以之施用于人事。这种天人相感之说到了周朝很是盛行，春秋时代的贤士大夫多有怀抱这种思想的，儒、墨两家的思想都受他的影响。到了战国，人智大开，遂不复为人所信。只有西汉董仲舒一派的迂儒尚想恢复此种思想，但已不能生效了。

《洪范》所及于后世影响最深的思想还是他的五行说，五行是什么呢？"一曰水，二曰火，三曰木，四曰金，五曰土"。这本不过是举出自然界五种人所常用的物质之名而已，本来无甚希奇。不过《洪范》是有意解释宇宙法则而作，开首即举此五种物质，必有认此五种物质为宇宙根本原行之意，希腊的哲学家以"水、火、空气、地"为四种原行，印度的哲学家也以"地、水、火、风"为四大，与《洪范》五行的意思似乎相同。大抵未开化的人类对于具体和抽象事物的界限常分不清楚，因此五行虽是指五种物质，却是包涵抽象的法则在内。《洪范》解释五行，就有"水曰润下，火曰炎上，木曰曲直，金曰从革，土爰稼穑"等语，是从性质的方面解释五行，就含有抽象的意义。底下又以五味分配五行，抽象的意义更显然了。以后的"五事""八政""五纪""三德""稽疑""庶征""五福"等数目范畴，虽没有明白以之分配于五行之中，但彼此的关系却不能谓为绝无。到了战国时代，阴阳家以之采用于其学说之内，遂渐渐流传于社会，汉朝的儒者和方士更大加附会一番——或者《洪范》也许是经汉儒润色过的——从此五行之说遂成为中国士大夫和民间公认的信仰，成为支配一切自然界和人事界的公共大法，所谓"五色""五音""五味""五脏""五官""五方""五……"等名词，层见迭出，上帝则有"五帝"，天子代兴则有"阴阳终始五德之说"，医生诊病则有"五行生克之理"，几乎政治社会万事万象都无不以五行说为基础了，《洪范》思想之影响于后世有如此者！

与《洪范》有同等势力的著作就是《周易》。《周易》的撰集不知始于何时，大约也是商朝末年的作品。《易·系辞》说："《易》之兴也，其当殷之末世周之盛德邪？当文王与纣之事邪？"又说："《易》之兴也，其于中古乎，作《易》者其有忧患乎。"大抵《易》本是当时卜筮的书。商代卜筮之风极盛，《洪范》上说：

> 七稽疑，择建立卜筮人……乃命卜筮……汝则有大疑，谋及乃心，谋及卿士，谋及庶人，谋及卜筮……龟筮共违于人，传皆逆，用静吉，用作凶。

可见社会迷信卜筮之一斑。当时社会上流行的卜筮方法必甚多，拿其中的一种纂集成书，系以简单的繇词，以供人用，与今日的牙牌神数是一样的性质。流传既久，有思想的哲人拿来加以排比研究，更加上含有哲理性的解释，便成为今日的《周易》。《周易》托于周文王，与《洪范》托于箕子，同是不可靠的传说，但其兴当在商末周初，政治社会和思想界俱生变动之际，当亦可信。《周易》因为卷帙较多，且流行于春秋时代，故在哲学史上的位置比《洪范》还高。

《周易》后来的注解极多，有从义理讲的，有从卦象讲的，异说纷纭，莫衷一致。据我们今日看来，《周易》在当时不过是一种社会上流行的卜筮之书，其文辞皆是随手纂集——"十翼"是春秋以后人的著述，与其他解《易》诸家著述一样，与《易》的本经无干——并无深奥的意思，也没有系统的哲理思想寓在里面，其价值远逊《洪范》。八卦之名当系古代相传的一种占卜的专名词，其来源或者甚古，但起于偶然，非如《洪范》五行之为有意的排列。至商末流行既广，有学问的人拿来加以研究，才每卦中更附加许多有意义的文字，但也都是就卦象取义，并没有什么根本一致的系统思想，当时《周易》的进化止于如此。直到春秋以后，人类的眼光越进步，哲学思想越发达，才纯粹拿哲学来解释《周易》，"十翼"的著作当在此时期以后。

我们现在研究《周易》的本经，只能得到几点结果。第一，可以想见商代卜筮之风是极盛的，《周易》不过是当时流行的许多卜筮方法中之一种，在当时未必占很重要的位置，经过西周数百年的竞争，位置渐渐提高，到了春秋时代所可考见的列国占卦的方法，就几乎只有照《周易》的方法，其余"连山""归藏"以及许多无名的方法，就都受淘汰而散佚了。第二，《周易》并无系统的哲学思想，故从中研究不出什么很高深的理论，但从片段的文字中，可以看出当时一般社会的状况，以及当时的社会思想的程度，可惜这个工作现在还没有人去做。第三，《周易》的本身虽然无甚哲理，但经后人的推衍附会，哲理的程度逐渐增加。即如后人相传彖辞是周文王所作，象辞是周公所主，系辞是孔子所作，虽不可信，大约彖、象起于商末周初，系辞出于战国的儒家之手，是有几分可信的。

自秦、汉以后，《周易》列于六经，有专门的经师为之注解，遂在中国的哲学界占了很高的位置。二千年来，易学的研究大抵有三大变，汉朝的经师承春秋战国儒家之旧，仍拿《周易》当作卜筮的书，故研究注重在爻辰气象的变化方面，在当时谶纬妖言的空气中，《周易》因为本身含有神秘意味，故其附会也最容易，汉朝的易大半都是方士易，可以说是犹甚近古，至于在思想界的影响还不及《洪范》五行说的势力大。到了三国时代，王肃用老庄思想来解《易》，于是易学才一变；晋宋六朝，清谈家《老》《易》并称，易学乃变为纯正哲学；唐初孔颖达作疏，亦折衷汉、晋两朝之说，这是又一个时代。五代宋初，陈抟一派的道士发明太极图，将《周易》又加一番附会，周、程等宋儒从此一转手，遂告成宋儒的理学，这又是一个时代。后两个时代——晋、宋——《周易》在思想界的影响极大。

《洪范》和《周易》都是商末周初的作品，拿二者比较起来，以本身讲，《洪范》为较有系统的古代哲学谭，而《周易》则不过通俗的卜筮书而已。就应用讲，《洪范》仅供学者的研究，《周易》则通行于上下流社会，应用较广。就对于思想方面的影响言，《洪范》五行之说，自战国末年迄于东汉，甚为流行，但自魏、晋以后，就渐归消沉；《周易》阴阳八卦之说，战国、秦、汉时代已为阴阳家及儒家采用，但不过是五行说的附属品，直到魏晋以后才成为中国哲学上唯一的根据，其影响及成就之大，就远非《洪范》所可及了。

第四章　宗法社会思想之
圆满的发展

中国古代的思想界从周朝以前尚在神权时代，从周朝以后才渐入于人权时代。周朝人权政治的中心就在家族制度，这种以家族为基础的伦理思想自春秋以后，经儒家的发扬传布，遂成为中国三千年来思想的中心，而其机实启之于周。

家族思想托始于"敬祖"之一念，敬祖观念乃由商人的信鬼风气递变而来，我们在第二章业已说过。人类的崇拜祖先最初仅由于恐怕死鬼作怪的一念，其后人智进步，知道死者是自己的亲属，怕是可以不必，但推生及死，亲爱的观念油然而生。因之同一以祭礼表现的敬祖行为，礼文虽然照旧，礼意却已变了。慢慢的由死者再推及生者，于是组织圆满的宗法思想遂成立了。

这种宗法观念的具体表现就是"礼治主义"，后来的儒家对于此点发挥的最圆满，但他们并不认为是自己的主张，多数都托之于周朝的旧制，尤以周公旦的被附会为最甚。我们现在固然知道儒家所举的许多礼意礼文，不一定就是周朝的定制，但我们不能完全否认宗法社会的组织和思想是由周朝起就已发达的。《左传》上说"鲁犹秉周礼"，可见周朝自有礼制，与后世相传的未必过远。再看封建制度在周初业已成立，周朝的封建制度正是根据于宗法社会"亲亲"的观念而设的，可见宗法思想至少在周初已经发达了。

《礼运》上有一段述孔子言礼之起源颇有意义：

> 言偃复问曰："夫子之极言礼也，可得而闻与？"孔子曰："我欲观夏道是故之杞，而不足征也，吾得《夏时》焉；我欲观殷道是故之宋，而不足征也，吾得《坤乾》焉。《坤乾》之义，《夏时》之等，吾以是观之。夫礼之初，始诸饮食，其燔黍捭豚，污尊而抔饮，蒉桴而土鼓，犹若可以致其敬于鬼神。及其死也，升屋而号，告曰皋某复，然后饭腥而苴孰，故天望而地藏也。体魄则降，知气在上，故死者北首，生者南乡，皆从其初。昔者先王未有宫室，冬则居营窟，夏则居橧巢，未有火化，食草木之实，鸟兽之肉，饮其血，茹其毛，未有麻丝，衣其羽皮。后圣有作，然后修火之利，范金合土，以为台榭宫室牖户，以炮，以燔，以亨，以炙，以为醴酪，治其麻丝以为布帛，以养生送死，以事鬼神上帝，皆从其朔。故玄酒在室，醴盏在户，粢醍在堂，澄酒在下，陈其牺牲，备其鼎俎，列其琴瑟管磬钟鼓，修其祝嘏，以降上神与其先祖，以正君臣，以笃父子，以睦兄弟，以齐上下，夫妇有所，是谓承天之祜。作其祝号，玄酒以祭，荐其血毛，腥其俎，孰其殽，与其越席，疏布以幂，衣其浣帛，醴盏以献，荐其燔炙，君与

　　夫人交献，以嘉魂魄，是谓合莫，然后退而合亨，体其
　　犬豕牛羊，实其簠簋笾豆铏羹，祝以孝告，嘏以慈告，
　　是谓大祥，此礼之大成也。"

　　后世宗法社会圆满发达后的礼文虽多，虽有"礼仪三百，威
仪三千"之说，但根本的起源却由于敬鬼神之一念，礼虽有五
种——吉、凶、军、宾、嘉——但祭礼却是一切礼的核心，从上
引的一段文字中可以看出来。《礼记·祭统》篇也说：

　　凡治人之道莫急于礼，礼有五经莫重于祭。……祭
　　者所以追养继孝也。……是故君子之教也，必由其本，
　　顺之至也，祭其是与！故曰：祭者教之本也已。夫祭有
　　十伦焉，见事鬼神之道焉，见君臣之义焉，见父子之伦
　　焉，见贵贱之等焉，见亲疏之杀焉，见爵赏之施焉，见
　　夫妇之别焉，见政事之均焉，见长幼之序焉，见上下之
　　际焉，此之谓十伦。

　　宗法社会的伦理观念尽于以上的"十伦"，而十伦却全包括
于祭义之内，可见祭在古代的重要了。也可见"敬祖"一念是宗
法社会思想的根源了。孔子说：

　　明乎郊社之义，尝禘之礼，治国其如指诸掌而
　　已乎。

　　　　　　　　　　　　　　　　——《礼记·仲尼燕居》篇

《祭统》篇也说：

> 故曰：禘尝之义大矣，治国之本也，不可不知也。

这种思想在不明白宗法社会组织的人想起来，是绝对不会了解的。

宗法社会的组织越发达，礼的功用就越大，不是一个简单的祭礼所能包括的了，于是有许多独立的礼演进出来。

> 故朝觐之礼所以明君臣之义也，聘问之礼所以使诸侯相尊敬也，丧祭之礼所以明臣子之恩也，乡饮酒之礼所以明长幼之序也，婚姻之礼所以明男女之别也。……故婚姻之礼废则夫妇之道苦而淫辟之罪多矣，乡饮酒之礼废则长幼之序失而争斗之狱繁矣，丧祭之礼废则臣子之恩薄而倍死忘生者众矣，聘觐之礼废则君臣之位失诸侯之行恶而倍畔侵陵之败起矣。
>
> ——《礼记·经解》篇

一切社会组织、政治组织，都以礼之一字贯串之，这是宗法社会思想的极致，后来的儒家有几派便全是代表这种思想的。

最圆满的宗法社会思想，更能在他的本身组织中表现出来。在宗法社会中政治与社会是没有分别的，社会与家族也是没有分别的，因此政治的首领就是家族的首领，其中维系的根本精神全在"亲亲"一念。这种制度大约也是从周朝起才发达的，因为周朝以前，中国民族尚在神权时代，政治全是神权政治，君主是神的代表，所处的是宗教师的地位而不是家长的地位，商朝的历代君主乃至周文王、武王都有这种气象。真正亲亲本位的宗法社会组织乃是从周朝以后才发达，观于政治组织进化到封建政治就是本亲亲之义而设，可见自此以后和自此以前是一个大变局。这个变局的枢纽正当周公旦的时代。后儒以周公的制礼作乐开创一代的规模当作嘉话，虽未免有箭垛式的附会在内，但孔子已说道"周公之才之美"，又常常梦见周公，可见周代的制度必经周公手订者为多，周公是具有宗法社会圆满思想的最早的人物。

宗法社会的组织是怎样呢？《礼记·大传》篇讲得最明白，我们且节引在下面：

> 礼不王不禘，王者禘其祖之所自出，以其祖配之。……上治祖祢，尊尊也，下治子孙，亲亲也，旁治昆弟，合族以食，序以昭穆，别之以礼义，人道竭矣。圣人南面而听天下，所且先者五，民不与焉。一曰治亲，二曰报功，三曰举贤，四曰使能，五曰存爱，五者一得于天下，民无不足，无不赡者；五者一物纰缪，民莫得其死。圣人南面而治天下，必自人道始矣。立权度量，考文章，改正朔，易服色，殊徽号，异器械，别衣服，此其所得与民变革者也。其不可得变革者则有矣。亲亲也，尊尊也，长长也，男女有别，此其不可得与民变革者也。同姓从宗合族属，异姓主名治际会，名著而男女有别。其夫属乎父道者，妻皆母道也，其夫属

乎子道者，妻皆妇道也，谓弟之妻妇者，是嫂亦可谓之
母乎。名者人治之大者也，可无慎乎。四世而缌服之穷
也，五世袒免，杀同姓也，六世亲属竭矣，其庶姓别于
上，而戚单于下，婚姻可以通乎。系之以姓而弗别，缀
之以食而弗殊，虽百世而婚姻不通者，周道然也。服术
有六，一曰亲亲，二曰尊尊，三曰名，四曰出入，五曰
长幼，六曰从服。……自仁率亲等而上之至于祖，名曰
轻；自义率祖顺而下之至于祢，名曰重。一轻一重，其
义然也。君有合族之道，族人不得以其戚戚君位也。庶
子不祭，明其宗也，庶子不得为长子，三年不继祖也。
别子为祖，继别为宗，继祢者为小宗，有百世不迁之
宗，有五世则迁之宗。百世不迁者，别子之后也，宗其
继别子之所自出者，百世不迁者也。宗其继高祖者，五
世则迁者也。尊祖故敬宗，敬宗尊祖之义也。……自仁
率亲等而上之至于祖，自义率祖顺而下之至于祢。是故
人道亲亲也，亲亲故尊祖，尊祖故敬宗，敬宗故收族，
收族故宗庙严，宗庙严故重社稷，重社稷故爱百姓，爱
百姓故刑罚中，刑罚中故庶民安，庶民安故财用足，财
用足故百志成，百志成故礼俗刑，礼俗刑然后乐。诗
云："不显不承，无斁于人斯。"此之谓也。

"亲亲故尊祖，尊祖故敬宗，敬宗故收族……礼俗刑然后乐。"这
是宗法社会中最圆满发达的理想。这种理想虽是经过后来儒家托
古改制后才更加圆满，但根本精神所在却不能说非得之于周朝的

制度。我们现在无从考见周初一般社会的真正思想，就不能不拿儒家的叙述当作一种可供研究的材料了。

不过儒家的传说究竟不免有几分附会之处，就各种记载中看起来，周初的政治也并不是纯粹以亲亲为本的宗法政治，对于刑罚威力等还是很注重的。《左传》上记鲁大史克的话说：

> 先君周公作誓命曰："毁则为贼，掩贼为藏，窃贿为盗，盗器为奸。"……有常无赦，在《九刑》而不忘。
>
> ——文十八年《传》

《逸周书》也说：

> 维四年孟夏……王命大正正刑书。……太史筴刑书九篇以升授大正。
>
> ——《尝麦》

可见周初已有法律成立，法律思想必已略有端倪，决不能像儒家所想象的那样纯粹不杂的宗法政治了。

第五章　贵族社会中的一般思想

　　从西周中叶起一直到春秋末年，这五百多年之中，可以说是贵族政治极盛的时代。贵族政治在今日看起来是保守的，但在当时却是比较进步的。中国上古的政治和社会，在夏以前还是一种纷纭割据的部落时代，思想上也是一种低级的多神主义，直到商人以游牧民族侵入中国，武力比较强悍，中央政府才较有威力，思想上也由多神信仰进而至于一神信仰，这是一种进步。到周人以西方民族征服东方民族，武力更强，又采用封建的制度，将亲属分封于各要地以监视土著民族，中央政府的力量才更强些。思想上也由神权主义进而至于以亲亲为本的宗法思想，这更是一种进步。从周初又经过了三四百年，世变一天比一天的急，政治社会都不能保持固有的状态，思想上自然也不免发生变化。大约从周厉王时代起，当时的人对于固有信仰已经发生怀疑的思想。《诗·小雅·雨无正》篇说：

　　　　浩浩昊天，不骏其德，降丧饥馑，斩伐四国。昊天
　　　疾威，弗虑弗图，舍彼有罪，既伏其辜，若此无罪，沦
　　　胥以铺。

《巧言》篇也说:

> 悠悠昊天, 曰父母且, 无罪无辜, 乱如此忧。昊天
> 已威, 予慎无罪; 昊天泰怃, 予慎无辜。

从前的诗人对于上帝的权威非常的信仰,《诗·大雅》里面,如"皇矣上帝, 临下有赫", "昭事上帝, 聿怀多福"等语, 层见迭出, 到了这个时候, 政纲紊乱, 赏罚颠倒, 向来所信仰的天意竟一些也不灵验起来, 有智识的人自然要怀疑天意的不可信了。这时代的社会是什么情形呢?《小雅·大东》篇说得好:

> 东人之子, 职劳不来, 西人之子, 粲粲衣服。舟之
> 人子, 熊罴是裘, 私人之子, 百僚是试。

贵族们所一向凭恃的阶级制度, 竟不能牢固不破了, 舟人之子, 私人之子, 都是不列于贵族的, 现在也居然有参政的机会了, 这焉能不令当时的君子人慨叹不已呢? 厉王的被流于彘, 大约是由于当时平民的暴动, 暴动之后建设了共和政治, 以毫无经验的平民, 骤然干预政治, 自然不免有种种不满人意的状况,《大东》等篇大约出于此时。自此以后, 平民参政因无经验而失败, 政权不得不复归之于贵族之手, 但经此一番教训, 贵族们深知平民意见之不可侮, 民本思想遂渐渐由有智识的贵族们代为传布, 普及于智识阶级的社会了。

我们若研究这时代的思想概略, 可以从《国语》《左传》等

书中得到一些材料，虽然也并不很多，但较之商、周以前的史迹，却较多而且较可靠了。从这些材料上我们可以看出当时贵族思想的一斑来，至于普通平民的思想此时尚无所表见。

当时贵族社会的思想大约有以下几种特色：

第一是不语怪力乱神的人本主义。商、周以前，一般社会思想尚在神权时代，对于宗教的敬虔心极深，自西周中叶以后，人智渐开，对于神权渐生怀疑，上引《诗经》诸篇就代表此种思想。神权既然堕落，于是不得已人力起而代之，春秋时代此种思想到处可见。《左传》昭十八年，郑子产斥裨灶好言天道之非，说：

> 天道远，人道迩。非所及也，何以知之？灶焉知天道，是亦多言矣，岂不或信？

《国语》观射父答楚昭王的问道：

> 古者民神不杂。……于是乎有天地神民类物之官，是谓五官，各司其序，不相乱也，民是以能有忠信，神是以能有明德。民神异业，敬而不渎，故神降之嘉生，民以物享；祸灾不至，求用不匮。及少皞之衰也，九黎乱德，民神杂糅，不可方物。……民渎齐盟，无有严威，神狎民则，不蠲其威。嘉生不降，无物以享，祸灾荐臻，莫尽其气。

当时有智识的人对于神话已不再相信，客气一点的则说神人应当分离，不可相混，不客气的竟说天道不可知了。

天道既然不可信，那么拿什么标准来代替神权呢？就普通则曰人，对政治言则曰民。《左传》上说：

> 夫民神之主也，是以圣王先成民而后致力于神。
>
> ——桓六年《传》季梁语

> 国将兴，听于民；将亡，听于神。神听明正直而壹者也，依人而行。
>
> ——庄三十二年《传》史嚚语

> 妖由人兴也，人无衅焉，妖不自作；人弃常则妖兴，故有妖。
>
> ——庄十四年《传》申语

这都表示神并不能自立，是依人而行的，人意就是天意，人事臧则自然受天之福，不必再去求神拜佛。因此国家的兴亡，人事的成败，都可以事理推之，不必但求之于渺茫的神意，因为神已经理智化了，已经成了人事理法的代表了。《国语》上说：

> 天道赏善而罚淫。
>
> ——《周语》单襄公语

又说：

柯陵之会，单襄公见晋厉公视远步高……单子曰：
"君何患焉，晋将有乱……"鲁侯曰："……敢问天道
乎？抑人故也？"对曰："吾非瞽史，焉知天道。吾见
晋君之容而听三郤之语矣，殆必祸首也。"

——引同上

可见天道不远，就在人身，是可以拿人世的道理推得的。

这时候对于鬼神虽仍有相当的崇拜，但也都给他加以理智的
解剖，不复为盲目的信仰，所谓神者都使之与人事发生关系，仍
是以人为本。《国语》上说：

海鸟曰"爰居"，止于鲁东门之外三日，臧文仲使
国人祭之。展禽曰：越哉臧孙之为政也……夫圣王之制
祀也，法施于民则祀之，以死勤事则祀之，以劳定国则
祀之，能御大灾则祀之，能扞大患则祀之。非是族也，
不在祀典……凡禘、郊、祖、宗、报，此五者国之典祀
也。加之以社稷山川之神，皆有功烈于民者也；及前
哲令德之人，所以为明质也；及天之三辰，民所以瞻仰
也；及地之五行，所以生殖也；及九州名山川泽，所以
出财用也；非是不在祀典。

——《鲁语》

照展禽的话看来，神的存在几乎是以于人有用与否为判，
这真是极端的人本主义了。因为凡事以人为本，而人的观念本是

通"君子""小人"两阶级而共用的，因此四海一家，一视同仁的观念早已养成。民本主义遂因之也发达起来。以民为本的思想在中国本发达较早，《尚书》上如"古我前后，罔不惟民之承"（《盘庚》），如"庶民惟星，星有好风，星有好雨"（《洪范》），如"天畏棐忱，民情大可见"（《康诰》），如"天视自我民视，天听自我民听"（孟子引《泰誓》）等语层见迭出，但当时所谓民者，是否专指贵族，抑或兼包平民而言，尚不可知。到西周末年，此种重民的思想，遂更发达。《国语》召公谏周厉王止谤说：

> 防民之口，甚于防川。川壅而溃，伤人必多，民亦如之。是故为川者决之使导，为民者宣之使言。故天子听政，使公卿至于列士献诗，瞽献典，史献书，师箴，瞍赋，矇诵，百工谏，庶人传语，近臣尽规，亲戚补察，瞽史教诲，耆艾修之，而后王斟酌焉。是以事行而不悖。民之有口也，犹土之有山川也……夫民虑之于心而宣之于口，成而行之，胡可壅也。若壅其口，其与能几何？

此文所谓民，明含庶人在内，可见是兼指贵族与平民而言，据今日流传的《诗经·国风》而观，其中也确有许多是真正平民的作品，可见当时阶级的区别并不甚严。周厉王终究因为压迫人民过甚而被驱逐，驱逐厉王的主动势力当然还是贵族，但未必不利用平民作为驱除的工具。

春秋以后，这种思想更为普遍。《国语·周语》记内史过说："先王知大事之必以众济也，故被除其心以和惠民。"又记单穆公的话说："民所曹好，鲜其不济也；其所曹恶，鲜其不废也。故谚曰：'众心成城，众口铄金。'"《楚语》记子革的话说："民，天之生也，知天必知民矣。"《左传》成公六年传："或谓栾武子曰：'圣人与众同欲，是以济事，子盍从众？子大为政，将酌于民者也。'"襄公二十二年传："郑人游于乡校以议执政，然明谓子产曰'毁乡校何如'，子产曰：'何为？夫人朝夕退而游焉，以议执政之善否，其所善者，吾则行之，其所恶者，吾则改之，是吾师也。若之何毁之？'"民本主义竟成为当时贤士大夫公认的信条了！

不过当时的民本主义并不是像今日共和政治以人民为主体的一样，不过是一种贤君良相的保育政策而已。《国语》上说："君也者将牧民而正其邪者也。"《左传》上说："良君将赏善而刑淫，养民如子，盖之如天，容之如地。""保民"，"养民"，当时的民本主义所期望者不过如此而已。而且当时的贤士大夫虽然竞言重视人民，但实际上政权仍是操之于少数贵族之手，通春秋一代都是如此的。

在这种贵族政治之下，理想的政治标准是德治主义而并不是多数政治的民本主义。《左传》成公六年传：

　　或谓栾武子曰："圣人与众同欲，是以济事，子盍从众？"……武子曰："善钧，从众。夫善众之主也。"

这一段话表示德治主义的思想与多数主义的思想不同之点，很是明白。《国语》和《左传》上记载当时贤士大夫崇尚德治的言论很多，现在不能备引，总之我们知道德治的理想是当时一种有力的思想且影响于后世罢了。

第六章　学术的解放与思想的分化

上古的思想何以但发现于贵族社会而不普及于平民呢？因为古代学术是秘密的，不公开的。最古时代只有巫史宗祝之类才有学问的义务和权利，此外不但平民，就是贵族也只晓得战争武事，而不以学问为意的。古代民族的传说故训全赖这些巫史宗祝们代代口传保存下来，贵族们有不懂得的事就去问这些巫史宗祝们。这是一个时代。到后来社会日渐趋于安定，战争的事较少，贵族们有了余裕去从事别的事情，才有渐渐留心学问的。又因列国并立，彼此的接触频繁，贵族们的智识日渐扩大增高，遂有了独立学问的能力，那些旧日的巫史宗祝转形退化了。这又是一个时代。贵族社会的智识普遍之后，就有些式微的贵族，降身于平民之中，以其智识传授给平民，加以国际的竞争日烈，各国都想拔擢人才以改进政治，贵族中又互相倾轧排挤，都想与平民接近以取得政权，因此平民的地位日益增进，智识学问也就渐与贵族有同等享受的机会了。

春秋的末年，贤士大夫们讲求学问，议论故实的风气已经很盛行了。试就《左传》《国语》所记载的而言，如周之单襄公、单穆公、苌弘，晋之羊舌盻，齐之晏婴，楚之观射父，吴之季札，郑之子产、裨灶等，都是博学而好议论的人，他们的言论风采为天下所仰望，影响于当时的人心不少。当时的平民耳濡目染，也未尝无一二有智有学能够自己表见的，如与晋伯宗论梁山崩的重人，如用隐语述年纪的绛县老人，都是平民中之有才学者，不过为数不多罢了。

平民的正式有了公开学问的机会由于自由讲学制的兴起，而最初提倡自由讲学者要推孔丘。在孔丘以前有无自由讲学的制度，不可得而知，但史籍上信而有征的讲学制度却要从孔丘起首。孔丘是宋司马孔父嘉之后，也算是个贵族，但沦于平民之列已经好久了。孔丘曾自云"丘少也贱"，孟轲说他曾为委吏乘田，可见已与平民无异。他以一身具贵族、平民两种资格，故深适宜于为两阶级过渡时代之模范人物。当时学问尚系贵族社会的专有品，平民想求得学问很是困难。孔丘因为是贵族后裔，所以尚有资格与闻学问。他自身又是个极好学不耻下问的人。他因为政治上不得意，遂周游列国，遍观百二十国宝书，所至与其国之贤士大夫交游，问礼于老聃，问乐于苌弘，他的师友很多，所以学问也很博。他既以一身尽取贵族社会所有的学问而学之，及至周游既倦，所如不合之后，乃重返鲁国，修诗书，定礼乐。又毅然提倡讲学之风，设教于杏坛，公开讲学，门下弟子至三千人，平民甚多，如颛孙师[①]出身驵侩[②]，颜涿聚出身大盗，是其明证。自孔子开辟了这个风气之后，不但他的弟子遍布列国，到处聚徒讲

---

① 颛孙师（公元前504年—?）：复姓颛孙，名师，字子张，春秋末陈国人，孔门十二哲之一，受儒教祭祀。
② 驵侩：原指马匹交易的经纪人，后泛指经纪人、市侩。

学，传布师门宗旨，就是其他宗派也闻风而起，如墨翟就是一例。从此学术公开，思想解放，新气运遂一发而不可遏了。

自由讲学风气之开辟，以孔、墨两子的功劳最大，后来讲学问者亦以两家的门徒为最多。此外稷下之士三千人，开阴阳、纵横两家之端，也算于自由讲学之风有帮助的。大抵同一自由讲学，儒家取的是教育家的态度，墨家取的是宗教家的态度，阴阳家取的是研究家的态度。不过无论态度如何，总之不能不聚众，不能不有言论或著述表见，思想界就不能不受影响了。此外道、法两家，似乎不闻有聚众讲学之事，因为道家主张个人主义，喜欢独善其身，不求其思想之传布；法家则专靠政治以贯彻其理想，重政而不重教，故亦不蹈讲学的风气。但两家都有著述，为世人所传习，其末流亦有私相讲习其理论者，师徒授受之风仍不能免，思想界也因之越发达了。

关于战国时代中国学术思想界的情形，以前如《庄子·天下》篇，如《荀子·非十二子》篇，如《史记》司马谈论六家要指，如《汉书·艺文志》举九流十家，近人如胡适之先生的《中国哲学史大纲》上卷，如梁任公先生的《先秦政治思想史》，都已言之甚详，我们在这本小册子里不能多述，读者自可参考上列各书。我们这里只能将当时思想界分野的情形大概叙述一番。

自春秋以前，中国每一时代的思想可以说都是统一的，因为当时学问不公开，懂得讲学问者不过寥寥几人，所学者也全是先王的故训以及社会公认的信条，并没有什么新颖的意见发生，兼之当时思想简单，流传也很难，不容易有什么系统的意见成立。既无系统思想，就无冲突，因之也没有思想上的分化。直到自由讲学制成立后，学者求学容易，闻道者日多，才有派别分化出来。所以直到战国，中国思想界的分野才显明出来。

据《汉书·艺文志》之说，战国的九流十家似乎都出于周官所守，近人有驳此议论的。大抵古代学术集中于王官，不公开之于大家，《汉书》说学术出于王官是不错的。不过战国诸子的思想都是自己发明，并非由古代思想中偷窃而来，《汉书》上说什么某家者流出于某官，就未免太凿了。

《汉书》虽然举出九流十家之名，但依我们看来，思想确能独立，且有系统，能自成一家，且有影响于当时及后世者，只有儒、墨、道、法、阴阳五家，其余对于思想界的影响很小。

五家之中最先发达是儒、墨两家。儒家更为早出，后人说孔丘集大成虽不尽然，但儒家却可说比较的是承受古代中国民族的正统思想。因为在各派思想之中，儒家的创始者孔丘出世最早。他生存的时候，还在贵族社会将衰未灭的时候，孔丘生于贵族社会环境之中，虽因为个人的聪明才智取有许多新开拓的思想，但终因时代和环境的限制，不能脱尽古代贵族社会的传统思想。我们可以说孔丘的思想行为都是贵族社会中的模范，他算是集贵族社会思想道德之大成。因为他的思想是受贵族社会的影响很多，因此他对于中国古代的传统思想道德不但不能抛弃，而且努力想去保存恢复。他自命为"述而不作"，这正是贵族社会中普通的主张。因此他的思想与古代传统思想相去不远，他对于古代传统思想的了解也最深，所以我们可以说他的思想是承受古代中国民族的正统思想。后来的儒家虽然派别很多，但根本精神与孔子相同，只有孟、荀两家稍特别点。

孔丘生时，学问著述的风气尚未开，故他本人并没有留下什么系统的著述，只有他手定的五经，和门弟子追记他生平言论的《论语》，可供我们研究他的思想之用。五经之中，《春秋》经他笔削①，更能表见他的理想。大抵在五经中表现的是他对于政治社会的理想，在《论语》中表现的是他对于个人修养道德的理想。他对于政治社会的理想并不能脱去当时贵族社会所谓贤士大夫的一般见解，只是梦想恢复秩序井然的贵族政治和宗法政治，他生平景慕周公，也就是这个道理。这个意见他死后为多数儒家所鼓吹，造成了"礼"治的中心思想，对于中国思想及文化界的影响很大。他对于私人道德的理想，是以"仁"为中心，"仁"就是同情心，孔丘很重视这种同情心，想拿这同情心作个人修养的标准。孔子当日讲"仁"不过是为个人修养起见，并无远大的理想，但在他身后经一部分儒家鼓吹，渐渐为人所重视，到孟轲起来更加以发挥。同时又影响到墨家，造成墨翟的兼爱非攻主义。不过这都是孔丘身后的事情，孔丘生时必料不及此。

近人有以"大同""小康"解释儒家的派别，自然不免有许多牵强附会之处，但孔丘生时其主张之"仁"与"礼"已不免有自相矛盾之处。孔丘死后，弟子中没有什么有大力气的，只有曾参较年少，卜商②较老寿，二人都是拘谨的人，因此后来的儒

① 笔削：出自于《史记·孔子世家》。笔，书写记录；削，删改时用刀削刮简牍。
② 卜商（公元前 507 年—公元前 400 年）：姬姓，卜氏，名商，字子夏，尊称卜子或卜子夏，南阳温邑（今河南温县）人。春秋末期思想家、教育家、孔门十哲之一。

家就是拘谨一派为多。这一派断断讲一个"礼"字，又添出一个"孝"字来。他们讲"礼"字只讲到仪文节数许多细微小节上，现在的大小戴《记》中有许多篇可以代表他们的思想。他们讲私人道德则以"孝"代"仁"，将泛爱万物的伦理道德缩小到家庭父子之间去。这都是惹起墨家反响的原因。

另外一派的思想以"仁"字为出发点，推之于天下万物，想拿来建设一个理想政治，与墨家思想较相近。这种理想在孔丘身后的儒家中似乎并未发达，只有《礼运》中略见一点端倪。后来的孟轲也没有这种气象。所以这种理想在儒家中只可说是"昙花一现"。

儒家后来派别中最有影响于后世的自然要推孟轲、荀况两家，但孟、荀其实都是儒家的别派，他们各有自己思想的出发点，并不尽依傍在孔丘门户之下的。孟轲思想的出发点在发展精神生活，他以为养其大体则小体自然充实，这种主张与孔丘的精神相似，与其他儒家却不相同。孔丘身后许多儒家被讲礼讲得头昏了，全注重了此枝叶末节，忘记了根本所在，孟轲出来提倡个人的精神生活，振臂一喝，才使儒家有了新气象。他的思想确能超出贵族社会的思想，而建设一种新人生观。他的学说在当时似乎影响不大，但宋、明以后的儒者极受他的影响。荀况是以人性为恶的，故他不主张精神生活，而主张客观标准的礼治。但他的所谓礼与孔丘身后诸儒所讲的礼意思已经大不相同。他是主张要"法后王"，要"戡天"的，因此他的礼只是一种因时制宜的礼，而决不是其他儒家所断断计较的什么先王之礼。荀况的礼已近于法家的所谓法，这是时代进化的自然结果。

儒家孟、荀两派都有特别气象，但其传都不广，大多数的儒者还是牢守战国初年的拘谨家法，以"礼"为唯一理想。到了汉朝，遂只剩下叔孙通一派的贱儒，和董仲舒一派的迂儒，这真是儒家的大不幸了。

墨家之出正当孔丘身后儒家发达之际，故其主张处处与儒家针对，可谓为儒家正面的劲敌。其实两家根本精神都相去不远，都是代表诸夏民族重实际的色彩，不过墨家更为简捷罢了。墨家的根本主张是兼爱，与儒家的差别之爱已是相反，却同是为救时之敝而倡。孔丘生于贵族政治未衰之际，故他的主张只欲维持贵族政治原始的秩序，就可以拯救生民；墨翟的时代，贵族政治已完全破坏了，旧秩序已不能应付新环境了，在当时战乱频仍的环境中提倡兼爱大同的学说正是最相宜的。不过古代民智低下，想拿理论来说明天下一家四海同胞的理想是不容易的，因此墨翟不得不想出神道设教之法，利用普通社会对于上帝的信仰，建设出一种天志说来，以作他的兼爱非攻运动的理论根据。理论既然类似宗教，运动的方法和手段因之也不得不采取宗教式的，因此墨家的组织就成为一种宗教了。我们应当知道，时代的环境是很要紧的，当战国以前，人民了解思想的程度还是很低的，孔丘是主张维持贵族政治的旧道德，并没有什么新主张，因此他的理论为人了解，并且恰与当时贤士大夫一般的见解相合。墨翟的主张则完全是新颖的，他的兼爱说正与当时传统的阶级制度相反，因此他不得不托之于古代的神权政治以利其推行，这一种苦心我们应该为他原谅。到了战国末年，情形就大不同了，思想解放已达到最高点了，因此道家的虚无主义，法家的进化思想，种种与旧思想大相径庭的思想学说，都可以大胆公开地表白出来，不必再特意扭扭捏捏去托古改制了。这都是时代的关系，所以近人说周秦诸子都是托古改制，这是不对的，托古改制的只有儒、墨两家，乃是因为他们的出世较早的关系。

儒、墨二家的出世都在战国以前，不过到了战国才发扬光大起来，其余三家就全是战国时代的产品了。就中出现较早者为阴阳家。阴阳家的思想在近人谈古代哲学史者，多不加以注意，甚或加以指斥，谓为野蛮迷信的思想，其实是很错误的。阴阳家的思想和其他各家一样，虽然也有很荒谬可笑的地方，但大体上不失为一种有价值的学说，并且就流传之广，信徒之众，对于后世影响之大说，也不下于其他各派，怎能轻轻地一笔就抹杀呢？阴阳家传布的区域大约在燕、齐两国，而以齐国为出发地，其成立约在战国初年。当时齐国是东方大国，齐威王招贤礼士，稷下之士至三千人，天天在那里为谈天雕龙之辩，争论不休。阴阳家的思想就在这个学问环境中养育出来。我们要注意阴阳家与儒、墨两家不同，并没有唯一的首领，比较上人所知道的要算邹衍 ①，可惜《史记》上一篇列传又讲得很简单，此外也别无什么著作传流下来，阴阳家之为人所忽视，未始不由于此。但是就他们的思想研究起来，确实有令人可以注意的价值，尤其是与诸夏系的正统思想有许多不同之处。第一

---

① 邹衍（约公元前 324 年—约公元前 250 年）：战国末期齐国人，阴阳家代表人物、五行创始人，著有《邹子》一书。

他们是注意宇宙本体论的，诸夏的正统哲学思想都只注意人生哲学方面，对于宇宙本体如何多存而不论，唯有阴阳家好谈及此点，他们将《洪范》的五行之说拿来推演起来，便成了阴阳终始五德说。他们以为宇宙是循环的，终而复始，都是五种原行在那里互为代替，这种思想确是非常新奇，为诸夏思想家所梦想不见的。第二对于自然科学的注意，这也是诸夏正统思想所不注意的，邹衍的大九洲之说，很有科学思想，终始五德之说则含有数理意味，此外类似的思想必然很多，虽然没有记载可考，倘若细细从古书中去搜寻，未必不可以找寻出来。第三为富有趣味的神话思想，如汉朝方士所传十洲三岛等神话，都是战国阴阳家所流传下来的。这种神话都富有人性的趣味的，诸夏的正统思想也决没有这些。就这三端看来，已可见阴阳家的思想确与其他各派都有不同，其差异且甚大。为什么会发生这一派的思想呢？就不能不说是地域和人种的关系了。以人种而论，东夷民族本向来富于神话思想，其思想系统与诸夏大不相同，后来江淮一带及齐国的宗教也就带有特别性质。如同东岳泰山的崇拜就是齐国的宗教信仰之一。这信仰到了战国以后，经过学士大夫的一番研究，遂成为富有理智性的学说了。至于地域的关系更为重要。中国本是大陆国，各派的学说思想虽然不同，大致缺乏海国的气味。唯有燕、齐两国距海较近，人民习于航海，故思想也因之不同。我们研究阴阳家的思想，觉得与希腊民族的思想极为相近，大概因为同是海国的关系。在中国思想史上要算是异军特起。阴阳家的发展是自然造成的，最初并非有意的提倡，也没有什么大哲学家个人的造意，只是在那种环境之中自然会造成那样的思想。这种思想一成为系统的理论之后，非常容易流传，燕、齐二国的信奉者非常之众，当时的君主如燕昭王也非常信任，后来的秦皇、汉武更不必说了。这一派在汉朝的势力大家都知道，可不必细说，其实汉朝以后的潜势力也仍然还不小，不过不为人所注意罢了。我们试举几个例子：一个是晋时伪造的《列子》中有述天地原始的一段，如太初、太始、太易等说法，自然是从《淮南子》中偷窃出来的，而《淮南子》却是采的阴阳家之说，这种说法后来遂成为道家哲学之一部分，魏、晋以后的道家思想其中含有阴阳家的思想非常之多，这不过是最高尚的一例。还有一个是北宋邵雍的"皇极经世"之说，虽然衍自道家，其实也是阴阳家终始五德之说的变相。唐、宋以后的所谓数理之学，其实都是阴阳家思想，道家并没有这些。随举两例，已可见阴阳家思想在后世影响之深了。

与阴阳家同时或稍后发生的思想是道家。道家也和阴阳家一样并没有开山的祖师。后世虽以老聃为道家的始祖，其实老聃这个人根本不是道家《老子》这部书确是战国末年的作品，是道家最后的成熟著作，不是最初的著作。道家的发生大约和儒家的孟轲同时，其中著名的人如庄周、彭蒙、慎到之类，也是各自成一家言，并不相袭。大抵道家的共同精神在出世思想，因为要出世，所以不似其他各家要聚众讲学，有多少弟子传布他们的学说，道家的著名学者大抵姓名尚在若隐若昧之间，更无论于生平行谊了。不过道家的传布在于中原各国，不比阴阳家的僻居东北，因此他们的著作多数仍留传下来，为后人所知，不比阴阳家之湮没无闻。渐渐也有人以研究他们的学说为业，造成一种学派。然而在战国时代，这一派的势力似乎仍不能和儒、墨抗衡，直到汉朝初年，儒、墨俱受摧残之后，黄老之学才渐渐抬起头来。道家因为是个人的学说，所以他们的内容很不一致，有主张自然的，有主张虚无的，有主张清静的，有主张享乐的，甚至有极端相反的学说。因此严格说起来，原始的道家并不成为一家，不过一些山林隐遁之士各自发挥各自的思想罢了。不过在这种不同的思想之中也有一个共同点，就是个人主义，道家无不以个人主义为出发点的。这种思想在孔子时就有端倪，《论语》所载长沮[①]、桀溺[②]之类，就都是此派。到庄周以后，拿他的阔达放任的精神独立创成一部学说，道家才有了较高尚的理论根据。到《道德经》出世以后，道家才有了首尾一贯的系统思想，这部书确是道家成立的最大功臣，也是上古中国思想史上第一部系统的真正著作。自这部书出现以后，道家才有了森严的壁垒，老聃也就因此一跃而为道家的祖师。汉朝的黄老之学所以陡然盛行起来，也就是这部书的功劳为多。中国古代真正可称为著作的系统书，只有《老子》和《周礼》两种，但《老子》的影响却比《周礼》大得多。

法家是最后出的。他的酝酿已在战国中叶，真正成立更在战国末年。各家学说到了演进到最高程度以后，已经都有接近法家思想的可能。如同儒家的荀卿，道家的慎到，就都有类似法家之

---

① 长沮：传说中春秋时楚国的隐士。
② 桀溺：春秋时隐者，亦泛指隐士。

处。到韩非出来，法家的思想才算大成。法家的思想中心是什么呢？就是以人胜天的进化主义。他们不像儒家崇拜什么古先，他们也不像墨家信仰什么天意，他们更不像道家主张什么自然放任，他们是最进步的，最彻底的。他们根本不信任什么人性本善的理想之谈，他们以为只有法律才可以范围人性的恶点，促进社会的进步。他们是人本主义者，也是进化主义者。他们的主张确是有实效的，因为秦国就是用了他们的主张才将"天下"统一起来，那些儒家迂阔的王道主义，墨家迷信的神治主义，道家空想的无治主义，就都不免相形见绌了。因此我们说法家是古中国学说之最进步者，而法家的巨子韩非尤为集上古学术之大成。犹如他的同学李斯完成了政治统一的工作一样，他也可以说完成了学术统一的工作，他们的思想不但促成秦国的统一，就是西汉二百年的太平郅治也是由法家造成的。后儒拘于迂阔之见，反要骂法家是只图近功，真是冤枉古人不少了。

我们对于先秦诸子学说的总观察是上古学说演化成以上各派的缘故，不尽由于各派创始者的主张不同，地域和时代的关系也很重要。地域的关系已经有人说过，如谓儒家代表北方民族思想，道家代表南方民族思想之类，其余三家若分配起来，可以说阴阳家代表东方海国民族的活泼理想，法家代表西方山国民族的黢刻理想，墨家则笃实似儒，高玄似道，热情似阴阳，组织似法，最得其中道。但这些地域的关系还不算很重要，最重要的还是时代的关系，儒家最先出，故保存的封建思想最多；墨家次先出，故主张稍进步；阴阳家次出，故主张又进步；道家晚出，故主张甚急激；法家最后出，故主张也最进步彻底。各家自身的进化也是循这个轨道而来，试列一表以说明之，如次：

修正的 传统思想	素朴的 新理想	较进步的 新理想	系统的 新理想	最进步的 理想
（儒家）孔丘	孔门弟子	孟轲	荀况	无
（墨家）	墨翟	墨家弟子	别墨	无
（阴阳家）	无	稷下诸贤	（轶亡）	无
（道家）	（诸隐者）	庄周	《老子》	无
（法家）	（子产等政治家）	《商君书》	《管子》	《韩非》

第七章　各派思想之凋落混合及神秘思想之复兴

　　古代的思想到了战国可算极盛，盛极了就未免难以为继，因此到秦国实行统一之先，各派就已都有凋落之势了。秦始皇混一宇内之后，实行法家的统一思想政策，对于各家思想极力摧残，儒家的受摧残最深，焚书坑儒是人所共知的事实。墨家的受摧残虽无明文，但观于秦以后墨家之衰微情形，再证以墨家学说与专制绝不相容的理由，可知其受摧残比儒家恐怕还深。此外阴阳家则末流变为方士，虽颇为时主所信任，而于学术关系颇少；道家则多属隐遁之士，不愿干涉政治，因此也都无显著的表现。唯有法家得行其志于时，始皇又禁绝百家杂学，令欲学法令者以吏为师，故此时可算法家的独尊时代。但因为无其他学说竞争的缘故，因此法家也就没有什么著作表现于学界，只有那些各种制度法令流传于后代，为汉朝的杂霸制度所因循罢了。

　　各家的学说经过秦始皇的专制摧残，虽然不免都受影响，但毕竟学术的势力不是政治所能禁压得住的，因此秦朝一亡，压力一去，各派就都纷纷复活了。

　　先说儒家本来是当时最大的一个学派，年代又长，信徒又多，主张又很稳健，因此势力甚为稳固。秦始皇虽然信任法家，对他们极力加以摧残，但他朝廷之上仍然有博士存在。到汉兴以后，叔孙通等聪明的儒者能够通达时务，赶紧以礼乐之术牢笼君主，因此儒家的势力遂又恢复起来。自此以后无论在朝廷或在社会上，儒家的信徒都很多，他们又极力注重文献事业，为当时其他各家所不及，因此他们的势力因与古代文献打合到一处，遂更不可摧破。不过汉初君相如曹参、文帝、窦后等都很信道家，法家的潜势力也还存在，因此儒家还不能十分得志。直到景、武两帝都是右文好儒之主，儒者公孙弘、董仲舒等乘机进说，复实行秦始皇未竟的统一思想政策，不过以儒家换了法家罢了。这个政策一行，儒家遂成了二千年来的正统思想，再不敢有人加以反对。不过从此各派学说不能公然发展，都偃旗息鼓变相的侵入儒家，将儒家弄成一个四不像的东西，而思想界也就渐渐堕落成了不堪的景象了。

墨家在战国时代本来是很大的学派，信徒遍于中国，与儒家有对立之势。但是他的信徒过重实行，忽视言论，因此著作流传绝少。他们的组织又是极严格，极秘密的，普通的信徒渐成为绝对服从没有个人自由思考的余地，学说又逐渐趋于神秘，不易为智识阶级所赞同，这都是墨学自趋渐灭的原因。加以他们主张抑强扶弱，最与专制政体不合，尤其是大一统的时代，因此墨学自秦以后就失传了。不过最主要的原因大约还是由于墨者的过重实行，忽略文字，因为忽略文字，所以将信徒都弄成椎鲁无文，渐渐数典忘祖起来，因此秦亡以后，各派都能恢复，唯有墨家的精神虽寓于当时所谓侠客之中，而形式上早已忘却了墨翟的教训，墨家的名目就从此沦亡了。

　　道家本来都是个人主义者，素来就没有什么组织，不过因为他们的主张很投合乱世人的心理，因此同情者也很不绝。自《老子》一书出现于战国之末，道家有了系统的理论，才有与儒、墨争衡的资格。汉兴因为天下初定，正用着清静无为的政策，因此道家的主张就成了一时的主潮。同时战国中所有各附庸的派别如纵横家、农家，乃至阴阳家之类都纷纷自附于道家，道家的内容也就较从前大为扩张了。汉朝文、景两朝，上有文帝、窦太后等主持于上，下有淮南王安等奖励于下，当时除了儒家敢和他竞争以外，简直没有其他抗衡的学派。不过道家内容究竟过于简单，主张也很浅薄，因此不能满足雄才大略的君主的希望，到武帝定儒家为正统之后，道家自然不免也受了影响。从此以后，清静无为的正统道家学说渐归渐灭，而阴阳方士之流转依附道家的名目，造成东汉以后的神秘的道教了。

　　阴阳家在战国末年信徒就已不少，但是似乎始终没有演化出整个系统的思想。按说战国时代以齐国的和平时期最长，应该涵育出些较高尚的文化，但无论在文学方面或哲学方面，齐国方面都没有什么成绩流传下来，这是什么道理呢？依我们想，不是齐国没有文化，乃是因为齐国与其他各国交通较少，故国亡之后，就不免渐渐埋没了。就我们今日所知，齐国文化之表现于后世者，似乎只有阴阳家一派，但关于阴阳家思想内容之材料今日也就很少。盖阴阳家的思想全是海国民族的思想，其不为大陆性很深的中国民族所了解而渐至湮没，也是当然的道理。不过阴阳家思想的内容虽然不易研究，但就秦、汉时代他们的信徒众多，甚至欣动人主这一点上看起来，可见他确是当时一大学派，不容忽视的了。不过阴阳家到了秦、汉之际，似乎已失了他原来创始者的高尚哲理意味，而倾向于神秘方面了。大致哲学在极盛之后，民族对他们生了厌倦，就多易转入神秘的宗教方面。如希腊哲学极盛之后而有新柏拉图派的神秘思想代兴一样，中国上古的哲学思想到了先秦诸子也可算发挥净尽了，秦、汉以后各派都没甚新进步，社会上自然渐渐对他们都厌倦起来，神秘思想容易发生。阴阳家转入此方面最早，因此在西汉时代就几乎成了社会信仰的中心，他的势力不但征服雄才大略的君主如秦皇、汉武之类甘心为他效力，甚至儒家、道家也都为其所同化，而发生神秘式的谶纬思想。这真是阴阳家的大幸而又是大不幸了。

法家自秦得到政治的拥护战胜其他各派后，到秦亡汉兴名义上虽然失败，其实潜势力仍然甚大。汉朝的制度大多数沿自秦制，而秦制就是全本法家的精神制定的，因此西汉一朝可算仍然实行法家的理想，汉宣帝所以说汉朝的法家是用杂霸治国，也就是这个道理。汉初的君相如萧何、张苍、景帝、晁错等都是信仰法家的。武帝名为信儒，其实所用的人如张汤、杜周、桑弘羊、孔僅之类都是法家。就是公孙弘之流也是阳儒阴法的。儒家的胜利，法家的失败，大约在元、成以后，因为汉元帝是个好儒的人，所以西汉末年儒者才大盛起来。桓宽所辑的《盐铁论》一书，可以代表西汉中叶以后儒、法两家冲突的情形。平心而论，西汉的富强未始不是法家之效，至于元、成以后，政治所以紊乱不堪，虽非儒家的责任，但儒家的迂阔之术断不易挽救那种鱼烂的局面，也是实情。两家的优劣，由此可以见出了。

我们前面已经看到，汉朝初年，神秘的思想已经流行了。当时阴阳家堕落而成的方士，在社会上极力传布神秘的思想，聪明如汉文帝，雄略如汉武帝也都受他们的愚弄。当时的名臣如张良之类又借神仙以自晦，因此神仙的价值就越高起来了。流风所及，儒、道两家也都受了影响。儒家如董仲舒之流号称大儒，但是他的著作中满纸妖妄之言。道家则托黄帝以自掩其神秘之说，其著作如《淮南子》中也充满了神秘思想。自汉武帝定儒术为国家后，思想越发退化，儒学中的神秘色彩越发达了，于是产出所谓谶纬之学，以妖妄之言自附于儒家。西汉末年，这种神秘的思想一天盛似一天，王莽的篡汉，刘秀的兴复，都借谶纬以欺人，可见神秘派在社会间的势力了。

儒术定为一尊以后，思想上就绝没有什么表见，所谓儒家者不是妖言惑众的方士，就是抱残守缺的经师。方士派固然造谣可恶，经师派也只知道咬文嚼字，毫无独立的思想可言。并且汉武帝之推尊儒术，本来是利用科举的手段，这种手段虽然将异端一一打倒，但结果使儒术变成一种干禄之学，无论是方士派或经师派都是以奉承有权者为事。西汉末年，思想史上只能产出模仿派的扬雄和作伪派的刘歆，再产生不出什么伟大的思想家来，真是思想史上堕落的时代了。

东汉时代，思想的堕落消沉更甚于西汉，学术界上只有经师派和方士派在那里作怪。这时候有一个王充，是一个有独立思想的哲学家，他著了一部《论衡》，专门和当时的时代潮流反抗；他不信神怪，不信故训，甚至对儒家的祖师孔、孟都敢攻击，确是一个杰出的人物。但他的著作并不为时人所注意，直到二百年后，蔡邕得了还当作秘本，不以示人，可见在当时毫无影响，我们决不能拿他的著作来代表东汉的思想界。只可以他的著作之中，反映出当时神秘空气笼罩下的一般景象罢了。

这样神秘的空气，从王充的时代起，一直又笼罩了将近二百年，直到蔡邕出现的时代，王充的著作渐被人认识的时候，怀疑的曙光才渐渐发现。但同时神秘思想已造成空前的匪乱黄巾贼，将二百余年的东汉大帝国一拳打破。同时新的宗教纷纷俱起，而神秘思想结晶的道教遂于此时出现，成为中国唯一真正的国教了。

第八章　怀疑时代的曙光

　　东汉是儒术最盛的时代，儒术统一的结果，除了造成一般方士和经师之外，只有在政治上造成些臧否时政的党锢名流。这些党人们大半牺牲他们的精神生命到政治上，对于思想界的贡献殊少，但因为结党交游的风气一开，思想上交换的机会日多，并且党人们多半是光明俊伟之士，绝非委琐卑陋的经师们可比，他们的流风所及，很可使人的心智一开。到了东汉末年，政治日坏，人心思变，思想上怀疑之机遂一发而不可遏了。

　　从东汉末年起，到东晋初年止，这一百多年之中可以说是思想史上的怀疑时代。虽然没有什么独立的建树，但较之黑暗消沉的东汉时代，实在已高出百倍。东汉经师们只晓得咬文嚼字，说《尧典》首数字，至十余万言，其繁琐冗长，毫无用处可见。东汉末年有个郑玄算是经师之巨擘，他将这些妖妄之说，繁琐之论，分别结集起来，成了五经的注，经师派到此可算大成，但经师派的势力也就及郑玄之身而斩了。

　　当郑玄苦心结撰那些故纸堆中的材料的时候，新的怀疑空气已经渐渐造成。与郑玄同时略后的孔融和祢衡便都是放荡不拘礼法的人，他们曾说"子之于父母犹物寄瓶中，别无恩义"，这是对于汉代儒教盛行的唯一教义"孝"字的大胆反抗。这时候儒教的不能压服人心，已成公然的事实，有眼光的政治家如曹操、诸葛亮，都想拿法家的主张来范围人心。无奈人心遏郁已久，正是思想自由解放的时候，法家的干涉主义也无法与这新潮流反抗，因此曹操和诸葛亮的建设事业都只成了昙花一现，毫无效果。到了曹操的重孙手里，便出了何晏、王弼两个大思想家，他们大胆与古来相传的儒教教义反抗，开拓了一个新世界。何晏、王弼都好谈老庄，王弼注解《周易》，以义理为主，一扫汉朝经师支离荒谬的胡说，确替中国的哲学开拓一条新路。他援引老庄来解《易》理，虽然也未必即是《周易》的本义，但于融会儒、道二家的主张上，很有功效。汉以来的道家，除了一部分神仙妖妄之说外，大抵是清静无为的老子之教为主，当时谓之"黄老"，其说甚浅。到何晏、王弼以后，才特别提出庄子之学，建设一个新人生观，此后言哲学者，或谓之"老庄"，或谓之"《老》《易》"，总之不但与儒家不同，抑且与汉以来的道家大不相同，完全是一种新东西。

与王弼等同时稍后的，还有个王肃，他是一个经学家，著经解若干种专门与郑玄为难，且并不惜伪造伪书以证实其说，如《孔子家语》便是王肃所造伪书之一。因为他是晋武帝的外祖父，所以他的学说后来也居然传之于世，与郑玄相颉颃。此人及其学说虽不足取，但他敢于遍翻郑玄之案，立意与汉儒为难，也可见时代潮流之一斑。

魏、晋之际与西汉末年一样，是一个伪书流行的时期。王肃所造伪书除《孔子家语》外，还有《孔丛子》。此外有汲冢发现的许多古书如《逸周书》《穆天子传》《竹书纪年》等，其真伪也是问题。东晋初年梅赜所上《古文尚书》及《尚书孔氏传》也是伪书之一。此外如《汉武内传》，东方朔《神异经》之类，俱属东晋以后的伪书。这些伪书中，于时代思潮最有关系的，要算《列子》。《列子》是经晋初张湛注解以后才出名的，有人疑为即张湛所伪造，有人以为张湛以前的人所伪造的，总之绝不是战国时代的作品。就中《杨朱》一篇最滋人疑窦，其实《杨朱》篇以外的各篇大半抄袭《庄子》而成，又间杂以佛经的语法和故实，其非战国时著作也是显然的。《列子》虽系晋人伪作，但它的价值倒不可轻视，因为魏、晋之际的时代思想颇可从这部书中寻绎出来，尤以《杨朱》一篇更可注意。他因为孟子中有"杨子为我"一语，遂因而杜撰出一篇极端为我主义的哲学来，大致以人生的享乐为主，轻视一切身后的批评和社会的善恶标准。所谓享乐主义者更绝对以肉体的享乐为主。这种不长进的堕落主张，确是魏、晋之间才会有的，战国时代哪里会产生这样的思想呢?

当何晏、王弼提出以老庄代替儒家的时候，确是想努力缔造一个新哲学，新人生观的，他们努力于破坏方面反不及努力于建设方面者多，倘若后来有人能承继着这个方向去走，则新的哲学早已出现，不必待印度思想之输入而始有光明之路了。不过不幸何晏、王弼死后，没有能够继承他们事业的人，所谓晋初的竹林七贤阮籍、嵇康等——大都是放荡不拘的名士派，在思想方面破坏之功多，建设之功少，反抗旧礼教的力量多，建设新哲学的力量少。并且生于禅代之际，易遭政治的压迫，嵇康一个较有思想的人，竟为司马昭所杀，阮籍因此缄口不言，以酒自放，此外山涛、毕卓、王戎之流则竟欺世盗名，躬为污浊之行，而自托于高尚了。当时的所谓思想，不过是伪列子《杨朱》篇中所代表的享乐主义而已。西晋末年，内政腐败到极点，外患也因之勃起，竟至中原沦丧，夷狄横行，虽然是政治不良之过，究竟这些堕落的时代思潮也不能不负一部分责任，所以范宁要太息痛恨地说"何晏、王弼之罪浮于桀纣"哩！

享乐主义的影响，确使人心风俗因之奢靡，当时的名人如何曾、石崇等，都以奢华相尚，未始不是受了这个影响。期间有与这个潮流相反抗的，如裴颁著《崇有论》，可以代表儒教的反抗思想，不过效力很少，终于酿成五胡乱华之祸。

东晋初年，过江名士流风未绝，竟以谈玄论道为尚，一言片字，妙解独契，颇似唐以后佛教的禅宗。《世说新语》一书载这种名言甚多。虽非系统的思想，究属不无可取。当时名士，每多升座讲演，手拿麈尾①，与听讲的人互相辩难，辩不胜的便即退席，这种情形与禅宗的机锋更相似。假使东晋和平较久，学者循这种轨道往前进行，或者也可以成就一种新的系统思想。但是这种自创的思想尚未成功，印度的佛教已挟民族迁移之新势力尽量侵入，给饿渴徘徊的中国思想界以一种无尽的宝藏，学者的力量顿然转向这新的方向去，思想上就又成了一个新的局面了。

思想的进退与民族精力的盛衰是成正比例的，中国民族自西周以前尚在浑浑噩噩的未开化时代，异民族的醇化也未成功，自

---

① 麈尾：魏晋时期清谈家经常用来拂秽清暑，显示身份的一种道具，形如树叶，下部靠柄处则常为平直状，类似马尾松。因古代传说麈迁徙时，以前麈之尾为方向标志，故称，后古人清谈时必执麈尾，相沿成习，为名流雅器，不谈时，亦常执在手，直到唐代，还在士大夫间流行，宋朝以后逐渐失传。

春秋时代经晋、楚、齐、秦诸大国的努力，将东西南北各方面的异民族都熔化于一炉，民族的醇化既已完成，正是发挥精力的时候，所以才产出战国时代光辉灿烂的思想来。战国以后，思想业已成熟，但民族精力尚未发挥净尽，因此秦皇、汉武得以挟之向政治外交军事方面尽量发展。西汉武、宣以后，政治军事已经发扬到绝顶，民族精力已呈疲倦之态，因此自西汉末年以至于东汉一代，无论政治、军事以及思想方面，都没有什么了不得的成绩，只是苟且敷衍局面而已。魏、晋以后，民族越老了，政治、军事方面都退化了，思想也就因之堕落起来，才会产出那样徘徊歧路的怀疑思想和聊以永日的享乐思想。民族思想到了这样地步是非常危险的，照这样弄下去，是会酿成民族的自杀的。然而"适会有天幸"，西北、东北的野蛮民族突然大举的侵入中国，造成一种民族的大混合，结果产生出一种新的富有朝气的大民族来。并且这些异族的侵入不是空手来的，他们背后挟着中央亚细亚一千年来的文化，并且间接地将喜马拉雅山这一条天障打开，使恒河流域的古文化得以与东亚民族接触，这个举动真是影响不小。于是正在醇化中的中国民族，接受了这件巨大的礼物，尽力地将他介绍研究，慢慢地咀嚼融通，隋、唐的大帝国和新的佛教都从这个时代酝酿出来，这个时代就是我们下章要说的时代。

第九章　佛教的输入

当汉朝在中国本部建设了统一大帝国的时候，北方蒙古地方也兴起了一个大帝国，就是匈奴。匈奴最盛的时候，势力东面扩张到满洲和朝鲜半岛，西面直达到新疆和中央亚细亚。那时新疆和中央亚细亚建设了许多小国，成为东（中国）、西（希腊、罗马）、南（印度）三方面文化势力和政治势力的接触地。匈奴和汉朝争持了多少年终于被汉朝将他战败，到东汉初年匈奴的主要部分已降伏汉朝，南迁至塞外，余民数十万落在蒙古的，尽为东北方面的鲜卑民族所吸收，从此鲜卑遂成为庞大的民族。至于中央亚细亚地方，自西汉末年，兴起了一个大月氏帝国，这个帝国本是东亚民族，由黄河套搬至中亚的，所据的地方则系希腊民族所建大夏帝国的故地，而尤可令人注意者，这个大月氏帝国跨兴都库什山而建国，一部分在山北中央亚细亚，一部分则在山南北印度，因此印度的文化就借这个帝国之力灌输到中亚诸国来。印度自公历纪元前六百年左右，佛教兴起以后，战胜了旧有的婆罗门教，就成为印度的中心思想。这时分为南北两派，南派由锡兰岛传至后印度半岛诸国，就以锡兰岛为根据地，北派则由大月氏传至中亚诸国，大月氏就成了北方佛教的中心了。西汉末年，大月氏使者来中国，哀帝使博士弟子秦景宪从之受《浮屠经》，这是佛教输入中国之始。至东汉初年楚王英在宫中私祀浮屠，可见佛教势力已侵入宫廷。自此以后，民间传习者渐多，不过尚属宗教的性质，于学术思想无大关系。到西晋末年，鲜卑、匈奴、羯、氐、羌五种民族侵入中国，号称五胡乱华之祸，这五种民族在未入中国以前，本来都已受过佛教的感化，既入中国以后，遂将佛教间接介绍给中国人。加以自异民族侵入以后，西北交通复开，中央亚细亚与中国的接触日繁，印度的佛教文化遂由这种种的机会传入中国了。

这一期的佛教，主要的工作在翻译事业。因为佛教初入中国，内容尚未尽为华人所窥，因此不得不致力于这层工作。这时担任翻译事业的人，大半系外国的高僧，有来自印度的，有来自大月氏的，有来自其他各国的。这些外国僧人初来中国，对于华言未尽通达，翻译颇为困难，因此不得不另物色中国人为之笔受。大致由外国僧人口译，再由中国人由笔记录下来，或者有时更请文学家为之润色一下。翻译既然须经过如此许多困难，自然不免谬误，就中翻译最有名的要算鸠摩罗什。鸠摩罗什是天竺人，生于龟兹，自幼精研佛理，名闻东西。当时中国有一个高僧叫做道安，对于佛理也深有研究，常常慨叹佛经翻译的多有错误，因发起迎鸠摩罗什来华。前秦王苻坚容纳他的意见，派大将吕光去迎他。恰好苻坚不久就因兵败而死了，鸠摩罗什赶到长安的时候，已是后秦王姚兴的时代。姚兴也是个信仰佛法的人，他用政治的力量保护鸠摩罗什，赞助他大规模地做翻译事业，因此鸠摩罗什得以放手进行他的工作。他的翻译卷数既多，内容又很正确，因此在中国思想界的影响极大。

除鸠摩罗什以外，外国僧人在中国很有名的有安世高、佛图澄、菩提达摩等人。

当时东西交通既便，不但外国僧人来中国的很多，就是中国僧人也有到西方求法的。当时的东西交通约有两路，一条是陆路，就是从新疆经中央亚细亚以达印度；另一条是海路，从广州出发，坐海船经后印度半岛以达印度的锡兰岛。外国僧人来中国的大半系从陆路，唯菩提达摩是从海道来的。当后秦的时候，长安有一个和尚名叫法显，发愤往印度求法，由陆路出发，凡经三十余国始抵印度，在印度住了十五年，由海路返回中国。带回的经论很多，并著有《佛国记》一书，详记他的经历，这部书在后来宗教史和地理学上都很有价值。在法显前后往印度或中亚诸国求学的僧人很多，据梁任公先生在《千五百年前之留学生》一文中考证，自三国以至唐初往西求法的高僧其确有姓名可考者已有百零五人，佚名者尚有八十二人，在当时旅行困难，危险非常之多的时候，能有这许多人牺牲生命光阴去做这种事业，可见时代潮流之一斑了。

除了出国求法的高僧以外，在国内也出了许多有名的和尚。在东晋末年有一个高僧道安，本姓卫氏，后改姓释，他在南北传道多年，弟子非常之多，欢迎鸠摩罗什来华的动议就是他发起的。中国佛教的基础可以说自他以后才确立起来。他的弟子慧远在庐山结白莲社，研究佛理，南方佛教的发达，他与有功焉。

当时信仰佛教的不但是和尚们，就是在家的居士也很多。原来佛教输入中国以后，其初政府尚禁止中国人出家为僧，故信仰者多属居士。自三国以后，此禁才开，于是在家、出家两途遂分。居士中信佛的著名者如与慧远结社的刘遗民等十八人，如宋初的谢灵运、颜延之等，对于佛法的普及都很有关系。

当时佛教传播之速，于政治势力的保护很有关系。自五胡乱华之后，侵入北方的异民族大半系信仰佛教的，他们的政治首领多努力奖励佛教的传布。如同后赵主石勒，前秦主苻坚，后秦主姚兴都非常提倡佛教。北魏诸帝除太武帝外，也都信佛，末年的胡太后尤崇佛法，建筑佛寺甚多，又遣宋云、惠生到印度求经，得百七十余部而还。北魏一代佛寺的兴筑非常之多，读《洛阳伽蓝记》一书可见梗概。南方的君主虽系汉族，但受了异民族的影响，也非常崇信佛法，就中东晋孝武帝、宋文帝、梁武帝、陈武帝等尤为著名。梁、陈二武帝都以开国雄桀之姿，不惜几度舍身僧寺，祈求福泽。南朝建筑寺庙之多，不亚北朝，政治上的如此提倡，正是时代思潮的反映。

佛教自西汉末年输入中国，历时二百余年，到东汉末年民间已传习甚广，但都是宗教的信仰，于学术思想无甚关系。加以当时翻译事业初开风气，外来的僧人对华言素不通习，辗转传译，错误甚多，专门术语也未经成立，因此翻译的经典不能引起一般人的注意。直到五胡乱华以后，外国的高僧来华者日多，带来的经典也较前多了，中外僧俗彼此相处日久，情意融洽，所翻译者自然较前正确，从此东土的人，才得睹佛教之真正广大的面目，又恰当思想烦闷饥渴的时候，焉能不立刻风行全陆呢？佛教在印度本分大、小乘两派，当中、印交通的时候，值大乘业已盛行中亚之后，因此迻译的经典以大乘者为多。其初尚没有枝派可分，到后来传习既众，不免有门户之见，于是大乘之中又分出许多枝派，大致都是以西土的经典为主，如般若宗依据《大般若经》，摄论宗依据《摄大乘论》，地论宗依据《十地论》，律宗依据《律藏》之类。原来大乘在印度本分两派，龙树一派从实相方面立观点，主张"法体恒空"；无著、世亲一派从缘起立观点，主张"万法唯识"。其输入中国也分两派，鸠摩罗什所译的《般若》三论之类，尽属空宗经典，故此派先盛于中国，到陈时真谛三藏东来，译出《摄大乘论》等有宗的经典，于是唯识法相之说才稍有萌芽。而此宗又分两派，在北方者谓之地论宗，在南方者谓之摄论宗，其实大旨相同，不过大小互异而已。以上这些派别，都尚系承继印度学派，直到昙鸾创净土宗，智颛创天台宗之后，中国才有了自创的佛教哲学，佛法就越发光芒万丈了。

我们前面已经说过，东汉一代是神秘思想发达的时代，佛教在当时也不过是许多神秘思想中之一种，此外本国自创的秘密宗教尚多，大致不出方士妖妄之说，而其中有主符篆的，有主丹鼎的，有主梵咒的，细细分起来，派别也很多。今日道教所托始的张道陵，在当时也不过是这些秘密宗派之一，后来流为五斗米贼，仅盛于四川一带。这些秘密宗教最初与道家本无甚关系，到东晋时候，有一个葛洪出来，著了一部《抱朴子》，将当时的神秘思想整理出一个系统来。东晋本是老庄之学最盛的时候，因此这些神秘思想就与道家相结托，借老庄的哲理以为后盾，他们的基础才渐渐稳固。到佛教盛行以后，受了佛教的影响，模仿佛教的组织，将这些神秘思想组成一个完全的宗教系统，从此以后就有了"道教"的名目，能够与佛教对抗成为二大宗教了，这个时代约当北魏的初年。

自老庄之学盛行后，与儒家旧说显相牴牾，学者已感取舍之困难，佛教输入以后，又添了一个新学派，这三派思想之间，怎样调和分别，问题甚多。因此学者有著论专主一家的，有谋调和三教的，但大势已趋于佛教思想，这些主张无甚大关系，故不赘述。此外如梁范缜所主张的神灭论，虽立意颇为新颖，但在当时和后世都无影响，也就不足轻重了。

第十章　新佛教宗派的创造

　　纪元三四世纪之时，佛教已盛行于中国，但当时信徒精力大半消费于迻译经典，消化未遑，况云创造。到五世纪以后，佛教的翻译已渐次完备，学者研究的风气已盛开，咀嚼消化，逐渐成熟，以中华民族的天才，接收了这一份丰富的礼物，自然会另外创出一种新的融化物了。从五世纪（南北朝初）起，到七世纪（唐初）止，这三百年之中，可以说是中华新佛教建设的时代，这些新建设的佛教，虽然蒙着佛教的面目，其实已是中国化的佛教，在学风上，态度上，内容问题上，都与印度本来的佛教完全不同，可以说是中、印两枝文化结合以后的新产物，这真是思想史上可以值得大书特书的事情。如今依这些新宗派创立的次第，分别叙述如下：

　　一、净土宗。净土宗系由菩提流支传入中国，但至其弟子昙鸾始发扬光大。在昙鸾以前，已有慧远在庐山结莲社，刘遗民等十八人都来入社，也为本宗的先声。这一宗虽云以《无量寿》等三经一论为根据，其实是不立文字，但以念佛为方便法门，于思想上无大根据。又这一派的修持方法与天台宗相似，同以"观"字入手，创莲社的慧远也就是天台宗的远祖，因此我们可以说净土就是天台宗的一个别支，后来才各自独立发展的。

二、天台宗。天台宗是中国自创的第一个大宗，开创人名叫智颛，时代约当陈、隋之际。这时候龙树一派的空宗与无著、世亲一派的有宗正在论诤不绝之际，天台宗出来创立判时判教之说，以中道为最后究竟，非空非有，不即不离，虽然根本上仍毗于空宗，但已算调和于二派之间了，这是天台宗在当时唯一的价值。至于在修持的方法上，提出一个"观"字来，也是发前人之所未发。我们要明白了六朝末年中国佛教的纷歧情形，才知道天台宗是调和各宗派的新学说，他的内容圆融中正，能弥补各派的缺点，确有一日之长，且可以代表中国民族喜调和的根性。

三、起信论派。《大乘起信论》是佛学界公认的一部名著，从前人都以为是由印度翻译来的，近来经多人考证，始知印度原无此书，乃属中国人伪造。其成书约在隋、唐之际。这本书虽系伪造，但内容极为精深，后来在佛学界的影响也非常之大。当时空有二宗争论甚烈，一派主张法体恒空，一派主张万法唯识。起信论将这两宗的主张调和折衷起来，立一心二门之说：一个是心真如门，就是心的本体，不生不灭，与空宗本空之义相合；一个是心生灭门，就是心的现相和作用，是有生灭，与有宗唯识之义相合；而这二门又各总摄一切法，并不是二元论，真如中含有空不空二义，生灭中则含有觉不觉二义。像这样说法，就将空有两宗的争论异点一切调和无迹了。《起信论》之所以有价值者在此。而他的出现正与天台宗的成立先后同时，可见当时正是需要调和折衷的时候了。起信论与他宗不同，未尝独立成一宗派，但因其在佛学界影响极大，故我们不能不注意及之。而且起信论后来与华严宗的关系颇深，欲知华严宗思想之来源者也不可不注意此论。

四、法相宗。法相宗本是印度的大乘宗派。印度自佛灭度后六七百年，大乘始分为空有两派，始终不能调和。中国自鸠摩罗什来华，译出《大般若》经及《中》《百》《十二门》等论，空宗之义大张，人人以为佛经妙义不过于此。至六朝末年，《摄大乘论》等有宗的著作陆续译出，才于空宗之外别树一帜。但晚出之派究难与固有者相争。加以天台、起信纷纷以调和自任，壁垒更加紊乱。直到唐初，玄奘以杰出之姿，往印度留学十九年，尽得法相宗的真义，归而力弘唯识之义，这一派才大盛起来。玄奘自著《成唯识论》一书，其理解超过印度诸贤，故法相虽来自印度，其实大成于玄奘。至玄奘的弟子窥基更加以发挥，遂成立此一重要宗派。

五、华严宗。华严宗虽以《华严经》为根本，但《华严经》在印度的传授源流已很渺茫，有由龙宫发现的神话。传入中国以后也并没有什么宗派，直到陈、隋之间，有一个杜顺和尚始提出纲领，标立宗门。到唐初智俨和法藏出来，才大加发挥，华严宗就光大起来。本宗主张即事即理，事事无碍，理事无碍之说，广大圆通，不落门户之见，自称为圆教，与印度佛教好分析的气味迥不相同。其思想的立足点颇有似于泛神论，确是完全的中国思想。

六、禅宗。禅宗是最后出来的宗派，也是最富于革命性，最有势力的宗派。他的传授托言是始于释迦牟尼的大弟子迦叶，在印度传了二十八代，到梁武帝时始由达摩传至中国，其实也是无对证的话。大约禅宗的端绪是开于达摩，自他以后传了五代，都没有什么成就，到六祖慧能出来始大畅宗风，成立了一个广大的宗派。六祖以后，辗转传衍，变为云门、法眼、梦洞、沩仰、临济五宗，一直到宋、明以后，势力还存。禅宗的主张是不立文字，直指本心，明心见性，因此简单直捷，富于刺激性，且悟彻之后，虽呵佛骂祖也可以，真是最有魄力最能发挥个性的宗教。

除以上六派以外，还有真言宗，以秘密诵咒为主，也是自唐以后才输入的，但因与中国民性不合，故不能发达，而转盛于蒙古、西藏等处。

总括起来，以上中国自创的各宗派，虽然内容各有特色，不能相提并论，不过若就历史家的眼光看来，也不妨替他寻出一个自始至终一致演进的痕迹来。原来佛教自输入中国以后，最初只是承接印度的学说，只有因袭，没有创获。印度的学风本是最好分析最不圆通的，因此为一点小问题彼此分门别户毫不相下。不但同一佛教有大、小乘之分，而且同一大乘又有主张唯空和唯识之别。自印度人看起来，一派主张宇宙和自性的根本是空无的，一派却主张是有实在的东西为之根本，这岂不是根本相反吗？但是中国的民族性却是极端调和的，同一佛教而有如此极端相反的学说，在中国信徒看来，终觉得不甚安心，因此才产出天台宗一派的调和论来。天台宗以五时八教之说立论，将所有佛教各宗派分配于各不同的时代，说是世尊因时代的不同故说法内容有异，这样一来，大家便不大彼此互相攻击，存入主出奴之见了，因为虽在极端相反的学说也不妨同认为是教祖所说的了。这是一种调和。判时判教之说在天台以前已有"南三北七"十种不同的说法，可见当时中国佛教徒大家已都感到调和的必要，不过到天台而后理论完密罢了。这种调和仅能将各派学说位置在佛教的旗帜之下使之不必自相冲突而已，但在学说的内容方面还不能调和弥缝，使之趋于一致。于是起信论出来，立一心二门之说，一面容纳空宗的本体之说，一面容纳有宗的唯识之说，这种学说上的调和统一确是又一种进化。到华严宗出来，这种学说上的统一更进一步。他简直将一切空有的区别根本打破，立一切无碍之说，这种说法一出，回视印度各派为一点小小问题竟至分门别派生死不相容者，真觉是醯鸡之见，不知天地之广大了。佛教学理发展到此地，已到最广大圆满之境，底下自然的趋势自然会产出禅宗那样连佛教和异教，如来和众生的区别也一齐抹杀的最进步的宗教来。印度以国民性是好分析，所以一个佛教会分成无数的宗派，演出许多绝对不相容的学说，中国的国民性则恰与他相反，好的是调和综合，因此许多不两立的学说宗派偏会设法将他调和统一起来，这真是国民性的特色，研究思想史的人最不可轻视的。唐朝以后，只有一个法相宗是从印度输入的，玄奘留学印度甚久，受了印度国民性的感化，故其学说主于分析，壁垒森严丝毫不肯融通，但因此也不能光大于中国。中、印两民族这种性质的区别，平心而论，各有短长，为学术本身计，自然印度人的认真分析的精神最可宝贵，但中国人的圆通性质能有了华严和禅宗的成绩也就不可厚非了。

今试列一表比较中、印两国的佛教派别性质如下：

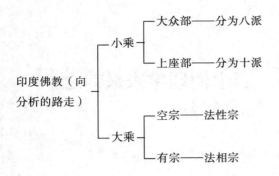

印度佛教（向
分析的路走）
- 小乘
  - 大众部——分为八派
  - 上座部——分为十派
- 大乘
  - 空宗——法性宗
  - 有宗——法相宗

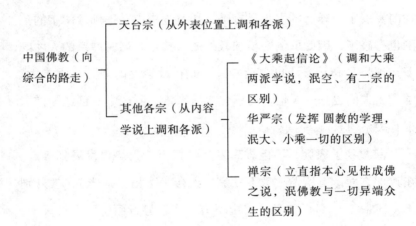

中国佛教（向
综合的路走）
- 天台宗（从外表位置上调和各派）
- 其他各宗（从内容学说上调和各派）
  - 《大乘起信论》（调和大乘两派学说，泯空、有二宗的区别）
  - 华严宗（发挥 圆教的学理，泯大、小乘一切的区别）
  - 禅宗（立直指本心见性成佛之说，泯佛教与一切异端众生的区别）

第十一章　唐宋间理学未兴前之新形势

　　中国的佛教学理进化到了禅宗，已经达到最高点，不能再往前发展了。禅宗的主张是打破一切范围拘束，连佛教两字的范围也打破了，因此反倒容易和教外的人接近。当时禅宗的人才既多，理想又高，方法也很精妙，因此在社会上的势力非常之大，学士大夫们也都受了他们的感化，后来宋、明理学的创造与禅宗很有关系。

　　佛教到了唐朝，不但教理发达到极点，教势也发展到极点。在教理方面，有所谓"教下三家（天台、法相、华严），教外别传（禅宗）"，名理奥义，层出不穷。在教势方面，则上自天子，中至宰相王公文武官吏，下至平民，无不信仰尊奉，唯敬唯恭，比孔子的教势力大至百倍。这种势力的普及就是腐败的根芽，因为僧侣既多，品类当然不齐，多数的僧侣不明教义，惟以虚言诱惑借博钱财为务，当时社会上信仰的人也都是明理者少，盲从者多，因此佛教自唐朝中叶以后就一天一天腐败下去，为有识者所不满。加之教理发挥到了禅宗，已到无可再发挥的余地，禅宗的主张鄙弃经卷，专用一两句不着边际的话，令学者自己去参悟，谓之曰"参话头"，这种方法固能使上智顿悟，但也容易使狂妄之徒借以藏拙影射，因此禅宗的末流捕风捉影，自命不凡，甚至酒色财气都说是不碍菩提路，这种狂禅一多，自易使人对之发生不满。这样教理和教势方面都发生了破绽，自然反动潮流会乘时而起了。

反动的主潮自然是南宋以后成立的理学，但在理学未成立以前，从唐到宋已有许多新思想发现，不过都没有成为正式的系统而已。本章就是要将这种理学未兴以前的新形势叙述一下。当时的新学说约有以下数派：

一、文中子的拟儒派。文中子据云姓王名通，是隋末的人，隐居河汾，著书立说，唐初将相多出其门。其实王通虽有其人，但并无所表见，今所传《中说》《元经》等都是他的孙子在唐初所伪造，借以装点祖父门面的。其书处处模仿四书五经，大言不惭，而辞意尘下，比扬雄还不如，本来在思想史上毫无价值，但因后人称引者众，故不得不列于此。

二、韩愈的原道派。韩愈是个文学革命家，本不懂什么哲理，但因他生的时候，佛教是正在得势的时候，种种腐败情形，很为有识者所不满。韩愈是个直性的人，因此著《原道》一文以斥之。《原道》的内容很浅薄，并不能折服佛徒。但他在文中提出尧、舜、禹、汤、文、武、周、孔相传的道来，为后世理学家道统说之滥觞。他又著《原性》，主张性有三品之说，于古代人性的争论上又添一新说，不过无甚影响。总之，就学理说，韩愈本没有什么特见，就事实的影响说，韩愈确是后来宋朝理学家的远祖。他的道统说，他的辟佛举动，都是后来理学家所竭力模仿的，也可谓豪杰之士了。

三、柳宗元、刘禹锡的进化论派。与韩愈同时的有柳宗元和刘禹锡二人，也是文学革命的健将，在思想上也很有独到之处。刘禹锡著《天论》三篇，主张人是进化的，人力可以胜天，柳宗元附和其说，并为更进一步的解释，以为天是无知之物，人可以鞭策驱使他。他的文集中发挥这种思想的很多。这种思想若有人发挥光大起来，倒可以战胜佛学，可惜刘、柳二人受政治的压迫，窜迹南荒，言论不为人所重视。加以唐时讲学的风气未开，虽有思想无法传布，因此在当时及后世竟毫无影响，也不足为怪。

四、李翱的《复性书》派。李翱是韩愈的侄婿，学术根本与韩愈颇相类，但似较韩氏稍高明些。他曾著《复性书》三篇，主张性本是善的，因为受了情欲的蒙蔽，所以昏了，修道的要旨就是恢复性的本体。这种说法本来是偷窃佛教的皮毛，没有什么精义。但到了宋朝，经程、朱诸理学家一番发挥，演为天理人欲之说，就成了理学的中心思想了。

五、吕岩的道士派。吕岩就是今日道士们崇拜的纯阳祖师吕洞宾，相传是唐朝中叶的人，后来得了道，遂为道教崇拜之中心。此人的有无虽尚未定，但我们不妨姑假其名以代表唐朝的道教。原来道教自东晋葛洪以后，已成立了一个系统，后经北魏寇谦之等的努力，形式上也成了宗教组织了。但当时佛教势力盛极一时，道教终不能与之抗衡。到唐朝兴起以后，因为与道教始祖老子同姓的关系，故推尊道教，定为国教。道教得了这种政治上的帮助，遂极端发展起来。道教寺观遍于天下，公主和宫人出家为女道士的很多，与唐朝文学之发展很有关系。道教势力既然这样发展，自然于思想界不能毫无关系。因此中唐以后，种种神仙服食之说，乘之而起。一部《道藏》的许多理论都是从这时候筑基的。后来对于宋朝理学的影响也很大。

六、陈抟、种放的隐逸派。道教的势力既然在唐朝很盛，因此派别也很多，到了五代末宋初出来了一个别派，就是陈抟、种放一派。二人都是当时的隐士，号称道士，但与普通妖言惑众的道士不同，故很得当时士大夫和民众的信仰。他们是《太极图说》的创意人，是拿《周易》和道教学说联络到一处的过渡人，自魏、晋以后儒、道两家久无调和的余地，到这时才又调和起来，从此就创出理学的哲理来。

七、孙复、胡瑗的实践派。孙复、胡瑗都是宋真宗、仁宗时代的名儒，二人的学风虽然不尽相同，但大体上是主于躬行实践。自六朝、隋、唐以来，儒者讲学的风气久已不开，因此除佛教以外产不出什么大思想家来。到宋初这几个人出来，才将讲学的风气重新唤起，而胡瑗手创的安定书院制度，尤为后此学者所模仿。宋朝儒学的复兴，二人不能说不是功臣了。

八、范仲淹的经世学派。范仲淹是宋朝一个大政治家，但同时也是一个思想上的革新者。他的论政论史都有特识，有许多和王安石很相似。他主张存心以仁为本，与后来大程及陆、王一派的持论颇相同。朱熹曾许他为宋朝唯一的完人，可见他与南宋理学的关系了。

九、欧阳修、李觏、王安石的功利学派。欧阳、李、王三人都是江西人，他们的学风虽无师传授受的痕迹，但颇相近。他们是彻底的功利主义者，对于当时佛教化的虚玄思想根本反对，主张以实际的事功来证实理想。他们实在是宋朝理学的正对头。可惜自王安石政治试验失败以后，连学说也联带埋没不彰，正与唐朝柳宗元一派的受屈相似。

十、邵雍的术数学派。邵雍是一个隐者，他的乐天主义，他的平民精神，都很值得人佩服的，但他在当时及后世影响最大的还在他的术数之学。他著《皇极经世》一书，主张循环的宇宙观，后来中国人多受其影响。与他同时交好的司马光也曾著《潜虚》一书，大约也是受了他的影响。

十一、周敦颐的《太极图说》派。宋朝受了唐朝的影响，道士派的思想很盛，邵雍、司马光的术数之学，就是这种思想的表现。同时有一个周敦颐著《太极图说》一书，拿陈抟、种放等道士的学说来解《易》。他的为人本无足重轻，但他的学说后来为程、朱所采用，因此就尊为宋朝五子之首。与他同时的刘牧著《易图》五十五篇，也是受之于种放，与周氏渊源相同。

十二、张载的《正蒙》学派。张载是关西的大儒，他的学说确有独到之处，《正蒙》和《西铭》二篇，主张万物一体的学说，能言人所未言。可惜他身后没有得力的弟子来传他的学派，因此虽然名义上与周、程、朱等并尊为宋五子，实际上学说思想倒反埋没不彰了。

十三、程颢的存仁学派。二程虽然是弟兄，其实学派大不相同，大程主张存仁之说，以为先养其大体则小体自然好了，这种学说正为陆、王所自出，末流流于禅宗，也是理所当然。

十四、程颐的正统学派。程颐的学风比乃兄大不相同，极为严肃刻苦，事事不苟，他的弟子很多，到南宋时遂蔚成大宗，为正统学派之祖。

　　总观唐、宋二代的学说思想的大势，唐朝的思想除佛教以外，殆无足观者，当时的文豪如韩、柳等偶有所见，也都不引而未发，于当时毫无影响。到宋初佛教势力既衰，反动思想才纷纷萌芽。大抵可分为三大派：一派是儒家的正统思想，孙复、胡瑗乃至二程都属之；一派是道教的术数思想，陈抟、种放乃至刘牧、周敦颐、邵雍都属之；一派是类似法家的功利思想，欧阳修、李觏、王安石等属之。后来道教派归并到正统儒家思想之内，而正统派与功利派又因思想之争演为政治之争。功利派政争失败，正统派遂独占了南宋以后的思想界。但不久内部又分出两派来，一派主张由一理以推之万事，一派主张由万事以归于一理，这是朱、陆之所以分。在北宋末年，二程弟兄便已有这种不同的趋向了。

第十二章　宋朝理学的起源及其
成立之经过

　　中国号称是以孔子之道为大本的国家，但历史上真正以儒家的思想为正统思想的，有几年呢？战国以前，百家争鸣，儒家虽有相当的势力，但尚得不到惟我独尊的地位，固不必说。汉武以后，罢黜百家，表彰六经，加以东汉光武、明、章诸帝，崇儒重道，似乎应该是儒家独霸的时代，但是在思想史上有什么表见的，我们只看见许慎、贾逵、服虔、马融、郑玄，一般经师们在那里抱残守缺，咬文嚼字，丝毫没有一点独特的思想。董仲舒的繁猥，扬雄的剽窃，就算代表儒家的思想家了，反不如反对儒家的《淮南子》和《论衡》，倒还有几分特色可取。这算是儒家正统思想的表现吗？魏、晋以后，始则老学流行，继则佛学鼎盛，儒家只好拿王通、韩愈一班人来勉强撑持门面，更不必说了。由此看来，自唐朝以前，这一千年中名为独尊孔子，其实儒家的思想丝毫无所表见，若不是宋儒出来重行抖擞一番，替儒家开创了一个新局面，则中国思想史上之能否位置儒家竟还是一个问题，无怪乎宋儒要说他们是直接孔、孟的道统了。

　　理学是南宋以后正式成立的，但在北宋时代已经酝酿很盛。我们在前章已经说过，周、张、二程乃至邵雍都是南宋理学的先导，不过直到朱熹才具体成了正统形式罢了。究竟这种占历史上六七百年正统位置的宋明理学是怎样会发达起来的呢?

宋朝自开国以后，历代君相就很提倡文治。宋太祖很喜欢读书，他曾说"读书知为治之道"，因为此对于臣下如赵普、曹彬等都极力劝他们读书。宋太祖更好文学，他曾诏史馆修《太平御览》一千卷，立崇文院，又作秘阁藏书凡八万卷，因此风气一开，文治事业就渐渐进步起来。宋朝自太宗伐辽大败以后，就绝口不言兵事，从太宗朝以至于真宗、仁宗，这六七十年之中社会上太平无事，文化自然容易发展。到了仁宗朝，当时的宰相大臣如韩琦、富弼、范仲淹、欧阳修等都是很能提掖人才，崇奖学术的人，经过他们一番提倡，学术界自然会有了生气，这是理学发达的第一个原因。

当时的教育制度，也很有裨于理学的发展。原来自六朝、隋、唐以来，官立的学校颇为发达，私人讲学之风久已消沉。自晚唐以来官立学校受政治的影响，久成具文，于民间才有私立的学校出现以代之，这种学校便叫做书院。宋朝以后，这种书院经政府的鼓励，学者的提倡，遂到处发展起来。最著名的有白鹿洞、岳麓、应天、嵩阳四大书院。其制度职教员有洞主、洞正、堂长、山主、山长、副山长、助教、讲书等名目，房屋有礼殿、讲堂、书库、学舍、庖、湢等建设。教师所讲，为教师自做的叫做讲义；随便问答，由学生记录的，叫做语录。统观这种制度，显然是受了佛教的影响。宋朝的理学便在这种适当的教育环境中涵育出来。

还有刻书业的发达也是很有助于宋朝学术的。古代中国书籍多用手抄，甚为困难，故不易普及。唐朝才有雕板发明，但未能为重要的应用，五代时冯道奏请将九经雕板，于是印书才在社会上发生了重大影响。宋朝承着这个趋势，雕板事业大为发达，各种重要书籍多印行出来，学者读书既易，研究自然也较发达。当时宏通的学者多有藏书极富的，考证事业所以起于南宋，也是这个道理。

以上所述还是客观的环境，虽然理学的发达有赖于客观的环境不少，但究竟还不是主要的原因，主要的原因仍是在思想界本身的观摩现象，在这一方面最有助于理学的是佛、道二教的思想。

理学发达的最重要的助力是佛教，这是人人所知道的。佛教到了晚唐，各宗都已衰歇，唯有禅宗的势力笼罩一世。禅宗自六祖慧能以后，分为临济、沩仰、云门、法眼、曹洞五宗，宋初诸宗以云门为最盛，有契嵩、重显、居讷、佛印诸人，最有名。临济宗又分黄龙、杨岐二宗，前者为慧南禅师所开，后者为方会禅师所开。黄龙门下有常总、性清、宁、惟清诸人，杨岐宗之有名的，有圆悟、宗杲、道谦、德光诸人。和儒家往来最密的，在北宋是常总，在南宋是宗杲。周敦颐和慧南、常总都有来往，又参佛印；杨时亦尝从常总问答。此外李觏之于契嵩，欧阳修之于居讷，游酢之于宁，陈瑾之于惟清、明智都有原因。朱熹曾参宗杲，陆九渊也曾参德光。这些儒者与佛教徒的来往既如此之密，其思想受佛教影响自不必怪，因此理学发达以后，在外表方面如讲学的方式，如书院的组织，如静坐的提倡，都是受的佛教的影响，在学理方面自更不必提了。

还有道教，对于理学的影响也是很大的。原来道教当南宋之际，分为南北两派，南则天台张用诚，其学先命而后性，北则咸阳王中孚，其学先性而后命，这些正统的道家，似乎与儒家的关系尚少。与理学关系较深的，乃是道教的一个别派。当五代、宋初的时候，有一个道士陈抟，很有理想。他能够以《易》理牵合道教，因此道教的价值就又提高一点。周敦颐、邵雍都是受他影响最深的人。周氏的《太极图》，邵氏的《先天图》，都是出自陈抟。陈抟传种放，种放传穆修，穆修传周敦颐和李之才，李之才又传邵雍。《太极图》和《先天图》都是宋朝哲学思想的中心，而其源乃出自道家，可见道家对于理学关系之深了。

我们虽然知道佛、道二家对于理学的兴起都有很大的影响，但我们切不可武断地说理学就完全是佛、道二家思想的出品，我们须知道儒家的学说中本已含有理学的成分很多，到宋儒出来参考了佛、道两家的思想才将他发挥光大是有的；若说宋儒的思想全不是儒家本来面目，那就未免厚诬宋儒，抑且厚诬古代的儒家了。

我们若承认《论语》确是孔门弟子的记录，那么我们就应当注意里面已经有许多抽象的理论如同问仁之类，孔丘之所谓仁并不只是具体的伦理条目，实在还含有哲学的意味，如同说"回也其心三月不违仁"之类，请问仁若不是一种哲理的概念，怎样拿心来不违他？可见在孔丘时代这种含有哲学意味的问题已经略略提起了。到了孟轲时代，为一个性善恶的问题打官司打得不得开交，儒家的哲学意味更进一步了。汉朝儒者所结集的大小戴《记》，其中如《礼运》《祭义》《中庸》《乐记》诸篇都有很精粹的哲学理论，可见儒家至少到战国末汉初已经发达了哲学意味的理论了。不幸自汉武以后，儒家反因为受了政治上奖励的恶影响，将哲学理论完全抛弃，让许多抱残守缺的经师们来承继儒家的正统，因此这种引而未伸的儒家思想就不免暂时被人埋没了。东汉的经师们见解更鄙下，对于这种宝藏自然更不懂得去理会，所以到东汉末年大家厌弃经师的迂腐事业的时候，只有向老、庄里等寻取高超的理想，儒家的观念竟无人去注意。儒家这样被忽略了六七百年，直到禅宗的心学掩袭了一世以后，儒家受了这种暗示，才晓得自家屋里原来也有同样的宝藏，大家又重新注意发掘起来，这就是宋朝理学所以兴起的原因了。

理学成立于二程而光大于朱熹，这不过是就发达以后的情形而言，若讲起渊源来，则为时已甚久了。当佛教在唐朝势力掩袭一时的时候，儒家如王通、韩愈、李翱等已有反抗的表示，就中李翱的《复性书》颇多精粹之语，已开理学的端绪。不过风会初开，尚未能卓然成一家之言罢了。宋朝自开国以后，经过七八十年的太平休息，于是有孙复、胡瑗诸儒出，胡瑗在湖州创立书院制度，分治事、经义二斋，造就人才至多，宋儒讲学风气之开，实自胡氏始。孙复则隐居泰山，聚徒著书，以治经为教，所著《春秋尊王发微》语深意刻，已具有理学的精神。他的弟子石介著《怪说》《庆历圣德诗》等，开宋人门户之争。这几个人可说是理学的开山祖师，后来的理学家虽然不以他们为直系的祖宗，其实彼此的关系是很深的。自孙、胡诸人开创了讲学风气之后，儒家似乎开了一条新路，那时正是宋仁宗时代，国家太平无事，在朝的大臣如范仲淹、欧阳修等都是学者出身，对于学术极力提倡。宋朝文学受欧阳修的影响最大，宋朝理学受范仲淹的影响最大。孙复、胡瑗都是经他提拔以后才成名的，张载也是经他的鼓励才有志于理学，所以朱熹称他为宋朝的唯一完人，可见他与理学家关系之深了。继范仲淹以后的又有司马光，也是以大臣而为理学家的保法者。他领袖旧党与王安石一流的新党相争，当新派得势的时代，退居洛阳二十余年，一时反对新法怀抱保守思想的人都与他来往，洛阳遂成为政治和思想的中心。但是这一派人在政治上的影响并不大，他们的势力还是深种在思想界中，后来理学大师二程就是在这种环境之中长养成的。

当时在洛阳与司马光往来最密的有一个邵雍，他是一个乐天主义的哲学家，他的学说是纯粹以术数为根据的，他曾受"先天象数之学"于李之才，李氏的学问是陈抟、种放一派，因此邵雍的学说实在是道家的学说，不过因他与二程的关系很深，故后来的理学家不加以攻击罢了。他所著有《观物内外篇》《先天图》《皇极经世》等书。他主张"物莫大于天地，天地生于太极，太极即是吾心，太极所生之万化万事，即吾心之万化万事也，故曰天地之道备于人"。这种糅合道、佛二家思想的宇宙根本观，后来颇为理学家所采用。

与邵雍同时的，有一个周敦颐，他是湖南道县人，曾在江西等处为官，晚年隐居庐山底下的濂溪。他生平足迹多在南方，故与北方学者的往来较少，但因二程少时曾受学于他，故他的思想后得了这两个有力的弟子而大发扬。他所著有《太极图说》和《通书》。后来理学家的宇宙根本概念，即根据于周氏的《太极图说》。故我对于这个《太极图》必须加以注意的。周氏的《太极图》如：

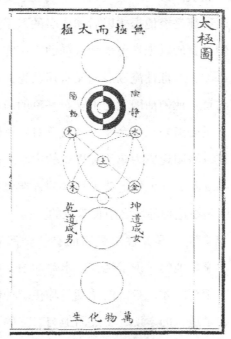

周氏的《太极图》

《太极图说》解释这个图的意思说:

> 无极而太极，太极动而生阳，动极而静，静而生阴，静极复动，一动一静，互为其根，分阴分阳，两仪立焉。阳变阴合而生水火木金土，五气顺布，四时行焉。五行一阴阳也，阴阳一太极也，太极本无极也。五行之生也，各一其性；无极之真，二五之精，妙合而凝，乾道成男，坤道成女，二气交感，化生万物，万物生生而变化无穷焉。惟人也得其秀而最灵。

这一段糅合阴阳五行之说，又窃取道家的说法立了一个"无极"作根本，后来因为这个问题引起了许多理学家的争论。其实周氏这个图和说，据清儒考据原是受之于穆修，穆修受于种放，种放受于陈抟，与邵雍的《先天图》同是道家思想的产物，不过后来儒家误认为己有的罢了。周敦颐和邵雍，在北宋虽然为人尊重，但都认为理学的旁系，并不尊为正统，到南宋以后，经朱熹的特别提倡，才将周氏列于正统，从此以后，周氏遂蔼然居宋五子之首席了。

较周敦颐略后辈的有一个张载，他是陕西郿县人，少年曾有志于功名，后经范仲淹的陶冶，始转治理学。他与二程是亲戚而兼朋友，彼此所学虽相近而不尽同。所著有《正蒙》《西铭》《经学理窟》《性理拾遗》等书。《正蒙》是他的宇宙观，《西铭》是他的人生观。《正蒙》上说：

> 太和所谓道，中涵浮沉、升降、动静、相感之性，是生絪缊、相荡、胜负、屈伸之始，其来也几微易简，其究也广大坚固。……散殊而可象为气，清通而不可象为神。

张氏所说的太和是阴阳会合冲和之气，他以为这就是道，道之合即含有动静沉浮等性，与《太极图》说的"无极而太极"之说似有不同，故朱熹说他只说的形而下者，不甚重视。他的学说之较有力者，还在《西铭》一篇。它的内容略谓：

乾称父，坤称母，予兹藐焉，乃浑然中处。故天地之塞，吾其体；天地之帅，吾其性。民，吾同胞；物，吾与也。大君者，吾父母宗子；其大臣，宗子之家相也。尊高年，所以长其长；慈孤弱，所以幼其幼。圣，其合德；贤，其秀也。凡天下疲癃、残疾、惸独、鳏寡，皆吾兄弟之颠连而无告者也。于时保之，子之翼也。乐且不忧，纯乎孝者也。违曰悖德，害仁曰贼，济恶者不才，其践形，唯肖者也。知化则善述其事，穷神则善继其志，不愧屋漏为无忝，存心养性为匪懈。……富贵福泽，将厚吾之生也；贫贱忧戚，庸玉汝于成也。存，吾顺事；没，吾宁也。

张氏这种万物一体的人生观，正是由他的泛神论宇宙观演绎出来的，有点与墨家之学相似，与理学的严刻态度稍有不同，不过因他与二程的关系较深，故仍被后世理学家加以尊视罢了。

理学的中坚分子还是程颢、程颐兄弟，故我们对于二人的学说更应注意。他们是河南人，世称为大小程先生，大程又称明道先生，小程又称伊川先生。兄弟们的学术虽然相近，但因各人性格的不同，也略有差异。大程的性格和易，故学说也和平近人，小程的性格端严，故学说也严刻不近人情，以后遂演成理学上的两大派。

大程所著有《识仁篇》《定性书》《语录》等书。《识仁篇》最为精粹。

学者须先识仁，仁者，浑然与物同体，义礼智信皆仁也。识得此理，以诚敬存之而已，不须防检，不须穷索。若心懈，则有防；心苟不懈，何防之有？理有未得，故须穷索；存久自明，安待穷索。此道与物无对，大不足以明之。天地之用，皆我之用。孟子言"万物皆备于我"，须"反身而诚"，乃为大乐。若反身未诚，则犹是二物有对，以己合彼，终未有之，又安得乐？

《定性书》说得更好：

所谓定者，动亦定，静亦定，无将迎，无内外。苟以外物为外，牵己而从之，是以己性为有内外也。且以己性为随物于外，则当其在外时，何者为在内？是有意于绝外诱，而不知性之无内外也。既以内外为二本，则又乌可遽语定哉？夫天地之常，以其心普万物而无心；圣人之常，以其情顺万物而无情。故君子之学，莫若廓然而大公，物来而顺应。《易》曰："贞吉，悔亡，憧憧往来，朋从尔思。"苟规规于外诱之除，将见灭于东而生于西也。非惟日之不足，顾其端无穷，不可得而除也。人之情各有所蔽，故不能适道，大率患在于自私而用智。自私，则不能以有为为应迹；用智，则不能以明觉为自然。今以恶外物之心，而求照无物之地，是反鉴而索照也。《易》曰："艮其背，不获其身；行其庭，不见其人。"孟氏亦曰："所恶于智者，为其凿也。"与其非外而是内，不若内外之两忘也。两忘则澄然无事矣。
无事则定，定则明，明则尚何应物之为累哉！

程颢这种主张是先立其大本的修养方法，后来陆、王一派不过从此演出，更加彻底罢了。

程颢在理学上建设极大，但是他的年寿较短，仅活了五十四岁就死了。因此他的学说未能十分光大，他的兄弟程颐仅小他一岁，却活到七十五岁，因此后来理学遂得程颐一派所垄断了。

程颐首创理气二元之论，他说："气有善有不善，性则无不善也。"性是什么呢？"性则理也"，因此理与气是不同的。理是纯然善的，气则有善有不善，人生性的本体本是善的，但因禀赋气质之不同，故有善恶之不同。他在语录上说：

> 问："人性本明，因何有蔽？"曰："此须索理会也。孟子言人性善是也，虽荀、杨亦不知性。……性无不善，而有不善者，才也。性即是理，理则自尧、舜至于途人，一也。才禀于气，气有清浊，禀其清者为贤，禀其浊者为愚。"

又说：

> 性即理也。所谓理，性是也。天下之理原其所自未有不善，喜怒哀乐未发，何尝不善？发而中节，则无往而不善。发不中节，然后为不善……

程颐这种人性二元论，后来经朱熹的解释，更加详晰，遂成为理学的根本原理。而"性即理也"一语，尤为理学的最精髓处。

程颢论修养的方法，只从识仁入手，他以为只要识其大体，则小体自然顺从，这是演绎的修养方法。程颐则不然，他是一个拘谨的人，他的学问也是从用苦功得来的，因此他的修养方法更加繁密，且兼重归纳。他尝说："涵养须用敬，进学则在致知。"又说："只守一个敬字，不知集义，却是都无事也。"又说："敬义夹持，直上达天德自此。"他的大旨是主修养之方须理智与意志并用，自此旨一立，到朱熹更加详细发挥，遂成为"穷理""主敬"的双翼修养论，与大程、陆、王一派的专从直觉入手，忽略理智工夫的修养论，遂俨然如水火之不能相容了。

从周、张、二程以来，理学的内容逐渐充实，壁垒逐渐森严，同情的人也很多。这时他们最大的敌人是江西派的思想家，从欧阳修、李觏，以至王安石，他们都是主张功利的，主张以外治内的，主张变法革新的，到王安石时代两派遂因思想之争演而为政治之争。结果虽互有胜负，究竟新派在政治上占胜利的日期较多，故理学家大受压迫。不过新派自王安石死后，没有伟大的思想家承继，又因得政较久之故，许多小人都依附起来，因此反日趋于坏，而旧派转因禁锢的结果，得以专心讲学，在思想上的成就一天一天宏大起来。反对新法的思想家虽有邵雍、司马光、张载、苏轼、程颐等许多派别，但邵雍专意数理，学问太艰深，没有传人，司马光是实行家，苏轼是文学家，都没有什么思想上的建树，结果只有张、程二家之学较显。张载之学世称关学，二程之学世称洛学。关学规模稍狭，张载又死得较早，故其学也中衰，只有洛学岿然如鲁灵光之独存，故程颐以后的理学就是洛学一派独占的理学了。

程颐的弟子很多，他的学说传布得也很广，以地域论，约分为下数系：

一、洛中本系。这一系有吕希哲、谢良佐、刘绚、李吁、朱光庭、郭忠孝、尹焞、张绎诸人。就中谢良佐和尹焞最为著名。尹焞最后进，寿数最长，守师说也最严。他再传有吕祖谦、林之奇、陆景端、林光朝诸人，皆为南宋名儒。

二、南剑系。程门弟子以游酢、杨时、谢良佐、吕大临四人最著名，世称"程门四先生"。就中杨时为最老寿，南渡以后岿然成为大宗。南宋理学的大兴，他的过渡的功劳最大。他是福建南剑州的人，他的弟子有罗从彦、陈渊、张九成、高闶、吕本中诸人。罗从彦传弟子李侗，李侗传弟子朱熹，朱熹是集理学大成的人，探原追始不能不以杨时的功劳最大。相传杨时从程门辞别南归的时候，大程子送他说"吾道南矣"，后来南方果然赖他而大传。

三、蓝田系。陕西原是张载一派学说的发源地，但张载的学说并未光大。当时蓝田有吕大忠、大钧、大临弟兄三人，本是张载的弟子，后来又事程颢，《识仁篇》就是为他做的。这一派后来因金人之乱，中绝无可考。

四、永嘉系。当程学正盛的时候，浙江永嘉有许景衡、周行己、刘安节、刘安上、戴述、赵霄、张辉、沈躬行、蒋元中诸人，或亲见小程子，或私淑他，世称为永嘉九子。周行己之后有郑伯熊，再传为叶适、陈傅良、陈亮诸人，遂独立成为一派。

五、湖南系。这一派的开创者为胡安国，他是从杨时、谢良佐等得程氏之传。南渡以后，很有功于程学的发展。他的三个儿子胡寅、胡宁、胡宏和侄儿胡宪都是理学名儒。后来张栻问学于胡宏，卓然自成一大家。

六、涪陵系。谯天授是四川涪陵人，在程门为私淑之列，后来遂传程学于四川。朱熹、张栻之学都间接和他有关系。

七、吴系。吴人王苹也师事程颐，并问学于杨时，他的学问很启陆九渊一派之先。

二程虽然在北宋遭受政治上的极端压迫，但因为他的弟子众多，散布在各方，因此虽遭南渡之乱，学问不但不衰，反有日盛之势。到朱熹、张栻、吕祖谦、陆九渊等出来，理学遂又有一番新面目了。

第十三章　理学的大成和独占

　　理学到了北宋已经成立了一大部分了，但是若无南宋以后继起理学家的努力，则理学后来能否独占了中国的思想界，成为六七百年中唯一的正统学派，尚未可知。为什么呢？理学在北宋的成立最晚，孙复、胡瑗乃至司马光诸儒虽然笃行实践，绰有理学家之风，但系统未成，不得目为完全的理学家。到理学的真正创始人二程出来，已经快到北宋之末了，程颐身后二十年北宋就为金所灭了，因此理学在北宋并没有多大时期供他发展。并且当理学初成立的时代，正是政治上新旧两派竞争最烈的时代，理学家因为几乎全部属于旧派，受新派的压迫极力，诸君子保身不暇，何能尽量发展学派势力，因此理学在北宋实在并没有多少成绩。直到南渡以后，经继起的理学家在各方面努力，理学才深入社会的中心，虽经秦桧、韩侂胄两次的压迫，抵抗之势力反愈增加大起来，到史弥远以后权臣们对于理学便不敢再压迫，只有改用笼络的手段了。恰巧宋理宗又是个爱好理学的人，当时理学家如真德秀、魏了翁诸人也都位至显宦，经此政治上一番提倡，理学的势力遂坚固不拔。元朝又有许衡、刘因诸人，能够因时变动，利用政治的势力，因此蒙古人不但对于理学不加摧残，反加保护。到明太祖、成祖又因与朱熹同姓的关系，特别提倡理学，以遂其专制之私心，理学因此就成了几百年来的正统了。

由此看来，南宋的理学比北宋更值得令人注意。南宋初年承北宋亡国之余，戎马流离，本无暇于学术，不过杨时、游酢、谢良佐等门人多在东南，因此理学在社会上本有一部分潜势力。高宗时代赵鼎、张浚当国，颇引用理学家，因此理学稍盛，后因张浚和赵鼎不合，荐陈公辅为左司谏，陈公辅遂奏请禁伊川之学，结果理学遂复被禁，而赵鼎也因此去职。秦桧当国以后，颇主王安石新学而排斥程学，目为专门之学，申禁极严。秦桧死后，学禁少弛，而朱、陆、张、吕诸儒复相继挺出，理学遂又重光了。

这些理学家之中成就最大的自然要推朱熹，他不但是二程以后最伟大的理学家，并且在天分上，在学力上，在气象上，都远过于二程。理学到朱熹手里才完成整个的系统，也到朱熹手里才扩大为具体的宗教，朱熹对于理学的功劳实在比二程大得多。

朱熹是安徽婺源人，他的父亲在福建做官，因此生于福建尤溪县，他的一生学术和福建的关系极深。福建在宋朝本是刻书业最盛的地方，文化因此较为发达。南宋以后，政治中心迁到浙江，福建距离较近，风气自然更为开通。程颐的最得力弟子杨时本是福建将乐县的人，南渡以后，享寿最久，成为理学的大宗。他的弟子罗从彦，罗从彦的弟子李侗，都是他的同乡，因此理学在福建就流传成一派。朱熹自幼从学于李侗，故推源其思想所自，出于杨时一系。其实罗从彦和李侗都主张从静坐中去观察喜怒哀乐未发时气象，其为学方法颇近于陆九渊一派，与朱熹的主张未尽相同，朱熹的学问实在还是他自得为多。

朱熹在思想上最大的建树是在他将程颐的理气二元论扩充

成很有条理的思想。他以为理气是二物，但在物上看则二物浑沦不可分开各在一处，人性具有这两方面的禀赋，理是纯善，气则有善有恶，修养的方法在锻炼气质之性使合于天理而已。这种说法本是自二程以来就已成立的，不过怎样变气质使合于理性，周敦颐以为只要主静，程颢加了一个敬字，程颐以为还不够，提出"涵养须用敬，进学则在致知"二语，朱熹因之大加发挥，遂成为"穷理主敬"的双立修养论。他说：

> 讲学不可以不精也，毫厘之差，则其弊有不可胜言者。故夫专于考索，则有遗本溺心之患；而骛于高远，则有躐等凭虚之忧：二者皆其弊也。考圣人之教，固不越乎致知力行之大端；患在人不知所用力尔。莫非致知也，日用之间，事之所遇，物之所触，思之所起，以至于读书考古，苟知所用力，则莫非吾格物之妙也。其为力行也，岂但见于孝悌忠信之所发，形于事而后为行乎？自息养瞬存以至于三千三百之间，皆合内外之实也。行之力则知愈进，知之深则行愈远。

又说：

> 为学当以存主为先，而致知力行亦不可以偏废。

原来理学的起原本自道家演出，故周敦颐只说一个静字，完全是主内之学，到二程手里觉得这种说法不完备，才提出主敬、致知等说，逐渐向主外的方法演进，这种主张到朱熹才十分完备。他们的主张虽然和北宋李觏、王安石等江西派，及南宋陈亮、陈傅良等永嘉、永康派比较起来，还是偏于主内，但较之原始的理学和后来陆、王一派的主张比较起来已经是主外的了。要之穷理主敬之说，在当时实在是折衷调和之论，既不左倾，又不右倾，其所以能餍服人心者在此。

就全部理学运动史讲起来，朱熹最大的功绩还不在他对于思想内容的建树，而在他的综合工作。他是理学的集大成者，他所著书有《论语》《孟子》以及《诗集传》等，在经注上是一大革命，一扫汉人支离附会之习，专以义理说经，虽然有时不免武断以致受清儒的攻击，但较之汉人实在是一种进步。此外又著《太极图》《通书》《西铭》解，周敦颐、张载二人之得列于理学正统是由他的提倡之力。《太极图》的宇宙观，为理学所正式采用也是由于他。他又编次《近思录》《河南程氏遗书》《伊洛渊源录》等书，二程学说之整理和理学的渊源系统都赖他的劳作而完成。他的家礼为后来理学家的言礼所宗。他的工作实在是普及理学全部的。并且他又是个博学多能的人物，对于文学和历史都有很深的了解，甚至竟有类似近世科学的言论，如语录中有一段：

> 天地始初，混沌未分时，想只有水火二者，水之滓脚便成地。今登高而望，群山皆为波浪之状，便是水泛如此，只不知因甚么时凝了，初间极软，后来方凝得硬。

又说：

> 尝见高山有螺蚌壳，或生石中，此石即旧日之土，
> 螺蚌即水中之物。下者却变而为高，柔者却变而为刚，
> 此事思之至深，有可验者。

这些话虽未尽符近世自然科学的发现，但在七百年前的人物能够注意到这些道理，也可为不凡了。原来朱氏之学本从格物入手，他的穷理致知之说，实在是近代科学家的态度。他既然主张这种方法，自然与佛、道两家冥心静想的修持方法大不相同。此所以与功利派的永嘉学者尚能相合，而对于陆九渊一派的主静学却反极端不相容的道理了。

与朱熹同时齐名而学问宗旨相同的有张栻，他本是丞相张浚之子，张浚在高宗朝曾反对理学，后来被谪以后转与理学家接近。张栻少年师事胡安国，胡氏之学本从二程衍出，别成一派，张栻从而发挥光大之，由此湖南之学得在学术史上占一主要位置。张栻论学宗旨多与朱熹同，故极为朱熹所推服，但张栻死得早，学问未能大成，门人又没有得力的，其后合并于朱学不复能自成一家了。

当时与朱熹讨论学理最烈的是陆九渊，他是江西金陵县的人。弟兄三个，长九韶，世称梭山先生，次九龄，世称后斋先生，三即九渊，世称象山先生。他三人都是有名的理学家，九渊尤为著名。

九渊在宇宙论上对于周敦颐的《太极图说》很致怀疑，他以

为先有无极而后太极是道家的宗旨，与儒家不类，不应尊信，为
此事曾与朱熹往复辩论，在学术史上是一重大公案。他的学说的
中心在"心即理也"一语。他曾说：

> 心，一理也；理，一理也；至当归一，精又无二，
> 此心此理，实不容有二。

又说：

> 万物森然于方寸之间；满心而发，充塞宇宙，无非
> 此理。

这种"节理"的观念实在是陆氏学说的精髓，他与朱熹学说
不同之点在此，朱氏以为理虽然只有一个，但须用学问工夫去慢
慢研究才能觉悟，陆氏则以为至理即在本心，只要心一觉悟，自
然万理贯通，无待外求，因此对于修养方法两派主张大不相同。
朱主"道问学"，以为从格物入手，物理既穷，自能豁然贯通；
陆主"尊德性"，以为先立乎其大者，则自然百川会归。朱、陆
二子生时彼此意见已经不同，鹅湖之会，为两家正式分离之始。
陆氏先卒，故其学在宋、元不如朱学之盛，到明朝王守仁出而提
倡良知之说后，陆氏之学始大显。要之陆氏之学较近于禅，为不
可掩之事实，其直捷痛快，能使人勇猛进精，则似又较胜于朱
学也。

当朱、陆两派争持不决的时候，能够于两家之外别树一帜的

则有吕祖谦、薛季宣、陈傅良、叶适、陈亮诸人，这些人都是浙东的人，学问宗旨又大致相近，故世称之为浙学。但细分起来，又可区为三派，吕祖谦是婺学派，薛、陈、叶三人是永嘉派，陈亮是永康派。

吕祖谦是浙江金华人，宋初宰相吕夷简之后，在宋朝是个极著名的世家。他父亲吕本中也是杨时的弟子，故吕氏之学也源出于二程。但祖谦的学问宗旨却与当时理学家不尽相同。他对于当时理学家的空谈心性是不大赞成的，他主张为学当以切用为主。他曾说：

> 教国子以三德三行，立其根本，固是纲举目张；然又须教以国政，使之通达治体。古之公卿，皆自幼时便教之，以为异日之用。今日之子弟，即他日之公卿，故国政之是者，则教之以为法；或失，则教之以为戒。又教之以如何整救，如何措画，使之洞晓国家之本末源委，然后他日用之，皆良公卿也。自科举之说兴，学者视国事如秦、越人之视肥瘠，漠然不知，至有不识前辈姓名者，一旦委以天下之事，都是杜撰，岂知古人所以教国子之意。然又须知上之人所以教子弟，虽将以为他日之用，而子弟之学，则非以希用也；盖生天地间，岂可不知天地间事乎！

——《礼记说》

这种主张是很切当时实际的，可惜不为理学家所重视。他对于当时理学家的谿刻态度也不赞成的，他的学问宗旨与陆九渊本绝对相反，但鹅湖之会是他发起，他却绝不作左右袒，反调停其间。他曾与朱熹书说：

> 析理当极精微，虽毫厘不可放过；至于尊让前辈之
> 意，亦似不可不存。

可见他对于朱熹的争辩态度是不大赞同的，朱熹也不满意他，说他太含糊了些。不过二人的交谊很好，故理学家对于吕氏也还尊重，列他于统系之内。

永嘉派的开创人是薛季宣，薛季宣是袁溉的弟子，袁溉曾师事程颐，故永嘉派的学统也传自二程，但自袁溉以后，就都注意于制度文物，不屑屑于空谈心性。薛季宣以后有陈傅良，陈傅良以后有叶适，一派相承，都是主外之学。叶适的《水心习学记言》上说：

> 《洪范》耳目之官，不思而为聪明，自外入以成其
> 内也。思曰睿，自内出以成其外也。故聪入作哲，明入
> 作谋，睿出作圣，貌言亦自内出而成于外；古人未有不
> 内外交相成而至于圣贤。盖以心为官，出孔子之后。以
> 性为善，独自孟子始。然后学者尽废古人入德之条目，
> 而专以心性为宗主；虚意多，实力少，测知广，凝聚
> 狭，而尧、舜以来内外交相成之道废矣。

这是对于当时道学家专重内部修养的一种反响。

他又说：

> 耳目者，视听之官也。心而无与乎视听之事，则
> 官得守其分。夫心有欲者，物过而目不见，声至而耳不
> 闻也。故曰上离其道，下失其事。故曰心术者，无为而
> 制窍也。案孟子称耳目之官不思而蔽于物。心之官，则
> 思余论之已详……则执心既甚，形质块然，视听废而
> 不行……盖辩士诸子之言心也……其为心术之害大矣。
> 《洪范》"思曰睿，睿作圣"。各守身之一职，与视听同；
> 谓之圣者，以其经纬乎道德仁义之理，流通于事物变化
> 之用，融畅沦浃，卷舒不穷而已。恶有守独失类，超忽
> 惝恍，狂通忘解，自矜鬼神而曰此心术！

这更是对理学家的痛加攻击了。又说：

> 《周官》言道则兼艺，贵自国子弟，贱及民庶，皆
> 教之。其言"儒以道得民"，"至德以为道本"，最为要
> 切；而未尝言其所以为道者。虽书尧、舜时亦已言道，
> 及孔子言道尤著明，然终不的言道是何物。岂古人所
> 谓道者，上下皆通知之，但患所行不至邪？老聃本周史
> 官，而其书尽遗万事而特言道，凡其形貌朕兆，眇忽微
> 妙，无不悉具。予尝疑其非聃所著，或隐者之辞也。而
> 《易传》及子思、孟子亦争言道，皆定为某物，故后世

之于道始有异说而又益以庄、列西方之学，愈乖离矣。
庶学者无畔涣之患，而不失古人之统也。

他们提出一个"艺"字，认为即是"道"的内容，这种思想
正是后来颜、李学派所本。他们明白主张功利主义，认为只有功
利才是道义的目的，没有无功利的道义，所以说：

> "正谊不谋其利"，"明道不计其功"，此语初看极
> 好，细看全疏阔。古人以利与人而不自居其功，故道义
> 光明。后世儒者行仲舒之论，既无功利，则道义者乃无
> 用之虚语耳。

他们这种功利思想在当时确是独有创见，可惜与时代潮流不
合，就不免终于暂时受屈了。

比永嘉派更激进的还有个陈亮，他是浙江永康人，故又称永
康派。陈亮本是个豪杰之士，不是讲学问之人，但因与朱、吕等
为友，故也沾染谈学问的气习。他认为王霸义利有同等的价值，
故对于当时理学家的义利之辨太严常认为不满。他说：

> 自孟、荀论"义利"、"王霸"，汉、唐诸儒未能深
> 明其说；本朝伊、洛诸公辨析天理人欲，而王霸义利之
> 说于是大明。然谓三代以道治天下，汉、唐以智力把持
> 天下，其说固已不能使人心服；而近世诸儒遂谓三代专
> 以天理行，汉、唐专以人欲行，其间有与天理暗合者，

是以亦能久长。信斯言也，千五百年之间，天地亦是架漏过时，而人心亦是牵补度日，万物何以阜蕃，而道何以常存乎？

又说：

赫日当空，处处光明。闭眼之人，开眼即是，岂举世皆盲，便不可与共此光明乎？眼盲者摸索得着，故谓之暗合。不应二千年之间，有眼皆盲也。亮以为后世英雄豪杰之尤者，眼光如黑漆，有时闭眼胡做，遂为圣门之罪人；及其开眼运用，无往而非。赫日之光明，天地赖以撑拄，人物赖以生育。今指其闭眼胡做时，便以为盲，无一分眼光；指其开眼运用时，只以为偶合，其实不离于盲。嗟乎，冤哉！

他骂当时的道学尤为淋漓尽致：

为士者必以文章行义自名，居官者必以政事书判自显，各务其实而极其所至，各有能有不能，卒亦不敢强也。道德性命之说一兴，而寻常烂熟无所能解之人，自托于其间，以端悫静深为体，以徐行缓语为用，务为不可穷测，以盖其所无；一艺一能，皆以为不足自通于圣人之道也。于是天下之士始丧其所有而不知适从矣！为士者耻言文章行义，而曰"尽心知性"；居官者耻言政

事书判，而曰"学道爱人"：相蒙相欺，以尽废天下之
实，则亦终于百事不理而已。

陈氏这种说法，切中当时道学之弊，可惜他的学问根柢太
浅，行为又不检点，因此不为当时人所重，他的言论也就不能发
生多大效力了。

南宋中年，反对朱熹的派虽很多，但都不能战胜朱学，故
朱学为当时的正统，南方各省无不有朱氏的门人弟子。大致分起
来，约有以下各系：

一、金华系。以黄榦为开始。黄榦系朱熹的女婿，这一派传
授很长，榦传何基，以至于王柏、金履祥、许谦，世称为"金华
四先生"。到元为柳贯、黄溍、吴莱，明为宋濂、方孝孺，一脉
相承，接连有四百年之久。

二、鄱阳系。江西鄱阳饶鲁，也从黄榦传朱氏之学，其后到
元朝有吴澄，世称"草庐先生"，为元代理学之大师。

三、新安系。新安董梦程也是从黄榦传朱学的，其后有许月
卿以节著，胡一桂以经术显。

四、义乌系。这一派的开始人是徐侨，其后有黄溍、王祎
等，皆文章之士，与金华系合并。

五、四明系。四明传朱学的有二派：一派是余端臣，从辅广
传朱学，再传有黄震；又一派是史景正，从襄亚父间接传朱学，
其后有程端礼、端学兄弟等。

以上不过是就后此朱学的传授最远的系统而论，若就朱熹及
门弟子中最有魄力者而言，则当推建阳蔡氏父子蔡元定、蔡渊、

蔡沈等。蔡元定和朱熹是以朋友而兼师弟的，他们父子都以数理著名，能于朱学之外别有发明，《书集传》就是蔡沈做的。宋末朱学之最显者有真德秀、魏了翁二人，他二人官职都很大，所以名望甚著，但于思想都没有什么新发明。朱熹因为以穷理格物为入学之方，他自身又是个博学多能的人，故他的一派后来颇有从考据文物制度入手的，如黄震、金履祥、黄潛、王袆等，都以文献之学著名，颇接近永嘉学派，开后此清儒考据之风，这也是朱氏讲学宗旨当然的结果。

陆氏之学远不及朱门之盛。陆九渊虽是江西人，但他的学派却偏在浙东发展，如杨简、袁溉、舒璘、沈焕，都是陆学得力的传人，世称"甬上四先生"，尤以杨、袁二氏最著。杨氏之学颇流于禅，不如袁氏之笃实。到南宋末年，有徐霖者，大畅陆学，陆学为之一盛。元朝有陈苑、赵偕等，继续相传不绝。

朱学虽然盛于南方，但因当时南北分立的结果，北方学者传朱学的很少，直到宋末湖北人赵复被元人掳去，始讲程、朱之学于北方，于是姚枢、窦默、许衡、刘因等相继闻风而起。许衡、刘因是纯粹的朱学派，元朝朱学之流行，许氏之功尤大。

第十四章　程朱学的衰落与
王学的兴起

　　宋儒理学到朱熹才算大成，自朱熹以后理学就取得正统的位置。元朝虽是野蛮民族，对于理学也不曾反对摧残过，并且相当的加以提倡，如元仁宗时定制，以宋儒四书注及经注试士，是宋学获得政治地位的开始期，因此理学就越加发达。到了明初，仍然是他们的世界。明太祖时代的开国文豪宋濂，也就是明朝提倡理学的第一人，他是金华朱学的嫡系，他的门人方孝孺在当时也有程、朱复出之誉，不过后来以节义显，对于理学思想上反没有什么发明。因为社会潮流仍然趋向理学，所以帝王们也就利用这个趋势来表彰宋儒，藉以保护他们专制的地位。明成祖御制《性理大全》《四书大全》等书，将宋儒的学说为系统的编集。因为有科举制度的保障，所以明、清五百余年之中，朱注的经书在学校内始终奉为规范，虽经过阳明学派及清代考据学者的屡次批驳，而实际上丝毫不能发生影响，可见其潜势力之大了。

　　宋濂、方孝孺以后，承继宋儒理学的正统者有曹端、薛瑄、吴与弼、吕柟诸人。曹端是河南渑池人，为学以躬行为主，在思想上无甚新发明，但因他是明代正式讲理学的第一人，在他以前，宋濂、方孝孺虽言行近于理学，但均不以理学家名，故后人颇有推尊他的。薛瑄是山西河津人，也是以躬行实践著名，他在当时声名极大，门生也很多，故为明代程、朱学派的唯一大宗。吴与弼是江西崇仁人，也是明代程、朱学派的大师，他的学问自言多从五更枕上汗流泪下得来，可见其用功之刻苦，但其学以涵养天趣为主，与薛瑄之一味实践不同，故再传到陈献章遂超出程、朱的范围自成一家了。吕柟是薛瑄的四传弟子，其学仍是薛学风采，不过更加严紧一点。他是陕西高陵人，故关学受他的影响自成一派。

总之明朝中叶以前，思想界大体仍是程、朱理学的世界。这些程、朱派的理学家共同的长处在躬行实践，一毫不肯苟且，短处则在谨守古训太甚，思想上毫无新的发挥，并且因为拘谨太过，演成迂阔的行径，处处惹人讪笑而无补于世务。况且朱熹的学说本从格致入手，格致是要他们"即物以穷其理"，这本是科学的方法，而不幸后来的程、朱学派儒者，忽略了他这种治学的方法，只知道拿些空虚不着边际的理气等说翻来覆去"玩弄光景"，因此人心自然不免要对之厌倦起来，而有别寻途径的要求了。

在这个宋学不能餍服人心的时候，第一个首举别帜的是陈献章，他是广东新会人，学者称白沙先生，曾受学于吴与弼，但其学能于与弼之外，别有创获。黄宗羲《明儒学案》说他：

> 先生之学，以虚为基本，以静为门户，以四方上下、往古来今穿纽凑合为匡郭，以日用、常行、分殊为功用，以勿忘助之间为体认之则，以未尝致力而应用

不遗为实得；远之则为曾点，近之则为尧夫，此可无疑者也。故有明儒者，不失其矩矱者亦多有之，而作圣之功，至先生而始明，至文成而始大。

又说：

有明之学，至白沙始入精微，其吃紧工夫，全在涵养。喜怒未发而非空，万感交集而不动，至阳明而后大，两先生之学最近，阳明后来从不说起，何也。

他自己复赵提学书，论其生平为学之经过说：

仆年二十七，始发愤从吴聘君学，其于古圣贤垂训之书盖无所不讲，然未知入处。比归白沙，杜门不出，专求所以用力之方，既无师友指引，惟日靠书册寻之，忘寐忘食，如是者累年，而卒未得焉。所谓未得，谓吾此心与此理未有凑泊吻合处也。于是舍彼之繁，求吾之约，惟在静坐。久之，然后见吾此心之体，隐然呈露，常若有物，日用间种种应酬，随吾所欲，如马之御衔勒也；体认物理，稽诸圣训，各有头绪来历，如水之有源委也。于是涣然自信曰，作圣之功其在兹乎。有学于仆者，辄教之静坐，盖以吾所经历，粗有实效者告之，非务为高虚以误人也。

可见其宗旨之一斑。大抵白沙的气象天分皆与阳明为近，但较阳明更为疏阔一点，所以结果成为狂者一派，专以天趣为主，有类乎宋之邵雍，而末流就变成道家思想了。

陈献章的门人最有建树的是湛若水，学者称甘泉先生，是广东增城人，与王守仁同时，彼此交好，而学问宗旨不同。湛氏的学主张随处体认天理，注重学问思辨的功夫，他批评阳明学说的弊说：

> ……兄之格物训云正念头也，则念头之正否，亦未可据，如释、老之虚无，则曰应无所住而生其心，无诸相，无根尘，亦自以为正矣。杨、墨之时，皆以为圣矣，岂自以为不正而安之。以其无学问之功，而不知所谓正者，乃邪而不自知也。其所自谓圣，乃流于禽兽也。夷、惠、伊尹、孟子亦以为圣矣，而流于隘与不恭，而异于孔子者，以其无讲学之功，无始终条理之实，无智巧之妙也。则吾兄之训，徒正念头，其不可者三也。论学之最始者，则《说命》曰"学于古训乃有获"，《周书》则曰"学古入官"，舜命禹则曰"惟精惟一"，颜子述孔子之教，则曰"博文约礼"，孔子告哀公则曰"学问思辨笃行"，其归于知行并进，同条共贯者也。若如兄之说，徒正念头，则孔子止曰"德之不修"可矣，而又曰"学之不讲"何耶？止曰"默而识之"可矣，而又曰"学而不厌"何耶？又曰"信而好古敏求"者何耶？子思止曰"尊德性"可矣，而又曰"道问学"者何耶？所讲所学所好所求者何耶？其不可者四也。

此说切中王学之弊，王氏之所谓良知，其实并无一定的标准，野蛮人杀人为祭也自以为是良知所许，何尝是真可靠呢。湛氏随处体认天理之说，即朱熹即物而穷其理之说，宗旨原不差，可惜没有穷理的方法，因此不能战胜王氏罢了。

王守仁自然是对于程、朱学派最大的革命家，他是浙江余姚人，学者称为阳明先生，故他的学派亦通称阳明学派。他自幼豪迈不羁，出入佛、老之学，为刑部主事时因触犯权阉刘瑾，谪为贵州龙场驿丞，他的平生学问基础即筑于此时。后巡抚南赣，平宸濠之乱，声名大起，而学问也遂成熟。黄宗羲说他：

先生之学，始泛滥于辞章，继而遍读考亭之书，循序格物，顾物理吾心，终判为二，无所得入。于是出入于佛、老者久之。及至居夷处困，动心忍性，因念圣人处此更有何道，忽悟格物致知之旨，圣人之道，吾性自足，不假外求。其学凡三变而始得其门。自此以后，尽去枝叶，一意本原，以默坐澄心为学的，有未发之中，始能有发而中节之和，道德，言动，大率以收敛为主，发散是不得已。江右以后，专提致良知三字，默不假坐，心不待澄，不习不虑，出之自有天则。盖良知即是未发之中，此知之前更无未发；良知即是中节之和，此知之后更无已发。此知自能收敛，不须更主于收敛；此知自能发散，不须更期于发散。收敛者，感之体，静而动也；发散者，寂之用，动而静也。知之真切笃实处即是行，行之明觉精察处即是知，无有二也。居越以后，所操益熟，所得益化，时时知是知非，时时无是无非，开口即得本心，更无假借凑泊，如赤日当空而万象毕照，是学成之后又有此三变也。

这段话说阳明的学问经过，很有道理。

王氏之学，虽有三变，龙场得道以后，专讲收敛，江西以后，始提出"致良知"三字，晚年则更有进步，但其主要宗旨仍在"致良知"之说。什么叫良知呢？试看他自己说：

夫良知之于节目事变，犹规矩尺度之于方圆长短也。节目事变之不可预定，犹方圆长短之不可胜穷也。故规矩诚立则不可欺以方圆，而天下之方圆不可胜用矣；尺度诚陈则不可欺以长短，而天下之长短不可胜用矣；良知诚致则不可欺以节目事变，而天下之节目事变不可胜应矣。毫厘千里之谬，不于吾心良知一念之微而察之，亦将何所用其学乎？是不以规矩而欲定天下之方圆，不以尺度而欲定天下之长短，吾见其乖张谬戾，日劳而无成也已。吾子谓，语孝于温清定省孰不知之，然而能致其知者鲜矣。若谓粗知温清定省之仪节而遂谓之能致其知者，凡知君之当仁者皆可谓之能致其仁之知，知臣之当忠者皆可谓之能致其忠之知，则天下孰非致知者耶？以是而言，可以知致知之必在于行，而不行之不可以为致知也明矣。知行合一之体，不益较然矣乎？夫舜之不告而娶，岂舜之前已有不告而娶者为之准则，故舜得以考之何典，问诸何人而为此耶？抑亦求诸其心一念之良知，权轻重之宜不得已而为此耶？武之不葬而兴师，岂武之前已有不葬而兴师者为之准则，故武得以考之何典，问诸何人而为此耶？抑亦求诸其心一念之良知，权轻重之宜不得已而为此耶？使舜之心而非诚于为无后，武之心而非诚于为救民，则其不告而娶与不葬而兴师，乃不孝不忠之大者，而后之人不务其良知以精察义理于此心感通酬酢之间，顾欲悬空讨论此等变常之事，执之以为制事之本，以求临事之无失，其亦远矣。

——《答顾东桥书》

因为他以为"良知诚致，则不可欺以节目事变"，所以才有"知行合一"之说：

知行原是两个字说一个工夫，这一个工夫须着此两个字方说得完全无弊病，若头脑处见得分明，见得原是一个头脑，则虽把知行分作两个说，毕竟将来做那一个工夫，则始或未便融会，终所谓百虑而一致矣；若头脑见得不分明，原看做两个了，则虽把知行合作一个说，亦恐终未有凑泊处，况又分作两截去做，则是从头至尾更没讨下落处也。

——《答友人问》

这个头脑是什么呢？就是良知。

王守仁的才气在历来儒者中算是杰出的，他的地位又高，故能号召一时的人心，造成一个新派。他的主张致良知，是从内向外的工夫，与朱熹的穷理主敬尚注重外面工夫者，颇有不同，故他对于朱氏特别攻击，他解《大学》"格物而后知"的"格"字是"感格"之格，与朱熹的训格物为"研究物理"之意不同，他并提出《大学》古本以为证，又搜集朱熹的言论与他宗旨相近的，名之"为朱子晚年定论"，这都是他的习气未净之处。但在当时迂拘矫诈的程、朱理学空气中，得此一番新的洗刷，人心自然不能不为之一振，故他身后不久，王学遂遍于南方，许多光明俊伟之士都出在他的门下了。

王守仁是浙江人，而其一生事业多在江西，故他身后弟子虽遍于长江以南各省，但以浙江、江西两省为最多，无形中也就分为两派。浙江的王门弟子之著名者，有徐爱、钱洪、王畿诸人，除徐爱先死，未及闻良知之说外，钱、王二人对于良知之说发挥甚力。他们学风偏于直捷活动，以为良知是不待修养而成的，故不主张从静处去用功。钱氏说：

> 未发竟从何处觅。离已发而求未发，必不可得。

王氏说：

> 寂者心之本体，寂以照为用，守其空知而遗照，是乖其用也。

这都是针对主静过甚的流弊而言的。故此派的末流勇于任事，富于责任心，颇能发挥王学的长处，但也略近于禅宗。王畿常提出阳明的四句教以为教学的宗旨，四句教是：

无善无恶心之体，有善有恶意之动，知善知恶是良知，为善去恶是格物。

"无善无恶心之体"，这实在是含有佛学色彩的话。

较浙江派更彻底近于主动的，还有一个泰州派，这派的首领是王艮，他所标的宗旨是"自然"，是"学乐"，他是有志于用世的，他的弟子中也纯向这面发展，他们都是平民哲学家，樵夫、陶匠都有，末流如颜山农、何心隐虽不免过于放荡，但精神的勇猛却为前此哲学家所不及。阳明学派所以能在思想史占很高的位置者，就靠他们能和实际发生交涉的这一点上，这是我们所不可不注意的。

浙江派和泰州派这样过于主张向外活动而忽视修养的结果，自然引起正统派王学的不满，因此江西一派的学者便起来纠正他们。这一派的著名学者有邹守益、罗洪先、聂豹、邓以赞等，邹氏拈出"戒惧慎独"四字，罗氏拈出"收摄保聚"四字，都用以主补救浙江派的偏荡的。盖浙江派把"致良知"三字只记得"良知"二字而忽略了"致"字的工夫，故其末流小人得以假借之肆无忌惮去作恶，而以良知为辩护之具；江西派则特注重"致"字，以为良知不能忽略修养的工夫。就王学本身而言，江西派实在是正统，流弊较少些。

自明朝中叶以后，王学虽然披靡一世，然而实际上不满于王学的还是很多，试引几段评论于下，可以见当时反王学议论之一斑。如汪俊说：

> 道一本而万殊，夫子之一贯是矣。以学言之，则必有事于万殊而后一者可几也。曾子之随事力行，子贡之多学而识，皆亲受业于夫子之门者也。颜子之博文约礼，而后如有所立，《易》之知崇礼卑，而后成性存存，皆一说也。程子论学曰："涵养须用敬，进学则在致知。"朱子伸明之曰："主敬以立其本，穷理以致其知，本立而知益明，知进而本益固。"可谓尽矣。陆氏之学，盖略有见于道体，虽欲单刀直入，以径造夫所谓一者，又自以为至简至易，立跻圣域，故世之好异者靡然趋之，而不知其相率而陷于异端之说也。张子曰儒者穷理，故率性可以谓之道，释氏不知穷理，而自谓之性，故其说不可推而行。程子有言，自格物而充之，然后可以至圣人，不知物格而先欲意诚心正者，未有能中于理者，据此可以断陆氏之学。

如何瑭说：

> 儒者之学，当务之为急，细而言语威仪，大而礼乐刑政，此物之当格而不可后者也，学问思辨一旦卓有定见，则物格而知至矣。由是而发之以诚，主之以正，然

而身不修家不齐未之有也。至究其本原为性命，形于著述为文章，固非二道，特其缓急先后各有次第，不可紊耳。今曰理出于心，心存则万理备，吾道一贯，圣人之极致也，奚事外求；吾恐其修齐治平之道反有所略，则所学非所用，所用非所学，于古人之道不免差矣。

如黄佐说：

德性之知本无不能也，然夫子之教必致知而力行，守约而施博，于达道达德，一则曰"未能一焉"，二则曰"我无能焉"，未尝言知而废能也。程子曰"良能良知，皆无所由，乃出于天，不系于人"，又曰"圣人本天，释氏本心"，盖《大学》言致知系于人之问学者也，孟子言良知必兼良能，本于天命之德性者也。惟宋吕希哲氏独以致知为致良知而废良能，则是释氏以心之觉悟为性矣。《圆觉经》以事理为二障，必除而空之，则理不具于心，心不见于事，惟神识光明而已。反身而诚，似不如是。

以上这些说法都切中王学之弊。大抵王学虽提出"良知"二字，当下指点，可以启悟人，然究其所谓良知者实在并无此物，不过在光景恍忽间耳。所以在当时就已经有很多反对的论调，这一般反对的潮流，一直到明末清初才光大起来成为后此三百年的主潮。

王学到了明朝末年，势力虽披靡一世，而流弊也就渐渐发露了。许多有革命性的青年固然打着良知的旗子，到处勇于为善，但矫伪的小人也可以打着良知的旗子，到处勇于为恶，因此弄得所谓"酒色财气不碍菩提路"的狂禅，滔滔于天下，结果自然会使人心不满。因此王学到明末便有了两个新方向。一派是刘宗周的证人学派，刘氏是以继承王学自命的，但他鉴于王学末流之失，故特拈出"慎独"二字以为宗旨，他的慎独的意思是：

> 盈天地间皆气也，其在人心一气之流行，诚通诚复，自然分为喜怒哀乐，仁义理智之名因此而起者也。不待安排品节，自能，不过其则，即中和也。此生而有之人人如是，所以谓之性善，即不无过不及之差，而性体原自周流，不害其为中和之德。学者但证得性体分明，而以时保之，即是慎矣。慎之工夫只在主宰上觉有主是曰意，离意根一步便是妄，便非独矣，故愈收敛是愈推致。然主宰亦非有一处停顿，即在此流行之中，故曰逝者如斯夫，不舍昼夜。

这种说法，虽仍未脱王学的窠臼，但不失为一种改革运动，可惜刘宗周死后，明祚已移，学风也改了方向，故这种运动实际上没有多大的影响。另外有一派却影响很大，这就是东林党的干政运动。

东林党的主持人物是顾宪成、高攀龙。他们都是神宗朝的大臣，因为时政紊乱，退归林下，遂讲学于东林书院。他们的讲学的宗旨是：

> 官辇毂念头不在君父上，官封疆念头不在百姓上，
> 至于水间林下三三两两，相与讲求性命，切磨德义，念
> 头不在世道上，即有他美，君子不齿也。

他们的宗旨既然是要与世道发生关系，因此自不免臧否时政，而当道忌之也日甚。顾、高二人死后，东林的运动仍不停止，其时明熹宗专任魏忠贤，与君子为敌，凡与魏不合者，无论与东林有无干涉者，一概指为东林党人，因此东林的声势反倒日张起来。到明毅宗末年，又有继东林而起的复社、几社等运动。这一般人，在思想上直接并没有什么建树，思想的体系仍承之王学，但后来清初的经世致用思想却由此开其端，故讲思想史的，也不能忽略了他们的位置。

第十五章　理学的反动时期

　　程、朱、陆、王之学，虽然门户不同，但其为空谈心性不务实际则一。从宋到明，这六百年中的中国思想界可以说都在空谈玄妙的时代。我们还可以再扩大一步说，从魏、晋到明，这一千多年中，中国的思想界也都在空谈玄妙的时代。中国民族本是务实际的民族，为什么会忽然发生这种玄远的思想呢？可以说大部分是受了印度思想的影响。印度思想自从侵入中国以后，就征服了中国的思想界一直到一千年之久。但是务实的中国民族对于这种趋势是不会始终折服的，因此北宋初年就起了许多反对印度空虚思想的学派，就中江西派的功利主义最彻底，可惜未能光大。程、朱的理学原也是反抗印度思想的，不过自身的立足点不稳固，弄来弄去还是跳不出印度思想的圈套。到陆、王学派盛行以后，印度风就更加显著了。这样反复争持的结果，到明末清初，哗啦一声，才将印度思想根本推倒，重新建立起许多新的主张来。

　　为什么到了明末清初，才会将印度思想根本推倒，建设起新的主张呢？这就是时代的关系。印度思想自征服中国思想界以后，极盛莫如唐，到唐朝以后，佛教本身已成弩末，因此才有反动的理学成立。不过印度思想的潜势力还在，因此理学家跳来跳去终跳不出他的圈子。一直到了明朝末年，经过了理学家极盛的时代，人心对于印度思想已经领教过度了，到了应该厌倦的时期了，所以反动潮流才大盛特盛起来。以上所说还不算最主要的原因，反印度思想突然兴起的最主要的原因，乃是因为中国民族受了痛苦而得到深切教训的结果。中国民族自欢迎印度思想进来之后，简直没有过了一天光荣的日子。中间只有唐朝是比较光荣的时代，但是唐朝的光荣是由于野蛮民族同化和混血的结果，并不是由于印度思想的帮助，这是显而易见的。除此以外，我们只看见信仰佛教的君主如后秦主姚兴、梁武帝、北魏胡太后之类，都一个个弄得由强致弱，由弱致亡。唐朝来叶的君主也是如此。这期间佛教至少也应负一部分的责任。因为印度思想是出世的，是个人主义的，对于齐家治国平天下之术是丝毫不管的。这种思想输入以后，将许多聪明才智的人物都引入个人主义、出世主义的路上去，结果国家大事让许多浑蛋去包办，弄得国事一天比一天败坏，民族也日渐衰弱起来。宋朝以后，反佛教的空气已经很盛，不料代之而起的理学依然逃不出印度思想的范围，还是依旧的个人主义，依旧的入世其名出世其实的空虚主义。学者们天天在那里谈心说性，外患却一天一天的紧逼而来，结果一辱于辽，二辱于金，三辱于元，终于酿成蒙古人的征服了全中国。明兴以后，还是不鉴前辙，高谈心性之风越发利害了，又弄出一个更富有印度色彩的阳明之学来。尽管王守仁个人怎样的能文能武，不失为实际的人物，但这是他个人的天才所致，他的学说却只能造出许多高谈心性的空洞儒者来。因此张献忠、李自成等流寇之乱一起，滔滔天下的王学竟当不起这一试验。结果好人只好"愧无半策济时难，惟有一死报君恩"，坏人却就转过脸来迎降大清的仁义之师了。这种结果确是令人极痛心的，尤其是身受其难的智识阶级们，他们不能不由此发生出极大的觉悟，使他们对于印度思想根本起了反对的感情，他们不能不努力地由这种一千年中织成的哲学的心性之网中挣扎出来，另外找寻他们的新路，这就是清初新学派勃兴的真正主要原因。

明末清初的新学派约以下几人为代表：

一、顾炎武。顾炎武是江苏昆山人，明亡以后，曾周游国内，所至结纳豪俊图恢复，但无所成。他是清代考据学开山的祖师，生平著书如《日知录》《音学五书》之类，都是考据典制的著作，在后来发生的影响极大。但顾炎武并不是一个专门以考据为终身事业的学者，他是一个有志于事功的人。他生平很反对理学，曾说"古今安得别有所谓理学者，经学即理学也；自有舍经学以言理学者，而邪说以起"。"经学即理学"一语，实为清代考据学的根本主张。

二、黄宗羲。黄宗羲是浙江余姚人，少受学于刘宗周，治阳明学。中年以后，因为遭逢患难的结果，渐渐觉悟空谈心性之非，转来注意到史学方面。他是清代史学的开山祖师，清朝史学以浙东最盛，都是受他的影响。他的巨著《明儒学案》和未完成的《宋元学案》，是中国思想学术史的先河。他在思想界最大的贡献更在他的《明夷待访录》一书，这部书提倡民权思想，反对专制政体甚烈，在当时虽无甚影响，到了清朝末年发生的影响却极大。

三、王夫之。王夫之是湖南衡阳人，也是一个志图恢复的遗老，生平窜迹南荒，著书虽然很多，可惜不为当时人所知。直到清朝末年，湘军得势以后，才刻出许多来。他的名著如《俟解》《张子正蒙注》《老子衍》《庄子通》之类，都有很精深的思想。论清初思想史上的大家不能不推王氏为第一，可惜他的学说尚未经人发挥整理罢了。

四、颜元。颜元是直隶博野人，他生平以创立新宗派自任，故言论最为光明。他明目张胆地攻击宋、明理学家高谈心性之弊，提出以身体力行来代替诵说。他的这种主张本来很彻底，应该流行，可惜太为刻苦，不容易使人承受。加以他极力主张恢复古礼，未免太迂阔些，也是失败的一个大原因。

以上这四个人是明末清初反理学运动中的四大柱石，他们四人的思想主张各有不同，只有注意实际问题不复高谈心性的态度是相同的。就中黄宗羲因为与阳明学派旧有关系的缘故，对于理学的态度较为和缓，顾、王就激烈了，颜元最为彻底。他们的学派唯顾炎武最为昌大，后来清朝的经学都是跟着他的道路走的，可惜走的只是咬文嚼字的考据之路，对于他的经世的大学问竟无人领会，未免埋没他的真面目。黄宗羲在史学界的成就最大，浙东史学流传甚远，清末的民族运动还是受了他的影响。颜元有一个弟子李塨，局面比他先生阔大些，故颜、李学派得以流传南北，但不再传就中绝了。王夫之的遭际最不幸，故思想最为隐晦，至今不得解人。

以上四人不过是就其成就最大者而言，此外还有几个人虽然没有整个的系统思想，但也不失为有独立思想的学者。

一个是刘献廷。他是一个奇人，对于音韵和地理学都很有创获，可惜没有系统的著作传之于后。

一个是傅山。他和他的儿子傅眉都是平民生活的思想家。当时的学者多不注重艺术，唯傅山的艺术天才很高，他的诗、书、画都很卓绝。他自命是学庄、列的，可惜也没有什么系统的著作能够发挥他的思想。

以上这些人都是反对理学的，至少也是不肯依傍在理学门户下求生活的。但是理学的潜势力还是很大，不是一时所能打倒的，当明末清初的时候还出了几个大师替他谨守最后的残垒，最著名的有孙奇逢、李颙、刁包、张履祥、张尔岐、陆陇其、陆世仪诸人，都是坚苦笃行的儒者。就中孙奇逢最为博大，他所著的《理学宗传》一书，调和程朱、陆王两派而归纳于一个道统之下，可谓集数百年来理学家道统说之大成。此外诸人或宗王学，或宗朱学，宗旨虽然不同，其谨守理学范围则一。可惜太保守了，没有什么新发挥，因此不能光大理学的门户。不久理学被一班大官们弄去逢迎时主的嗜好，就不免名存而实亡了。

自顾炎武提倡名物训诂之学以后，不久就出来几个学者遵着他的道路向前进行。成就最大者有胡渭、阎若璩、毛奇龄诸人。胡渭著《易图明辨》，攻击宋儒信任的《易图》之非孔丘之说；阎若璩则著《古文尚书疏证》，辨明《古文尚书》系东晋人的伪造；毛奇龄也著书多种与宋儒为难。这三个人虽然都是考据家，但他们能用考据的方法从实证上揭破宋儒的谬误思想，其影响于思想界是非常之大的。

从此以后，考据学的门户既立，大家的精神才力都趋向此途，造成一种咬文嚼字的学风，思想界反不免消沉了。

第十六章　考据学全盛下的
清代思想界

从顾炎武、胡渭、阎若璩开辟了考据学的一条新路以后,许多大学者都跟着他们的路往前发展,成就最大者有惠栋、戴震、段玉裁、王念孙、王引之诸人。他们的工作是修改注疏,考据典章,训诂音义,校勘文字。他们在这一方面的成绩很是高,但他们所治的只是一种思想的工具,而不是思想的本身。并且因为考据学是对于理学的一种反动潮流的结果,人们因厌弃理学而遂厌弃一切思想的学问,以为都是空疏不实,结果不免阻碍思想的发展,因此在考据学盛极一时的时代,竟没有什么大思想家出现。加以清朝因为压制汉族的缘故,屡兴思想之狱,学者自然多避忌而不肯蹈险,因此清初诸大师那种独立创造的精神竟都埋没不彰了。在这种环境之下,只能找出几个片段不完的思想家聊以作代表人物而已。

一、吕留良。吕留良是一个遗老,他生平抱种族思想最深,屡想运动恢复,到他死后他门生曾静手里实行他的主张,运动岳钟琪叛清,事发失败,遂兴大狱,吕氏也受戮尸的惨刑。清世宗且特著《大义觉迷录》一书来纠正他的思想,可见他的思想在实际上很发生影响了。

二、费密。费密和他父亲费经虞都是有独立思想的人物，他们很反对宋儒的道统之说，主张汉、宋平等待遇，且注意经世实用之学，可惜没有大行其志。

三、方苞、姚鼐。二人都是桐城人，当考据学炙手可热的时代，奋起与抗，创桐城派古文，在文学界势力很大。这一派的人主张考据、辞章、义理并重，虽然是只就文字而言，但因为他们常抱因文见道的见解，故恒与理学家相结合以反对考据学。他们同派有方东树者，曾著《汉学商兑》一书，颇能代表一部人的思想。

四、姚际恒。姚氏行谊无所表见，唯著《古今伪书考》一书，于古今伪书一一批驳，虽系考据之作，却于思想有关。

五、全祖望。全祖望是继黄宗羲、万斯同而起的浙东派史学家，生平著作颇搜罗明末故实，于种族思想之保存颇有关系。他又与黄宗羲之子百家先后续成《宋元学案》，于思想史方面功劳尤大。

六、章学诚。章学诚亦为浙东派史学家之一，但他在学界的成就不在著史而在提倡史学，所著《文史通义》一书，主张六经皆史之说，又言"集大成者乃周公而非孔子"，皆于思想上有独立的主张者。

七、崔述。崔述也是一个史学家，他曾著《唐虞考信录》等书，勇于疑古，在当时虽不曾发生影响，但在今日却发生影响不少。

八、戴震。戴震是考据学的大师，但于思想方面确有所建树，所著《孟子字义疏证》《原善》诸书，主张人欲应任其发展而极力反对宋儒遏欲之说。此书在当时亦未发生影响，至今日乃为人所推重。

九、袁枚。袁枚是清朝极盛时代的一个大诗家，但他的思想确有独到之处，他对于汉、宋儒都不肯赞成，也主张人欲应自然发展，并且以身作则。他又极力尊重女权，所收女弟子很多，因此颇受人的攻击。

十、彭绍升。彭绍升是清朝提倡佛学最著名的人，佛学自宋、元以后久已衰微，明末憨山、藕益以念佛提倡，虽一时稍盛但旋又就衰。彭绍升当佛学已衰之际，独提倡念佛，期于恢复宗风。当时虽影响不大，但到清末却发生影响。

十一、焦循。焦循也是一个考据学家，但对于思想也很有建树，他的《雕菰集》中很有许多精深的理想。

十二、徐润第。徐润第是个阳明学派的北方学者，他的思想在今日山西的政治上很有影响。

十三、李汝珍。李汝珍是著《镜花缘》小说的人，他在小说中讨论妇女问题，很有精彩的议论。

十四、汪中。汪中是清朝中叶一个有独立思想的学者，他的《述学》中很有系统的思想，可惜当时人只了解他的文学，却不了解他的思想内容，因此他的思想就不免埋没了。

十五、俞正燮。俞正燮也是一个注意妇女问题的人，他在《癸巳类稿》中讨论妇女问题很是深切，可惜也没有什么反响。

就以上所举的许多人看起来，可见清朝并不是没有多少大思想家，并不是没有有价值可供研究的思想，不过当时正是考据学垄断一切的时候，大家都疲神致力于工具的学问，而对于内容方面反而轻视起来，这也是一时的风气，而于政治上的干涉也不无关系。因此虽然有许多天分很高的思想家，都不免受了这种环境的限制不能尽量的发展，这种情形和东汉时代正是相似。就思想史方面论，东汉和清中叶实在是黯淡无色的时代，虽然他们在别的方面的功绩是很大的。

第十七章　思想的解放与今文家的活动

　　清朝中叶思想界所以消沉的原故，一由于考据学的垄断一切，一由于政治上的有意压迫，前章已经都提过。到了仁宗、宣宗以后，政治上的威力已经减杀，考据学的气焰也渐低了，因此自然起了一种反动，向思想解放的路上去走。这种反动有两方面，一方面是理学对于考据学的反动，一方面是考据学中今文派对于古文派的反动，两者都给古文派考据学家以一种大打击。

　　先说理学派对于考据学派的反动。原来理学自经过宋、元、明三朝的极盛之后，虽经清初学者的极力攻击，势力迄未大杀。考据学鼎盛以后，尽管学者们怎样鄙薄宋儒的空疏，而朝廷的功令却仍然以宋儒为正统。天下学塾所读的经书仍然是以朱注为准，科举考试也一本宋儒之说，考据学对于当时势力最大的科举制度竟未能侵入，因此理学仍然在一般智识阶级社会中占极大的潜势力。到仁、宣以后，考据学的成绩既达到极高地位，再不易有什么新发展，那种咬文嚼字的工夫，做久了也令人厌倦。加以时代变迁日烈，内忧外患纷至迭来，考据学家应付不了那样的时局，转是高谈心性的理学中出了几个有魄力有血性的男子，如同曾国藩、罗泽南、江忠源、李续宾等一般湘军名将，都是受过理学陶冶的人。自湘军戡定了太平之乱以后，理学和考据学的优劣由此试验出来，人心遂不免又趋向学理。曾国藩以盖世的勋名来提倡理学与古文，因此桐城派古文家与宋、明理学的结合愈密，成为一种特别的学派。不过曾国藩死后没有什么得力的继承人物，理学终于没有十分恢复他们的固有势力，末流虽有吴汝纶等古文家竭力赞助新学，但没有多大建树。而林纾以非桐城嫡系的资格来替桐城派和理学对新思潮来辩护，终于失败而去，理学自然因此也更加不振。清末一部分人受了日本维新的影响，颇有提倡阳明学派的，但在思想上也没有什么成就。

对于思想界有很大影响的，还是考据学派中的新派今文家。原来今、古文之分起于西汉经师门户之见，最初西汉传经派别虽多，但大致皆用当时文字，至西汉末年始有古文经传出现，与旧有各家大不相同，当时两派已争论很烈。到东汉末年，古文派大昌，郑玄以古文家大师的资格遍注群经，自此以后古文家遂成为经学正统，千余年来未之或改，今文各家之学说大部分都已佚亡，更无人加以理会了。

到了清朝因为复古的关系，转而对于古代学术思想节节加以解放，最初对宋学怀疑而返于汉、唐，其次又对晋王肃文学怀疑而返于东汉。到中叶以后，郑玄的古文学既已垄断一切，此后再求进步就非对于他加以怀疑不可了。因此清朝中叶以后所起的考据学新运动就以郑玄和一切古文学派为攻击的目标了。

今文学派最初研究的中心是《春秋公羊传》，其次遍及诸经。启蒙的大师是武进庄存与，其同县后进刘逢禄继之著《春秋公羊经何氏释例》，始张大其说。到魏源和龚自珍出来，今文学始确然成家。其后今、古文派分道发展，而思想新的人大率趋向今文派。到廖平和康有为出来，今文学派的势力就影响到各方面了。

今文学派虽似乎与古文学派研究的目的相同，其实根本精神大不相同。古文学派在极盛时代，大家只是抱为学问而学问的态度，其所研究者都是名物训诂等具体事物，故于思想界无多大影响。今文家则不然，第一他们的研究注重微言大义，不屑屑于枝叶问题，因此颇有新奇的思想发现，如所谓"张三世"，"通三统"，"绌周王鲁"，"受命改制"等非常异义可怪之论，都是今文学家的创获。第二他们颇留心于经世之学，不似古文家的硁硁自守，故后来能于实际政治社会发生影响。第三他们颇能容纳异派，对于西学，对于佛学，都能采纳容受。这三点都是今文学派的长处，他们的短处是不免牵强附会，加以推尊西汉的结果，所有西汉儒者的荒唐悠谬之说都尽量采用，将儒学变成一种神秘的胡说，转不如古文家的硁硁自守为尚能免过了。

清朝仁、宣以还，国势日渐凌夷，故今文学家之趋向经世致用亦系时势所迫，不得不然。今文学的大师如魏源著《海国图志》，龚自珍著《西域置行省议》等，都是有关时事的文字。太平乱后，内忧外患愈亟，思想界自然更趋重时务，因此种种关于时务的著作逐渐出现。到南海康有为出来，著《新学伪经考》，以大胆的态度推翻古文家的壁垒，建设起今文学家的完全系统来，就今文学家而言，康有为实在可算是集大成者。不过时事愈变愈亟，西洋的学术思想逐渐输入，不但抱残守缺的古文学派无法应付，即今文学也不足范围人心。因此康氏的思想也不能不随时势演进。他第二部名著《孔子改制考》完成的时候，已非复汉学所能范围，到第三部名著《大同书》成功后，他的思想更解放到极点了。康有为后来虽然思想再不能进步，并且日趋退化，成了落伍的人物，但论晚清思想界摧陷廓清之功，不能不推他为第一。

康氏的学说在思想界没有什么大影响，但在实际政治上却发生影响不少。他和他的弟子梁启超从事变法维新运动虽然失败，但间接唤起一般人心，后来在国内造成一大派政治势力，至今不灭。

梁启超的影响于中国思想界，在他后来亡命的时代，早年宣传今文学派影响并不很大，故我们放到后章再讲。他的同志谭嗣同却可以代表当时的思想界。谭嗣同是湖南浏阳人，自幼亦接近今文学派，后又好王夫之之学，又治佛学，皆略有所得。他的思想最为勇决，所著《仁学》一书，于辛亥革命前二十年已提倡革命暗杀排满等说，真是思想界的先觉。他虽然身死于戊戌变法运动，但《仁学》在他死后仍发生很大的影响。

晚清的思想界虽然受今文派的影响很深，但其实学界的正统仍是古文派，因为古文派虽然过于拘谨，在思想上没有什么建树，但他们所用的方法乃是严格的科学方法，所得的成绩乃是正确可靠的成绩，无论谁也推不倒的。清朝末年的古文派考据学大师如陈澧、孙诒让、俞樾都是很出色的人物，就中如孙诒让著《墨子间诂》，陈澧著《东塾读书记》中评论汉、宋诸学，皆与思想界有关。但影响最大者还算章炳麟。章炳麟是俞樾的弟子，他的经学、文字学都造诣很深，所著的书如《国故论衡》《检论》等都很精绝。中年以后专提倡种族革命，影响于政治思想界更大。他虽然是古文学家，但后来研究佛学和西学的结果，使他的思想内容更加廓大，非复考据之学所能范围的了。

晚清时代还有一种潮流也是值得注意的，就是佛学。佛学自宋、明以后久已衰微，清朝中叶虽有彭绍升、罗有高等人提倡，但势力不大，影响甚微。到今文派兴起以后，因为他们都是勇于改革的思想家，故颇能采纳佛学之长。龚自珍受学于彭绍升，晚年受菩萨戒，颇提倡天台宗，魏源也受过菩萨戒，康有为则好华严宗，其《大同书》受华严宗的影响极大。梁启超也好华严宗。有杨文会者最精于佛学，深通各宗学说而专以净土教国人，晚年息影南京，以刻经弘法为事，所刻出的佛经很多，于思想界极有关系，梁启超和谭嗣同都受他的影响，谭氏的《仁学》即受佛学的影响而作者。梁氏晚年颇研究佛教的历史，也很有功于学界。此外章炳麟也研究法相宗，很有心得。到民国以后，梁漱溟著《东西文化及其哲学》一书，欲会同中、西、印三种的文化，也是佛学所发生的影响。杨文会死后，弟子欧阳竟无设支那内学院于南京，造就佛学人才，虽于思想界尚无大影响，但就校刻经典而论，已嘉惠学者不少了。

第十八章　欧洲思想与昔日之中国

　　中国与欧洲在古代关系很少，思想上的接触更是绝无仅有。唐朝极盛时代虽有景教徒东来传教，与阿剌伯人（今作"阿拉伯"）的伊斯兰教同受尊崇，但其结果毫无影响，尚不如伊斯兰教的势力，因此在思想史上可谓毫无位置。欧洲思想在中国发生影响，要算是元、明以后的事了。

　　元朝大帝国地跨欧亚，在中西交通上是很有关系的。蒙古人几次西征欧洲，将中国的三大发明品——罗盘针、火药、印刷术——送到欧洲，造成西方的近代文明，以及马可·波罗的游记，唤起欧人的航海趣味，这些情形都是西方人所应感谢东方的，我们姑且不提。单就西方思想对于中国的影响而论，当时罗马教皇因慕蒙古的威名，曾遣使来华朝谒，并挟七术以俱来，这七术都是当时的科学，元世祖都加以容纳，虽然没有发生大的影响，要不能不算中欧思想交换史上的一重因缘。

　　自此以后，蒙古大帝国破裂，汉族的明朝帝国兴起，对外取闭关保守主义，欧洲也因文艺复兴、宗教改革等对内问题分心，无暇东顾，两方面又暂时隔绝。直到十四世纪末年，即明朝中叶以后，哥仑布发现了新大陆，才重新引起欧洲人的向外侵略心。十四五六七这四个世纪欧洲各国纷纷向东方进取，最初是西班牙和葡萄牙，其次是荷兰，最后是英吉利和法兰西。他们侵略的范围从印度，至南洋群岛，以及菲利滨^①、中国台湾及中国沿海、日本等处。一五三五年葡萄牙人租了澳门，这是与中国直接发生关系之始。自此以后欧洲人以澳门为根据地，进行对中国的通商传教种种事业，中西的关系就日渐复杂了。

这时候在思想史上有关系的，要算是耶稣会派的传教事业。欧洲自宗教改革以后，旧教本已失败，其后有一部分旧教徒力图改革，另组耶稣会，以严格的纪律训练教徒，精神为之一新。耶稣会最注重远方的传教事业，并且以教育为传教的主要方法，因此成绩极大。美洲、印度、南非洲都有他们的足迹。最初来中国传教的是意大利人利玛窦，他很能揣摩中国人的心理，儒衣儒冠，到处与士大夫交游，因此传教事业就渐渐发达起来。以后续来的教士，都遵着他的方法进行，到了明朝末年势力就非常之大，连桂王的皇太后都信奉了。因为他们传教的方法是以学术为工具，因此西洋当时的许多科学如天文、历法、数学、几何、地理等自然科学都由这般外国教士之手传入中国。从明朝末年到清朝初年，这种科学事业逐渐进行，给后此清朝的学术开了一条新路。

第一个翻译西洋科学名著的人，是明末的徐光启，他和利玛窦合译《几何原本》，给后来几何学树下基础。他以明朝的大官来提倡翻译，实在有助于思想的革新不少。到了清朝，清圣祖也是极爱好科学的人，他编纂《数理精蕴》《历象考成》等书，又

---

① 菲利滨：即菲律宾。

命人测量全国，制成精审的地图，清代数理舆地等学的发达，很受他的影响。自此以后，数学在清代学术中成一大潮流，最著名的数学家有梅文鼎、梅锡阐、江永、戴震诸人。虽然多以中算为本，但采用西法也不少。

耶稣会的传教事业，自清世宗以后，因政治的压迫而一时中止。自此以后，中、欧又有百余年不复交通。到鸦片战役以后，定《南京条约》，准许欧洲人通商传教，彼此才又发生关系。英法联军战役以后，中国人创巨痛深，才发生研究西学的要求。在此以前，如魏源著《海国图志》，徐继畲著《瀛寰志略》，都是中国人研究外事的先导。湘淮军的戡平太平天国，得外国人的帮助不少，事定之后，有识见的领袖都觉得非研究西学不可。曾国藩设制造局于上海，兼事译书，附以广方言馆，北京也设立同文馆，选拔学生研究外国语言文字。到一八七三年曾国藩、李鸿章又奏请选派学生出洋留学。这些政策都与近六十年的中国有很大关系，自不必说。当时的翻译家如李素兰、华蘅芳、赵仲涵诸人，都很有责任心，对于所译之书也很有兴趣，因此成绩很好。此外如太平天国的文人王韬，英国传教士李提摩太等，也都很有功于翻译事业。当时翻译的书籍约有三类，第一类是宗教的书；第二类是科学和应用科学的书，当时称为"格致"的书；第三类是历史、政治、法制的书。第一类较完备，第二、三类就很简单无统系了。但是这种翻译事业，在当时也不无多少影响。康有为、梁启超、谭嗣同等的革新思想，就是受了这种译籍之赐。

当同文馆设立之初，风气尚未开通，顽固党还极力加以反对，家庭稍好的学生也不肯入馆，因此成绩甚少。后来选派出洋的学生也都受社会的轻视，没有产出多少人才。当时虽有稍稍通达"洋务"的人如曾国藩、李鸿章、郭嵩焘、曾纪泽、薛福成、洪钧诸人为西方思想鼓吹，但每遭顽固党所嫉视，不能实行其主张。中国人对于西方情形的了解还是很浅薄的。直到中法、中日两次战役之后，中国人才被逼迫地去不得不欢迎西方的思想输入中国来。

这时代有一个对于介绍西洋思想有大功绩的人，就是严复。严复也是个西洋留学生出身，他原本学的海军，但归国之后，学非所用，因专门从事翻译的工作。他所翻译的如赫胥黎的《天演论》，穆勒的《群己权界论》《穆勒名学》，斯宾塞的《群学肄言》，斯密亚丹①的《原富》，孟德斯鸠的《法意》等等，都是西方思想界的名著。他翻译的工作又很忠实，文章又很雅驯，因此能够深入中国的学者社会。自这几部译著出现以后，中国人才知道西方也有哲理，也有思想，对于西方人的观察就另换一种态度了。

庚子拳乱以后，清廷受了环境的压迫，才不得不采取变法维新的手段，派遣大批学生留学东西洋，尤以日本的中国留学生最多。当时因中、日两国国体相同，政治改造的过程又差不多，因此国人对于日本状况特别注意。从日文翻译出来的著作渐渐多起来，不过都是无条理，无主张，因此在思想界没有多大效果。

拳匪乱后，西方各国都乘机要求巨大的赔款，唯有美国对华表示好意，退还赔款，办了一个清华学校，专门预备留美的学

---

① 斯密亚丹：即亚当·斯密，英国古典政治经济学的主要创立者。

生。因此留学美国的风气渐渐开了。此外基督教会在中国也办了许多学校，大半也是美国人主持，国内亲美空气之逐渐浓厚，与这些政策不无关系。

留学生归国的以日、美两国为最多，故日、美两国在中国思想界的影响也最大。到民国七八年以后，李石曾、吴稚晖等提倡勤工俭学，于是陡然添了一批法国留学生，这些学生归国以后，对于思想界也很有影响。还有俄国自革命以后，竭力向中国宣传共产主义，以金钱收买吸引青年，因此留学俄国的也渐多起来。日本式的军国主义，美国式的实利主义，法国式的国家主义，苏俄式的共产主义，近数十年来支配中国思想界原动力，可以说不出乎这四种方式之外了。

第十九章 政治思想与实际政治运动

　　思想并不是悬空的,他是要与实际社会政治发生交涉的。中国以往的思想运动影响于实际政治社会的,如晚周诸子的救时之弊,北宋新旧派之争,明末东林、复社的运动,都是以思想为原动力。但是求其旗帜鲜明,影响广大的,则莫如鸦片战争以后的中国了。

　　鸦片战争以前的中国,在极端专制的淫威之下,人民是没有丝毫自由的余地的。鸦片战争以后,跟着就来了太平天国之乱,和英法联军战役,从此以后政府已不是从前的政府,中国也不是从前的中国了。中国国民受了几次外力的刺激,渐渐觉悟干涉国事的需要。最初只是用以对外,如各地的教案,即此种性质的运动,后来屡经失败的结果,知道单纯的对外也不足以收效,因此对内改革的思想就渐渐复活了。

　　英法联军战役以后,国内起了一派政治运动,叫做清流党,大半都是当时的名士,他们多骛大言而不切实际,盲目主张排外,对于当时主张对外和缓的疆吏如曾国藩、李鸿章等多加以攻击。但他们自己却一点成绩也没有,如张佩纶马江之败,即其一例。此外通达洋务的人如郭嵩焘、李鸿章辈,其思想则多主革新，不过这两派思想虽然不同，但彼此都尚无鲜明的旗帜，界限也不分明，因此算不得正式的政治运动。

一八八四年中法战争以后，清廷昏聩糊涂的情形都尽情暴露出来，有志之士知非改革不足以图存，因是发起种种改革运动。康有为屡游京师，伏阙上书请实行变法，孙文也因上书李鸿章不报，转而运动革命。及中日战后，这两种运动遂均渐趋成熟。康有为联合应试举人为公车上书之举，又开保国会于北京，孙文也联合同志谋举事于广州，又在檀香山组织兴中会。政治运动逐渐成为具体的表现了。这时候在思想方面还是君主立宪派占优胜。康有为的弟子梁启超在上海创《时务报》，鼓吹变法思想甚烈，又在湖南主持时务学堂，造就人才很多。当时康、梁的思想已渐为国人注意。湖南的守旧派叶德辉著《翼教丛编》来痛驳康、梁的主张，张之洞也著《劝学篇》来调和新旧思想。《劝学篇》中所主张的"中学为体，西学为用"二语，成为后来多数调和派的口号。

康、梁这种运动渐渐为政府所注意，清德宗毅然采用他们的主张来实行变法，不意旧势力反动太大，终于失败，但是就他们在短期间所实行的废八股、兴学校等主张，已震动一时的人心不少了。

康、梁失败以后，都逃至国外，仍做他们的维新运动，但清廷的反动日烈，遂至酿成拳匪之乱，人心渐知清朝政府的无望而趋向于革命运动。本来清朝因种族的关系久已受汉人的含恨，太平天国乱后此种思想潜伏于下层社会始终未灭。康、梁虽然主张和平变法，但其同志谭嗣同著《仁学》一书，已鼓吹排满革命之说。梁启梁早年也很赞成这种主张，只有康有为感恩知己，始终图为清室效力不变。拳匪之乱正盛时，康、梁的党人唐才常联络两湖会党起事于汉口失败，但因此革命思想深入于两湖青年之中。黄兴组织华兴会，就是以两湖会党为基础。此外江浙文人章炳麟、蔡元培、吴敬恒等因受明末遗老思想的感化，也组织光复会，鼓吹革命思想。四川人邹容著《革命军》一书，语意直捷痛快，风行一时，革命思想的普遍，这本书的影响最大。但邹容也卒因这本书受清政府之忌，以《苏报》案之牵累而下狱瘐死，章炳麟等逃至日本，仍聚徒讲学专鼓吹种族革命主义，以文献为宣传的工具。革命运动得了这一支思想上的生力军，就轰轰烈烈澎涨起来了。不久孙文因在海外运动华侨有效而来日本，黄兴和他的同志宋教仁等也来到日本，三派联合，共组中国革命同盟会，中国革命运动从此遂有了统一的组织了。

康、梁变法失败以后，俱逃出国外。康有为遍游各国，联络华侨，组织保皇会，梁启超则伏处日本横滨，办《新民丛报》及《新小说报》，鼓吹思想革新甚烈。梁启超的文章很有条理而能动人，国内同情者又多，因此他办的刊物就不胫而走，传遍了全国。最初的《新民丛报》多注意于学说思想的介绍，但是内容肤浅零乱，仅合于当时的需要而已。到《民报》出版以后，因为彼此论战的关系，才另外添了一种生气。

《民报》是同盟会鼓吹革命思想的有力刊物，执笔者为章炳麟、胡汉民、汪兆铭等人，都是有学问能做文章的人，因为他们的主张激烈，故青年同情者很多。梁启超早年本也同情于革命主义，后因受其师之劝告，加以当时一般革命人物的行动难免有不慊于人意的地方，因此引起反感，就极力倾向于君主立宪主义方面，恰好与革命派的主张针锋相对。于是《民报》和《新民丛报》两方面便开起笔战来了。这一次的论战实在是中国政治思想史上极有光荣的论战，因为两派都是以学理为根据，堂堂正正旗鼓相当，在训练中国人的系统的政治思想上，影响是非常之好的。

当时立宪派的主张是根据于现状立论，别无什么根本主义，虽然比较的易于实现，但缺少刺激性，不易引起同情。革命派则主要的立足点在民族主义，专从满、汉的恶感方面鼓吹，尤其易于鼓动人。章炳麟一派对于此点尤发挥净致，他们用历史的方法，专搜罗明末亡国的故实，借以挑动汉人的亡国之痛，这种方法非常有效，不久革命思想便传遍了全国。

革命的三派领袖之中，孙文长于联络奔走，黄兴勇于实行，章炳麟有学问能文章，三派携手，相得益彰。在思想方面自以章炳麟的贡献为多，但孙文也有他的特别贡献，就是"三民主义"的主张。三民主义就是民族、民权、民生三种主张的联合名词，当时革命派的主要立足点本在民族主义，所以与立宪派相异者在此，所以鼓动人心者也在此。对于民权主张，革命、立宪两派都不相反对，自然革命派更接近些，但是也没有什么具体的方案预先拟定，并且同盟会的同志中也有不少怀抱帝王思想的，至于民生主义更无人闻问。孙文在这个时代能提出他的具体主张来，这是他的特识，不过在当时并没有发生多大影响罢了。

革命、立宪两派的主张在国内都有同情的人，留学生归国以后，在各省创办许多杂志报纸，大半是鼓吹立宪之说。清廷受了这种舆论的催迫，也不得不派遣大臣出洋，考察立宪，并宣布九年立宪之说，但是粉饰门面，毫无诚意。清德宗死后，中央的资政院，各省的咨议局相继成立，立宪派从此有了公开活动的凭借，但人心已倾向于革命了。

革命派在国内自然不容易立足，在思想方面鼓吹的，仅有章炳麟的弟子邓实等所办的《中国学报》《国粹学报》等，假借研究国学的名义来鼓吹种族思想，影响也不少。此外则多于实行方面努力，黄兴等的武装革命运动，徐锡麟等的暗杀运动，比文学宣传的效力自然更大得多。

昏聩糊涂的清朝，终于不能实行立宪派的主张，因此全国人心一步一步倾向到革命派方面，末了连立宪派所办的《国风报》也鼓吹起革命思想来了。于是武昌一动，全国都响应，中华民国遂正式出现。

民国成立以后，革命派得了地位，自然气焰日高，但立宪派也还不甘雌伏，仍旧变了名目来活动。于是政治上的国民、进步两大党对立的形势遂出现了。但两派都不注重思想的宣传，故在思想史上都没有什么位置。

两派后来的分合变化不一，成功失败也不同，但在政治思想上对抗的形势仍然绵延不绝，就是一派主张比较急激，一派比较稳健，一派趋重理想些，一派趋重现实些，二者截然不同，不过面目却慢慢都变了。

第二十章　新文化运动的黎明时代

革命成功以后，大家的精神才力都注重到政治方面，对于思想文化无人注意。接着袁世凯的反动压迫时代又到了，全国国民慑伏在专制淫威之下，丝毫不能动转，真是黑暗的时代。但是沉郁极了，云雾不能不开，"五四"以后新文化运动的种子就埋伏在这个时代了。

培植这个新文化运动的种子的人是谁？陈独秀吗？不是。胡适吗？不是。那么究竟是谁呢？我的答案是章士钊。当民国四五年的时代，中国思想界的闭塞沉郁真是无以复加。梁启超办了一个《庸言报》，不久便停版，后来改办了《大中华》，更没有什么精彩。此外只有江苏省教育会一派人在《教育杂志》等刊物上所鼓吹的实利主义稍有点生气，但是只偏于教育一部分，且彼时亦尚未成熟。此外便再无在思想界发生影响的刊物了。到章士钊在日本办的《甲寅》杂志出版以后，思想界才另有开了一条新路。

《甲寅》也是谈政治的刊物，但是他的谈政治和当时一般的刊物不同，他是有一贯的主张，而且是理想的主张，而且是用严格的理性态度去鼓吹的。这种态度确是当时的一副救时良药。在当时举国人心沉溺于现实问题的时候，举国人心悲观烦闷到无以复加的时候，忽然有人拿新的理想来号召国民，使人豁然憬悟现实之外尚复别有天地，这就是《甲寅》对于当时的贡献。

民四，民五，正是政治上极黑暗的时代，梁启超在《大中华》上已主张抛弃政治，专从社会改造入手，章士钊在《甲寅》上驳他的议论，仍主张应注意政治。后来的文化运动是跟着梁启超的主张走的，章士钊的主张似乎失败，但梁启超虽然主张从社会入手，他却并没有给后来的文化运动指出新路，章士钊虽然也并不知道新文化运动是什么，但他无意间却替后来的运动预备下几个基础。他所预备的第一是理想的鼓吹，第二是逻辑式的文章，第三是注意文学小说，第四是正确的翻译，第五是通信式的讨论。这五点——除了第二点后来的新文化运动尚未能充分注意外——其余都是由《甲寅》引伸其绪而到《新青年》出版以后才发挥光大的，故我们认《甲寅》为新文化运动的鼻祖，并不算过甚之辞。

《甲寅》出版以后不久，中国的时局就变了，袁世凯被护国军气死，中华民国重新光复，气象为之一新。但是政治上的腐败还是依旧的，社会上的消沉也还是依旧的，言论界的无声无臭也还是依旧的。《甲寅》这时因为章士钊参加政治运动的缘故已停版了。章士钊的朋友陈独秀归国在上海办了一个杂志名叫《新青年》。最初出版也不过是做些勉励青年的普通文章，并没有什么特色，不过因为《新青年》做文章的人有一多半都是《甲寅》上做过文章的人，《甲寅》式的通信又早已引起青年自由讨论的兴趣，因此《新青年》出版未久就得了人的注意。那时候正是国会里为宪法中定孔教为国教的问题闹得厥声沸天的时候，陈独秀抓住了这个题目,在《新青年》上大肆攻击,根本反对孔、孟的学说,认为是专制的护符。孔学在维新以后本已失了旧日独尊的地位,不过像陈独秀这样明目张胆彻底加以攻击的,却是二千年来所仅见。他的主张虽然引起一时的反对,和他讨论这个问题的人也很多,但毕竟因为他的态度勇敢之故,在当时思想界上印下一个极深的印象。

单是反对孔教,《新青年》在思想史上还占不了像后来那样高的位置,因为孔教的权威早已丧失,诚心尊重孔学的人已经很少,孔教会派那种荒谬复古的举动,稍有常识者都不肯赞同的,因此陈独秀的反对孔教,只算是打死老虎,没有什么多大的新奇,到胡适的改革文学的主张发表以后,才算另外有了一种更大的新贡献。

胡适的《文学改良刍议》发表于民国六年一月,最初只是和平的讨论,但自陈独秀、钱玄同等参加了这个讨论以后,态度遂由和平而趋于急激,陈独秀发表了《文学革命论》,才明白举起文学革命的旗子,主张白话的写实文学。以后的文学运动跟着这条路走,发展得很快。

这时候思想改革的新机一动,就不是仅仅改良文学和反对孔教两件运动所能限制的了。因为反对孔教,故在消极的方面有彻底反对旧日礼教的运动;因为主张白话文学,故在积极的方面有接近平民的种种运动,新文化运动的机会遂渐渐成熟了。

到了民国七年以后,《新青年》的主张已经发生种种反响,青年界大多数同情于这些运动,北京大学学生组织一个新潮社,出版杂志名叫《新潮》,英文译名叫做 The Renaissance,就是文艺复兴的意思，可见那时参加运动的人已竟对于自身的地位有了一种觉悟，已竟成为一种有意识的总合运动了。《新青年》七卷一号，发表一篇宣言，明白表示他们主张是拥德先生和赛先生，德先生是德谟克拉西 Democracy，就是民治主义；赛先生是赛因斯 Science，就是科学，这样将文化运动的方向和内容都规定得更清楚了。不过可惜《新青年》以后并没有切实向这个主张去发挥，新文化运动以后也没有切实往这个方向去走。

《新青年》所引起的反响是什么呢？《新青年》的主张与当时社会公认的信条正相反对，其引起守旧派的不满是当然的，不过我们却不可过信以为当时守旧派对于新思潮是如何明目张胆地来反攻，这种想法是错误的。《新青年》的影响仍然是在大多数青年之中，守旧派看到这个杂志的不过是极少数，看了有力量能够加以反对的更是少数中之极少数，因为大多数的守旧派都是无意识的守旧，他们只是知其然而不知其所以然，要他们说出一个反对的理由是非常之困难的。因此反对者虽多，而出来说话者只有一个林纾，所说的话又非常浅薄无聊，就可见守旧派伎俩之薄弱了，但是我们再反过来一看，自《新青年》出版以至今日，宣传新思想新文化已经十年，然而社会上依旧过的是旧礼教的社会，政治上也依旧是传统的孔教式政治，可见新思想的力量也并不十分雄厚了。

平心而论，当时的新文化运动——《新青年》时代的新文化运动——不过仅仅有一股新生蓬勃之气可爱罢了，讲到内容上是非常幼稚浅薄的，他们的论断态度大半毗于武断，反不如《甲寅》时代的处处严守论理，内中陈独秀、钱玄同二人的文字最犯武断的毛病，《新青年》之不能尽满人意在此。但是我们若从另外方面一想，若不是陈、钱诸人用宗教家的态度来武断地宣传新思想，则新思想能否一出就震惊世俗，引起绝大的反响尚未可知，可见物各有长短，贵用得其当罢了。

《新青年》时代，新文化运动只在酝酿，尚未成熟，故我们只能谓之为黎明时代。直到民国八年的"五四"运动起后，春雷一声，才将新文化运动从摇篮中扶养成熟起来。

第二十一章　新文化运动的成绩

新文化运动萌芽于《甲寅》时代，产出于《新青年》时代，而到"五四"以后才算成熟。"五四"以前，尽管《新青年》的论调怎样引人注意，究竟效力所及到的还是一小部分，大多数的国民对于他们的运动不识不知，并感不到什么压迫。"五四"以后就不然了，全国的罢课、罢教、罢工、罢市种种风潮层见迭出，全国的小刊物，用白话撰成的小刊物，风起云涌，普及于各地。各国的政治运动、社会运动、家族运动种种潮流日盛一日，直攻到睡眼蒙眬的太平社会的中心来了，新文化运动已经不是仅仅咬文嚼句的书生运动了，他成了一种潮流，一种猛厉无前的潮流，将旧社会的权威席卷而去。这是谁的功劳，是"五四"运动的功劳。

"五四"运动以"内除国贼，外保国权"为口号，实在是一种极壮烈的国民运动，它的发动受新文化运动的刺激影响不少，它的结果却也给新文化运动以一种绝大的帮助，这就是政治运动与文化运动互为因果的好例。

从民国八年"五四"运动以后，到民国十二年底，是新文化运动的极盛时代，过此以后，多数人的精神才力多转移到政治方面，文化运动虽然照常发展，但声势上就未免减色一点了。

这几年来的文化运动，虽然内容浅薄杂乱之处也难免很多，但大体上总是有成绩的，其成绩约分以下的几方面来叙述。

甲、哲学及思想方面

一、世界哲学思想的介绍。"五四"以后，新文化运动正盛之际，适会美国的实验主义派哲学家杜威博士被请来华讲演，所给予中国思想界的影响非常之大。他的平民主义政治思想和教育思想，他的实验主义的哲学思想，在后此数年内很有势力。杜威走后，又请英国哲学家罗素来华，他的数理哲学虽了解者很少，但他的社会改造学说却引起许多人的注意。此外尚有德国的杜里舒博士，美国的孟禄博士等相继来华，但在影响方面效力就较小了。除了请人讲演以外，翻译的哲学思想书也不少，就中以尚志学会丛书较为精审，共学社丛书种类甚多。

二、玄学与科学的论战。民国十二年春间，张嘉森在北京清华学校讲演，反对科学的人生观，丁文江在《努力周报》上著论为科学辩护，主张打倒玄学鬼，于是一场玄学与科学的战争就起来了。两方面参加的人有胡适之、梁启超、范寿康、唐钺、任鸿隽、林志钧、张东荪、王星拱、吴稚晖、陈独秀等人，为这个问题所作的文章约有三十万言之多，真是一场空前的大论战。

三、东西文化问题的讨论。东方文化与西方文化的争论，老早就成为问题，《新青年》上李大钊已有文字讨论这个问题，其后继续对这个问题发表意见的有傅斯年、罗家伦、常乃惪、梁漱溟、胡适诸人，不过都是零碎见于报章，并未成为针锋相对的讨论；就中梁漱溟著《东西文化及其哲学》一书，主张西洋化、中国化、印度化三种文化相继进行，在一时颇引起人的注意。

乙、国学方面

国学本来不成一个名词，此处只是循俗沿用而已，内容约包括历史学、文字言语学、考古学等项。约有以下几种发展。

一、考古学的发展。清代受了考据学的影响，考古方面颇有成绩。清德宗光绪二十八年河南汤阴发现商代甲骨文字，民国十三年河南孟津和新郑又发现许多古铜器，这些发现都给考古学者以许多好的资料。关于甲骨文字的研究以王国维最有心得。这些研究虽然于思想界没有直捷的关系，但使学者对于古代制度文物得有正确的观念，也是考古之功。

二、历史的整理和提倡。中国的历史本来发达，自文化运动普及以后，历史学的成就更多。梁启超著《中国历史研究法》及各种小史，于提倡历史研究的兴味上功绩最大。此外如陈垣专研究古代外国人同化于中国的历史，柳诒徵著《中国文化史》等，都有功于历史研究。

三、疑古的风气。新文化运动以后，一般人对于历史都持重新估定的态度，故新发明理论很多。于古代历史家则推重章学诚和崔述的疑古著作。在这一方面有成绩的，以顾颉刚用力最勤，他所著《古史辨》一书，在思想界颇有影响。此外胡适、钱玄同等也很有成绩。

四、小说、戏剧的考据整理。新文化运动以后，小说、戏剧的地位顿然增高，因此学者也就有用力于这一方面的。就中以胡适的成绩最高，他所著的《水浒考证》《红楼梦考证》等，都是很精审的著作。此外如顾颉刚、郑振铎等在这一方面也很有贡献。

五、文字音韵学的研究。清学本以文字音韵学为主干，民国的学者承继这种风气，精于此类学问的人也很多，如章炳麟、钱玄同等皆其著者，不过尚没有什么很大的成绩，对于思想界的影响更加微小。

丙、文学方面

新文化运动本以文学革命为主要旗号，故比较上文学方面的成绩也最大。其间可分以下数种：

一、小说。小说在近代中国之被认为有文学上的价值，是自林纾翻译《茶花女遗事》起，新文化运动以后更加被人重视。近年来翻译的小说很多，尤以俄、法两国的小说家最受欢迎，日本小说也颇流行。国外小说家翻译作品最多的是莫泊三 ①、柴霍甫 ②、武者小路实笃诸人。所译者多数系短篇，长篇则很少。国内最成功的小说家自然要推鲁迅，他的小说具有很有力的讽刺而

---

① 莫泊三：即莫泊桑，19 世纪后半叶法国批判现实主义作家，与俄国作家契诃夫和美国作家欧·亨利并称为"世界三大短篇小说巨匠"。
② 柴霍甫：即契诃夫，19 世纪末期俄国最后一位批判现实主义艺术大师，世界级短篇小说巨匠。

又不失乡土的风味，确是一个成功作家。其余如叶圣陶、谢冰心、王鲁彦、郁达夫、张资平、黄庐隐等亦均各树一帜。他们的小说大半是诉出社会的不平，故于思想运动很有关系。

二、新诗。新诗即自由诗，是新文化运动以后的一种新发明，最初开创风气者为胡适的《尝试集》，但内容未为成功。初期的作家有名者为康白情之《草儿》，俞平伯之《冬夜》，谢冰心女士之《繁星》与《春水》。俞氏的作品艰涩不如康氏之自然明快，冰心的作品婉丽多姿代表女性的色彩，摹仿者颇多。其后这三家都不继续努力，继起者有郭沫若一派的犷悍，徐志摩、闻一多一派的雕琢，高长虹一派的神秘，结果都欠自然，就未免都堕入诗的魔道了。

三、戏剧。戏剧以翻译为多，郑振铎之译《俄国戏曲集》，洪深之改译王尔德等的作品，最为有名。郑氏的翻译不能供实际的演习，洪氏的改译颇合中国语调，不失为一种成功。此外努力于戏剧运动的有陈大悲、蒲伯英、余上沅、熊佛西、田汉诸人，但均无成功。要之中国的新剧尚未成熟，观众不能了解戏剧，戏剧家也不能了解观众，所以只得让梅兰芳、欧阳予倩一流的改良旧剧在舞台上大出风头了。

四、散文。白话的散文约分长短两种，长篇散文大致属于议论的为多，以胡适的文章最有条理。短篇的则属于讽刺或抒情之类居多，以鲁迅（周树人）、周作人兄弟最著名，他们的小品文字不但在文体上青年界模仿者极多，就在思想上也很有势力。

此外艺术如音乐、绘画、雕刻等都没有什么天才出现，无可述之价值。

丁、教育方面

中国人本来是素重教育的民族，近八十年来政治社会的改革，教育家的贡献最大，新文化运动以后，教育界受了影响，颇有生气，兹分几种叙述如下：

一、国外教育思想的介绍。杜威博士来华讲演他的平民主义的教育，自此以后平民主义在教育界占势力极大，后来美国的孟禄博士等相继来华，平民主义更盛极一时了。

二、职业教育的提倡。职业教育是与平民主义相伴而起的一种思潮，提倡者为黄炎培所领袖的江苏省教育会一派。黄于民国三年曾主张实利主义的教育，后来提倡职业教育仍是此意。

三、新教育制度的改革与创造。平民主义传布以后，教育制度遂有改革趋向美国式的组织。民国十年全国教育会联合会所议决的新教育系统案就是美国精神征服中国教育制度的表现。其后舒新城等提倡道尔顿制的教育，也是摹仿美国新创的制度。此外有常乃惠著《全民教育论发凡》一书，颇有新理想，惜未整理为统系著作，故不为教育界所注意。又胡适曾提倡书院式的学校，其言也很有价值，可惜尚未有人加以实验。

四、国音统一与小学校教白话文。教育上受新思想影响最大的事情就是小学校一律教授白话文，这是民国九年教育部的部令，这个部令确是很重要的一种改革。此外教育部又附设一个读音统一会，制定三十九个注音字母，于民国七年颁布全国，对于国语的普及也影响很大的。

五、国家主义教育的鼓吹。当美国式的平民主义教育正盛极一时的时候，教育界突然起了一支异军，这就是国家主义的教育，主倡者为李璜、余家菊、陈启天诸人，组有国家教育协会以谋发展。他们的主张如收回教育权，取缔教会学校，实行军事教育等，近数年都一一见诸实行。

六、党化教育的实行。国民党自十三年改组以后，遂鼓吹一种党化教育的政策，即以国民党的主义强制灌输于受教育的儿童，以及举行纪念周，读《总理遗嘱》等。北伐成功以后遂以之推行于全国。民国十七年大学院召集全国教育会议，因党化教育名词不佳，改为三民主义的教育。发挥党化教育理论的有王克仁的《党化教育概论》一书，颇能适合潮流。

戊、社会运动方面

受新思想潮流影响最大的，除了文字学以外，要算是社会运动了，其发展约分以下几种：

一、家庭与婚姻的改革运动。《新青年》出版以后，有易家钺、罗敦伟等组织研究家族问题的团体，并实行对家庭的奋斗。潮流一开，青年男女对旧家庭的反抗，就几乎遍了全国，主要的问题自然是在本身的婚姻问题。浙江的学生施存统曾著文主张非孝，颇引起旧社会的非难，但近年来父母对子女的权利究竟减缩多了。

二、两性交际及其他问题。中国男女分别的界限最严，近年来突然解放，大中小学多数均男女生同招，男女可以自由交际做朋友。章锡琛主编《妇女杂志》及《新女性》，主张妇女解放尤力。张竞生等《性史》等书，主张肉体的解放，更风行一时。

三、女子地位的增高。新文化运动以后，女子的地位顿然增高，在学校有与男子同受教育的权利。国民革命成功以后，女子参政的机会更普遍。依据国民党的党纲，女子更与男子有同等的财产承继权，如果真能实行，女子在社会上的地位更加稳固了。

四、社会主义的流行。欧战以后，受了世界潮流的影响，多数人都鼓吹社会主义起来。本来社会主义的思想在欧战以前就已传布于中国。民国元年江亢虎等组织社会党，后为袁世凯所解散，又前清末年吴敬恒、李石曾等在巴黎留居时，已宣传无政府主义。后来有刘师复者鼓吹无政府主义最有力。"五四"以后各派社会主义的学说都相继介绍入中国，研究信仰的人也渐渐多起来。除共产主义外，以徐六几、郭梦良等所提倡的基尔特社会主义在思想较有影响，但也未能为实际的发展。

五、劳工运动的发展。社会主义的运动以工人为主体，故社会主义流行以后，工人运动就因之继起。最初有铁路工会，其后逐渐发展各种工会。最初做劳工运动的人，并不专属于共产党人，如湖南被官厅杀戮的工运领袖黄爱、庞人铨即属于无政府派。其后中国共产党得第三国际之帮助，以金钱组织工人，于是工人运动遂分共产、非共产两派，而共产派势力雄厚，得以统一工运。国民政府清党以后，虽表面上共产势力稍杀，但实际上犹在工人组织中伏有潜势力很大。

六、共产主义的蔓延。自苏俄革命以后，共产主义即间接输入中国。民国九年陈独秀等组织中国共产党，其后党势逐渐发展。民国十三年加入国民党以后，势力更巨，就将一切社会主义的异派都压倒了。

七、农民运动的发展。中国工人本占少数，故社会运动以工人为主体，势不可能。故共产党得势以后，即竭力发展农民运动。在广东各地组织农民协会和农民自卫军，专和乡间的地主及民团抗衡。共产党失败以后，犹赖农军的势力出没湘、粤、赣、鄂诸省，造成游击的局面。

…………

以上所述都是这几年来新文化运动的成绩，其余如社会科学、自然科学方面，虽也有人努力，但成绩甚少，也就无足深述了。

法兰西大革命史

第一章　大革命的原因

在人类历史上划了一条界线的一七八九年的法兰西大革命，内则一扫封建的积弊，树立了民主政治的基础，外则唤起了欧陆各民族的国家意识的觉醒，为此后世界革命自决风云之发端。他的精神不止影响到欧洲的白色民族，欧洲以外的他洲国家，白种人以外的各色民族，一切对内对外的改革，可以说都是法国大革命的精神唤起的。这样伟大的世界潮流，在革命尚未成功的中国，不是更有值得注意研究的必要吗？

法兰西大革命不是凭空爆发的，不是几个人煽动的力量，他的原因很多，大致可分为以下数种：

一、阶级的悬隔和权利义务的颠倒；

二、行政司法之不统一及紊乱；

三、经济发展的障碍；

四、启蒙文学的思想运动之发达；

五、受美国独立之刺激；

六、财政困难的迫切。

以上是法国大革命的主要原因。

关于第一点，在当时欧洲是普遍的现象。中古的封建制度，到十八世纪末年仍然没有打倒。法国虽然是君权较强的国家，但贵族及僧侣的特权仍未减少。这些贵族僧侣们自恃有社会上高级的地位，对于平民轻蔑、贱视，无所不用其极，聪明才智之士只因出身微贱遂不得不屈服于纨绔子弟之下，不平之气由来已久。当时法国尚是农业本位的国家，全国土地五分之一属于王室，五分之一属于贵族，五分之一为教会产业，而占全国人口二十分之十九的平民不过保有五分之二的土地，而这五分之二土地之中，又为少数中流阶级的市民占去一半，大多数的农民不过仅剩五分之一的土地而已。贵族和僧侣们拥产既多，而对于国家的负担却很轻微。国家租税之大部系向平民榨取而来。平民不但须向国家纳税并因中古封建的积习，对于其领域内之贵族也还负有重重的义务，因此他们的生计非常之苦。当时的社会，不但贵族与平民之间显分阶级，即贵族与贵族因爵位的高低、平民与平民因职业的不同，也互存歧视。这种不自然的社会关系之下，自然会一触即发了。

当时的行政和司法也很紊乱。中央行政各机关的权限不分明，故时有矛盾冲突之病。地方则因习惯不同而各异其制度。加以封建余毒尚存，中央政府号令实际不能普及于全国，各地方尚有反对中央派遣行政官吏者。司法权也不统一，王与贵族互争司法裁判之权。当时最高的法院名叫帕力门（Parlement，法国大革命前的最高法院——编者注，下同），时时滥用职权干涉行政事务。官吏们在这种紊乱的情形之下，自然任意舞弊，苛索平民。甚至由法院私发卖一种空白的逮捕状（Lettre de Cachet），得之者可以私自将人名填入，便可逮捕。贵族们往往利用此状，私自迫害他的怨家。

贵族本都是从军功出身，故虽拥有多数土地而不知经营，一任管理人之处置，自身却逍遥于都会之内，而代他耕地的长工，既非自己的土地，当然也无意去努力开发。一般平民因赋役之繁重，更无进取之力。又因法律规定贵族之世袭财产不能让度于他人，因此有实际经营之才者，无所凭借。法国农业因此无法发达。至于工商业在路易十四（Louis XIV）时代虽因采用保护贸易政策之故，一时颇获其益，但后来保护变为干涉束缚，反碍自由竞争。各业之间因有狭隘的组合制度，故彼此嫉妒殊深，不能合作。各省各县各市村都有内地税关，层层剥削，商民也大受其苦，经济因此不能自由发展。

当 17 世纪中年，英国经一六八八年的名誉革命（Glorious Revolution，今作"光荣革命"）以后，已进入了宪政的轨道，给欧洲大陆一个好榜样。在君主万能政治下的法国人尤容易受刺激。于是有了启蒙文学的运动。这个运动以一七五〇年为界线，可划分为前后两时代。前期启蒙文学尚带有贵族的色彩，其时贵族们争以解放礼教束缚，趋于享乐主义为标帜。当时的哲学家福禄特尔（Voltaire，今作"伏尔泰"）虽极端讽刺当时贵族僧侣的腐败情形，而却仍存尊王的思想，并且相信有神。孟特斯鸠（Montesquieu，今作"孟德斯鸠"）则反对君主万能而歌颂贵族的寡头政治，并误解英吉利的政治而创三权分立之说。这是前期启蒙运动的情形。到了十八世纪后半，风潮渐渐扩大，平民渐次抬头，对于君主、贵族及僧侣无不加以攻击，无神论大为流行。因为推倒宗教信仰的结果，纯粹理学遂勃兴，以为万事万物都有原理法则支配，结果陷于空想的演绎论。后来大革命之空想的真理教思想，即由此时代养成。卢梭（Jean Jacques Roussean）就是这时代的代表之一。

正是启蒙文学隆盛之际，北美洲合众国的独立运动忽然爆发。美国的独立本是因为《航海条例》及课税等经济理由而发起的，在好空想的法国人看来，却以为是为自由平等而战，因此不禁寄以同情。当时法国政府因为想摧折英人在美洲的势力，因此颇帮助美国的运动。不料美国成功之后，转影响于本国的内政。

以上五种原因，都不过是间接地促成大革命之出现而已，大革命爆发的直接原因，乃是由于当时极困难的财政问题。因为当时租税的不平均、产业的落后，政府收入当然不能增加。而支出方面则因文明进步及国际关系复杂之结果，不得不较前增加。加以路易十四以来多年对外战争，弄得民穷财尽，宫庭的浪费及恩赐年金之滥支，财政越发失了常轨。因此感到根本整理财政之必要，而社会革新的气运也随之而起。

这时候法国的王位落在一个少年君主路易十六（Louis XVI）手里。他的祖父路易十四时代，国势之隆达于极点，但穷兵黩武，穷奢极欲，已种下大乱的祸根。他死之后，人民举杯相庆。其曾孙路易十五（Louis XV）嗣位，在位七十余年，对外则战争屡败，属地尽失；对内则放纵骄奢，纪网尽紊。其末年尝慨叹道："我死后洪水其来"（APrès nous le dèluge），果然不幸应验。

路易十五于一七七四年死去，其孙路易十六以二十岁的青年嗣位又娶了十九岁的奥国公主马利·安多亚勒（Marie Antoinette，今作"玛丽·安托瓦内特"，也称"玛丽皇后"），这一对毫无经验的小孩子，怎能处置了当时那样难局。当时国债已负至四十亿利华（Livre，一利华约合国币四角），尚且浪费不已，因此路易十六即位后，即任毛尔波伯爵（Comte de Maurepas，今作"莫尔帕伯爵"）为首相，毛尔波保荐马路席尔柏（Maleshelbes，今作"马勒泽布"）为国务总长，诸尔葛（Turgot，今作"杜尔哥"）为财政总长。二人都是当时的名士，诸尔葛尤为著名的财政学者，为全国所信仰。路易十六初用他们之时，也很加以信用。诸尔葛感激王的意思，遂提出三条整理财政的方针：

一、为救济国家的破产起见，有根本整理财政之必要；

二、整理之方法决不采用募集国债及增征租税之方法；

三、整理之根本在节减经费，休养民力。

诸尔葛就任之后，首先将前任所有种种有弊害的财政设施废掉，如法国本允许粮食的自由运输，其后前财政总长阿贝泰来（Abbé Joseph marie Terray，今作"约瑟夫·玛丽·特雷"）想垄断这项生意，遂将这条例废止，另发布饥馑协约（Pact de famine），准许于某地荒歉时，由指定之商人向其他出产过剩之地转运发卖，泰来从中取利不少，虽经社会热烈攻击，仍不更变，诸尔葛就职后，立即罢免泰来氏党羽，并允许粮食自由输送。诸尔葛这种政策，虽得民间的赞同，却为有力者所嫉视。他又提出废止农民赋役、废止职工组合等六个条文，是为有名的诸尔葛的六条例。他本意是想除去旧来的弊害，促进商工业的发达，但因此引起帕力门的反对。贵族、御用商人、职工组合等因为他们特权的被剥夺，都对于他起了反感，朝臣则因实行节俭政策后恩赐年金之削减，后宫则因娱乐费与游乐费也受裁抑，教会则因诸尔葛是个哲学家故也不满意，诸氏在这种四面楚歌之下，加以天时不利，连年饥馑，暴动四起，王对于他的信任也终于摇动了。诸尔葛遂于一七七六年五月免职，在职还不到两年。

继诸尔葛而为财政总长者是一个无策无能的人物，在职不过数月就病死了，于是诸尔葛的政敌，负有虚名的银行家芮克（Jacques Necker，今作"雅克·内克"）起而代之。就职之后一反诸尔葛之所为。首先决募二千四百万利华的公债，废止一切骈枝的财政机关，统一征收于财政部，因此增加收入不少。不幸这时美国的独立战争忽起，法国当局以为帮助美国独立可以打倒英国的势力，夺取英人在美国的贸易，却不知凭空反增加了许多担负。芮克是个骛虚名而不切实的人，他的财政政策只是买空卖空，但求一时的好看，因此五年之间国债增加到五亿三千二百万利华之多。险象一天一天环逼而来，芮克才不得不想起了他政敌诸尔葛所主张的免赋役，减恩赐金，允许地方自治等彻底改革的政策是对的，乃重新向王提出此项意见。又用公开会计的美名，骗得人民一时的赞美，得增募二亿三千六百万利华的公债，但因这两件事引起了特权阶级的反对，一七八一年五月，芮克也蹈了诸尔葛同一的覆辙而罢免。

芮克去职后，继之者为加伦（Charles Alexandre de Calonne，今作"查尔斯·亚历山大·德·卡洛讷"），他是一个夸大虚浮的人物。就职之后，力反从前的节俭政策，反而奖励滥费。三年之间募集了八亿利华的公债，当然的结果每年要生九千六百万利华的不足。最后弄得没有法子可想，乃想召集名流会议（Assemble des Notables）以解决财政的困难。加伦本意是想在这个会议之中提出剥夺贵族特权，贵族与平民同等征税的议案。岂料名流会议一开，竟引出惊天动地的大革命的活剧，这真是创始者之所不及料了。

第二章　名流会议与三级会议的召集

名流会议是法国政治上一种惯例，向来是由国王敕选大贵族、大僧正及朝野各方面有名的人物组织起来以备国王咨询的，至是因加伦的主张，遂召集成功。一七八七年二月二十二日开会于凡尔赛（Versaille）王宫的一广室内。会员百四十四人，分组为八个委员会，除极少数七八人以外，几乎全部都属于特权阶级。

加伦在这个会内本想运用他的策略离间贵族以博人民的好感而实行他的计划，因此在开会以后，即鼓起勇气，大声责备以前芮克等财政政策之失败及特权阶级的种种弊害，最后归宿于诸尔葛主张的允许地方自治、撤废内地关税、地租平等赋课等政策，后来有人批评说加伦此时的言论行动，实在是法兰西大革命最有力的导火线。

但加伦毕竟不过是一个反复无常的小人，人民并不信任他的话，贵族更因他的提案与他们的特权冲突而加以反对，于是加伦的主张终以全场一致的反对而失败，是年四月加伦受阴谋排挤而免职，代之者就是排挤他的敌人布利因（Brienne，今作"布里耶纳"）。

布利因就职后极力疏通名流会议，结果除平等征租一条，于特权阶级的利益太冲突不得通过外，其余如允许地方自治、撤废内地关税、废止赋役等案均得通过。名流会议的责任既完，遂于一七八七年五月二十二日闭会。在会场纷扰的期间，有一个议员独高叫"非开三级会议不可"的口号，这就是青年侯爵拉法夷脱（Marquis de Lafayette，今作"拉法耶特侯爵"），曾以帮助美国独立战争的义侠举动而出名，是一个虚荣心盛而无实际干才的野心家，在革命初期很孚重望的人物。此时他的呼声，后来竟变为全国舆论的一致要求。

名流会议闭会之后，布利因又提出地租增征案、印纸税法案等于帕力门，致重引起特权阶级的反抗。帕力门为箝制政府起见，遂于七月十六日议决请召集三级会议，以解决财政的困难。布利因愤帕力门的为难，遂一面坚持自己的主张，一面放逐帕力门的全部会员于巴黎以外。这样唤起舆论的同情于帕力门，召集三级会议的声浪更高了。布利因不得已乃于九月将帕力门会员重新召回，帕力门也因三级会议若真召集对于他们本身也不利，因此也让步承认地租增征之一部分，与布利因成立妥协。

但是不久，布利因又以国王的名义在帕力门提出五年之间募集四亿二千利华国债的要求，经帕力门反对，王遂声明不管帕力门的反对，另召集三级会议以解决此问题，遂下诏于一七九二年七月召集三级会议。

三级会议经这样帕力斗与政府的两方面赌气的结果，终于不得不召集了，而其实当时最大的督促力还在民间的舆论。舆论既已一致造成，民意表现极其激昂，政府虽欲食言也不可得了。

但是三级会议召集的命令一下，暴露了国家财政的险状，民间信用大见动摇，致有拒绝使用国家纸币的现象，布利因的财政政策失败，遂于一七八八年八月免职，再任命芮克为财政总长。

当时芮克在民间的信用还是很高，他一就职，国债的价格立刻腾涨。当时国库中现金仅存二十五万利华，而待支出者须数百万利华之多，芮克立刻打开自己的金库，贷一百万利华于王家，这样借款的手腕，在当时谁也不能及他。一七八八年到一七八九年的多难之际，幸赖有此人支撑。但芮克毕竟只是一个财政家，他没有政治家的手腕，所以三级会议一开，他的弱点便显露了。

三级会议在法国是一件老古董，自一六一四年曾开过一度以来，久已不开了。因此组织的方法都不明白甚至须问之于考古学者。有人主张全照一六一四年的旧例，但时代已大不相同，封建时代的遗风是不能完全复活了。这时民间学者们关于三级会议的组织讨论的著作风起云涌，大致主张应仿英国议会之例，以平民与贵族、僧侣合并组织，甚至有主张平民即是主体，贵族与僧侣应作附属的。

在这种案论淆杂的时候，政府依芮克的计划重新召集名流会议，咨询对于三级会议组织法的意见。不料这些名流们仍旧拘于阶级的旧见，主张三级分别选举。第三级代表平民，适用无条件的普通选举，用间接选举法选出；第二级代表僧侣、牧师有选举及被选举权；第一级代表贵族，不分爵位高下，有同等权利。第一二级均由选举人直接选出。人数则三级相同。

名流会议这种决议引起了全国平民的不平，尤以对于人数问题为最激烈，政府不得已，乃增加第三级的当选人数使与其他二级之合计人数相等，始得稍平平民之气。但各省在政府未公布选举规则以前已有自动的选举者，因此发生许多纷扰，平民的势力一天扩大一天。

三级会议当选的议员很有许多知名之士，就中如著名天文学家巴依（Jean-Sylvain Bailly，今作"让－西尔万·巴伊"），如律师牟尼（Jean-Joseph Mounier，今作"让－约瑟夫·穆尼耶"），如政治家马略（Pierre-Victor Malouet，今作"皮埃尔－维克托·马卢埃"），都是当时一般人公认的平民领袖。但是不料三级会议开幕之后，却意外突起了一个天才，为此后平民运动的领袖的，这就是伯爵米拉波。

米拉波（Gabriel Honoré Riquetti Comte de Mirabeau）是法国的一个贵族，原先本是意大利人，他父亲是一个农本学派的经济学家，与诸尔葛为挚友。米拉波少年时非常荒唐，曾为其父屡次控告，法庭将其禁锢，他在狱中做了许多文章，名声渐起。一七八〇年从巴黎附近的监狱出来之后，性情始一变，力改前非，从事于修养。嗣后旅行英吉利，得到不少的新智识，一七八五年奉外交部之命到柏林侦察普鲁士的国情，归后著一书指摘普鲁士的国情，泄露许多外交上的秘密，因此政界对他很不满意。至是由其出身地亚依（Aix，今作"艾克斯"，属法国普罗旺斯地区）及寄居地马塞（Marseilles）同时选出为第三级议员。这是米拉波发挥他的政治天才之始。

三级会议选举的结果：全体议员共五百五十人，平民占一半，贵族及僧侣共占一半；大致的情势：第一级代表守旧派，第三级代表革新派，而第二级僧侣则调和其间。但事实上贵族之中也有不少倾向自由主义者，尤以大贵族为多。

当时政府虽然召集三级会议，但事前一无成算，国王对于这件事情也不加以重视，开会的地点定在凡尔赛宫也无非为游猎的便宜而已。并且朝廷上还牢守旧俗，对于平民、贵族的等级区别非常之严，国王对于平民议员非常傲慢，这都是失去人心之点。这种不平之气，愈种愈深，政府诸公还在梦里。

第三章　三级会议之决裂与
国民议会之成立

三级会议于一七八九年五月五日行开会仪式，劈头所遇的难题就是三级的议事究竟是合并行之呢？抑是分别行之呢？贵族大半主张三级各自分开议事，以级为单位而不以人数为单位，如此则贵族、僧侣人数虽少不至为平民战胜，但平民则坚持非合并不可，僧侣大抵调停于二者之间。

从五月六日起各级已分别成立，但第三级议员坚执合并之议，非达到目的不可，因此故意延缓成立。两星期内的光阴，尽从事于奔走疏通之事。结果其他二级以合并之议提出投票表决，贵族部以赞成者四十七对反对者百八十八，僧侣部以赞成者百十四对反对者百三十三都未通过，于是三级决裂的形势更紧张了。

在这时候，米拉波出来发挥他的第一篇的大演说，后来英国历史家加莱尔（Carlyle，今作"卡莱尔"，即"托马斯·卡莱尔"）目之为狮子吼（Lion's Roar）的，他首先痛攻击贵族的罪恶，责备僧侣们的首鼠两端，主张第三级自决的权利，这场演说博得了全场的喝彩，其他二部也颇受感动。

当时僧侣方面有人主张调停之说，以贵族、僧侣合并成为一院，略等于英国之上议院，而以平民作为下议院，这种方法王及芮克等都很赞同，不幸于五月三十日开协商会之际，贵族和平民仍然各持极端不肯相让，此议终于失败。

经过五月三十日的冲突之后，种种的疏通奔走至是全然无效，六月三日平民议员遂向王提出独立的建议书，自认为忠于国王及人民，而表示反抗特权阶级之决心。六月六日巴依代表平民议员将建议书递于王前。又向僧侣们接洽，仍然无效。

在这种反复商榷的形势之下，平民议员渐渐觉悟到调和的决无希望，而越发自觉他们责任的重大，从前漫无感情的一团乌合之众，此时因受共同的刺激，遂渐趋于巩固、团结之途了。

六月十一日遂通过决定单独开会的议案，一面劝诱其他二级议员来加入共同议事，一面声明凡不加入的议员认为自行缺席。六月十三日有僧侣部的三个议员来加入第三级会议，受到热烈的欢迎，这三个人的加入意义非常重大，因为从此这个会议便不是单单第三级的会议，而是代表全级的会议了。

六月十六日遂通过改名称的议案，自定名为国民议会（Assemblée nationale）。这就是法国革命史上极有名的国民议会之起源，当时议员们为定这个名称，曾起过绝大的争议。

这时候政府尚想否认国民议会的自助成立，芮克提出一个狡猾的办法，主张由国王先行谴责第三级议员自动组织的不当，取消国民议会，再由王重新赋予第三级以议事的全权，这个计划本是米拉波从前向他所建议的，但若在国民议会未成立以前提出，时机正合，此时已经晚了。因此国民议会对于这个提议竟置之不理，而仍然自动的进行会事。

这时候政府里对待国民议会的态度可分两派，一派人主张对议会让步，但又不敢公然承认他们的权利；一派人主张用武力压迫，取断然的处置。路易十六是个优柔寡断的性格，更不知怎样筹措。六月二十日遂听从一部分宫臣的计划，以召集亲临会议的理由，将第三级的会场封锁，以为这样一来便可将国民议会无形解散，却不料反更激起议员们的愤怒，遂改在圣法兰琐亚街（Rue Saint Francois，今作"圣弗朗索瓦街"）旁的广大的网球场开议（这个历史上著名的网球场现在改建为革命博物馆）。宣告国民议会正式成立。

国民议会成立之后，择定圣路易寺（Saint Louis，今作"圣路易斯"）为会场，僧侣方面以百四十九票的多数通过加入国民议会，贵族方面也有数人加入，三级代表的形式更完备了。

政府这时尚不知国民议会的紧张状态，妄想以威力压迫解散，二十二日路易十六在宫中召集御前会议，到会中多属保守派的贵族，芮克提出调停三策，竟遭否决，大多数仍主张路易十六召集三级会议，以王的名义责斥第三级议员之无理行动，仍行分级议事之制，芮克以朝廷对自己不信任，遂愤而辞职。到二十三日路易十六亲临议会，召集各级议员全体，加以训诫。先责备议员们的旷职，再宣布租税平等、人权保障、出版言论自由等主张。这时候有多数军警包围议员以示威。但是路易十六的声音低小，态度柔弱，殊不足以慑伏议员们，不过徒激起更烈的反感罢了。果然，王退席之后，议员们大为兴奋，米拉波首先主张国民议会的自决权利，反抗武力非法的压迫，继续有多人演说，国民议会的团结更坚固了。

　　以后政府尚陆续用种种破坏的手段图谋妨碍国民议会的进行，但议员们抱定不屈不挠的态度，依然照常进行，对于王的命令毫不理会。这时候路易十六的优柔性格，竟使他向议会屈服，终不敢下解散的命令。不久贵族和僧侣两方面的议员又纷纷加入，国民议会的权力遂显然驾于王权之上了。

　　这时候国民议会看着得了胜利，最后到了二十七日，除了一个坚强不屈的贵族议员仍主张贵族的神圣权利不肯加入外，其余贵族、僧侣全部以奉王的命令为辞，加入国民议会。这时候在一般人看起来政府和贵族已经屈服，国民议会已完全战胜，此后议员中稳健分子都主张埋头于制宪事业，为法国立百年的大计，似乎革命事业业已告终了，却不知危机正在四面潜伏。一方面朝廷上的保守派与王后密谋，以布洛利公（duc de Broglie，今作"布罗伊公爵"）为首领，暗调地方军队向凡尔赛进发，期一举扑灭民党势力；他方面则巴黎、凡尔赛两地民情骚动，谣诼四起，有一触即发之势。到七月十二日，业经复职后的芮克重新突然免职，守旧派首领布洛利公被任为陆军总长及巴黎附近军队总司令官，朝廷的假面一旦脱露，王党与民党已到短兵相接的时期。七月十四的巴斯的狱（Bastille）攻陷之后，巴黎遂转入革命的状态了。

第四章　革命初期的巴黎与巴黎人

　　法兰西的历史向来是中央集权的历史，伴地理上的中央集权而有政治上的中央集权，历代君王所取政策都是务杀地方自主之势而集中势力于巴黎。到路易十四时代，中央的势力达于最高点，巴黎不但成为法兰西全国的首脑，而且几乎法兰西只成了巴黎人的法兰西了。一般地方上的人万事无自主的能力，唯巴黎人的马首是瞻，因此巴黎人的一举一动都影响于全国。而且当时巴黎是全国人才所荟萃之区，当然活动能力也较大些，因此暴动的事也容易发作。

　　今日的巴黎是世界最美的都会，但在那个时代却还不然。那时巴黎的街道非常狭仄，也不整齐，道路高低不平，尘土飞扬，污浊不堪，加之人道和车道没有区别，污泥尘芥堆积于路上，一遇天雨，就满街都成洪水，行人不易走过。这种情形恰和我们中国今日的情形一般。在由郊外入市的时候，必要经过一大段贫民窟的范围，其污秽恶臭直非人所能处，令人目不忍视、耳不忍闻。夜间点灯一事，巴黎较其他欧洲各都市设备较早，一五二四年政府令各家将灯置于户外，一五五八年初设街灯，一六六七年遂全市普遍设置。但至十八世纪末年，这种街灯为数仍然很少，光线又暗弱不堪，两旁的店铺因物价腾贵的结果，夜间闭店甚早。政府为防止火灾起见，又令少点灯，因此街市越发黑暗，盗贼得以横行。

巴黎本分二十一区，一七八九年选举以来改分为六十区。行政机关有市会、参事会，选举以后成为政治的中心，权力大增。革命时代，全市人口约六十万，多数是未受教育的愚民，其性质轻举妄动，不加考虑，易为感情所蒙蔽，野心家得从而鼓动其间。法国人的性质多如此，而巴黎人尤为极端之代表。

从外表看来，巴黎虽然不完全、不整齐，但就内部的奢华讲起来，却也不逊于今日，或者有的地方还过之。有些物质设备，如电气、瓦斯之类当然那时还没有，但以服装而论，路易十六时代的奢华却过于今日。男子的礼服宽阔而长，形式极为美观。女子则将头发梳上非常之大髻，饰以人造花等装饰品，或者戴以巨大的帽子。当时的讽刺画甚至有画女人发髻之中藏许多禁物的，可见其大了。

但在革命初期，有些贵族的服装却很趋于平易、简素，这因为是受了美国独立后民主主义的感化。尤以美国公使佛兰克林（Franklin，今作"富兰克林"）的素朴装束最为法人所模仿。这种风气传于朝廷间，有许多高官退朝时故意用外套将灿烂的勋章掩住。从前大贵族常乘几匹马的美丽马车，此时则只用二轮一马的平民式马车。又从前贵族头上常戴有石膏制的假发型现在也不用了，反而将发剪短。出外也不佩剑，只携手杖，种种形式极力模仿平民。

女子们后来也逐渐趋于简素，革命时代自命为自由主义的新女子如罗兰夫人（Mme de Roland）之类，甚至穿着男装，剪短头变，宛如男子一般，这也是当时的一种趋势。

当时贵族们受民主主义潮流的鼓动，遂常有虚伪的接近平民的行为。有的贵族于路上遇到农民负重跌倒时，常常上前用手扶起，回来却自夸是扶助农民。王后也常常与其侍女等改扮农妇的装束，或者唤进真正农人来共同舞蹈，看他们狼狈羞涩的状态以为笑乐之资。这都是路易十五时代所没有的。

这时候女子解放的风气尤其可惊，据美国大使摩里斯（Morris，今作"莫里斯"）的日记，竟有几个贵妇人当着会见他的时候从容不迫地换穿全身的衣服，更有某夫人在洗澡时候与男客会见，这都是极端解放之例。

在上等社会里，当时盛行沙龙（Salon）的社交生活。沙龙就是客厅的意思。当时的名流绅士们，多好拿自己的客厅作中心，每一定的时期他的友人自由来集聚一次，彼此联络感情，交换智识，很有许多益处。这种风气始于路易十四初年马萨林（Mazalin）宰相摄政的时代，到路易十五时代为极盛。有许多贵妇人都喜欢以自己的沙龙为中心，吸收他周围的各种人物，尤以与文学家、美术家结纳为荣，以谈哲理、谈艺术为高尚。路易十六初年则多喜以经济问题为谈话的中心，或者谈些新发明的催眠术等问题。一七六〇年以后则多谈到政治问题了。大约以主妇为中心，主妇是何种人，则其所来的朋友也大都是何种人，因此从沙龙的社交生活里很可以看得出思想和政治的派别系统来。

革命的初期，巴黎的守旧主义者多集于蒋波那夫人（Mme de Chambonas）、萨伯兰夫人（Mme de Sabran）的沙龙，蒋波那夫人是个名动朝廷的人，她常以骂第三级议员为快。在她家里赌博也很盛行。稍上品一点的保守党则多集于萨伯兰夫人处，她家里出入的很有许多名贵的绅士贵族们。至于新进气锐的贵族则多集于芮克的沙龙。芮克的夫人是个才色具备、擅长交际的女子，她的女儿安娜·路易丝，后来成为斯达尔夫人（Mme de Stael），更是个风流绝尘、文学史上出名的女子，他们一家都是瑞士派新教徒，信奉自由主义，母女们对于芮克非常崇拜，认为是法国的唯一救世主。因此极力招来宾客以为他的后援。不过她们对于议会中粗暴的分子却不欢迎，因此与议会未得充分之联络。还有当时王弟奥伦治公（Duod' Orlean's Philippe），蓄谋野心，想取王位代之，因此极力以自由主义者标榜，他们一派人多聚于金莉夫人（Mme de Genlis）的沙龙里。夫人是奥伦治公的家庭教师，唯物论的信仰者。公爵的家庭多有严肃的旧教信徒，因此颇与夫人不合，但公爵自身是个放浪的人，因此颇得夫人的崇拜。又有布乐利夫人的沙龙，则为自由主义者的集合之所，急进主义者则多聚于鲍阿妮夫人（Mme de Beauharnais）、达尔马夫人（Mme de Rama）等夫人之家。

到革命爆发以后，又出来几个新女交际家，有米利克小姐为女革命家中最著名的人，她出身下贱，却非常美貌，她家中多极端革命派来往，米拉波也常去她家。

但到革命以后，沙龙的生活渐渐衰了，而俱乐部和咖啡馆起而代之。其最大的原因盖由政争剧烈之后，同一沙龙的人渐成敌国，因此不得不别寻结合的方法，遂有新式结合出现。各俱乐部都有特别的会所，也有借咖啡馆之一层为会所的。最初这种风气系由英国传来，其中人物亦无阶级的区别。最初政治的色彩甚少，只以文学和社会时事为谈题。有利塞俱乐部（Llycée）执当时的牛耳。到革命开始后，有许多俱乐部突然勃兴，到处盛行时事的讨论。其时有一个不列冬俱乐部（Club Breton）原系圣不列达尼（今作"圣布里厄"）省选出的国民议会议员集合之所，后来迁于圣奥诺街（Rue St. Honor）杜米尼堪派（Dominican）的律院中圣约克伯（St. Jacob）的一室中，这就是后来历史上有名的甲哥班（今作"雅各宾"）俱乐部的起原。

沙龙是纯贵族的聚会所，俱乐部则系政客们的集合地，至于纯粹的平民则另有他们的集会地，名为扫西提（Société）。大半在贫民长屋的阶上，随便有贫穷的学生，或者稍有智识的职工等聚来演说。职工对于工场主的工值问题、面包商人的制造问题，都是此中很好的资料。中等社会的人时时来集于此地，对于选举问题很有影响。

还有些贫民窟中也常为江湖不平之徒的聚会之所，后来恐怖时代的人物，颇有从此出身的。

咖啡馆则专门是中等社会人士的消遣之所，每日有许多人来看看报纸、谈论时事以消磨光阴。此外则大规模的酒店，中设跳舞场，其中颇有引人入胜之处。

除了以上这些聚会的地方以外，最能操纵公意的，莫如新闻纸与杂志了。法国最古的新闻纸起于大宰相吕希留时代（即路易十三时代）政府所保护的法兰西新闻（Gazelle de France）。以后因王权专制的结果，故报纸之不甚发达。到路易十六即位后，政治刷新的机会已成熟，新闻报纸遂如雨后春笋，迎时怒发。各党各派都有他的机关报，对于主张的宣传很有关系的。

　　受新闻纸感化最大的乃是巴黎的中等阶级。中等阶级的人因为勤勉的结果，略有储蓄，以其相当的财产之利息为生。这种人大半少壮时勤苦工作，到老时安享余闲，喜社会政治的稳定，不喜纷扰，他们实是社会的中坚。巴黎的三级会议选举人四百五十人之中，律师占百八十三人，店主占九十三人，退隐的中等社会分子约五十人，这些都是属于中等阶级即所谓布尔乔亚西（Bourgeoisie）阶级的，可想见其势力之大。这种退隐的中等社会的人受过相当的教育，平生闲暇较多，有考虑时事问题之余裕，所以是政治上的重要分子。他们在革命之初，倘不怀推倒王室的思想，到一七九一年顷，则多变为绝对共和主义者。

　　下等社会即普罗利塔利亚（Proletariats），既无产又无教育，感情容易煽动，常常盲目的受中等阶级的驱使，作许多乱动的事，结果蒙其利益者仍是中等阶级。如一七九一年以来所有对于王室的运动，都是中等社会利用他们的明证。但后来下等社会渐渐自觉不肯受中等社会的指使。到一七九五年顷，中等社会的人见下等社会之势日盛，为自卫起见，遂创设国民卫兵（Garde Nationale），由中等社会的子弟中拔选人才组织之，以防御破坏秩序的细民。结果两方面都同归于尽，而让恐怖的魔王罗拔士比（Robespierre，今作"罗伯斯庇尔"）肆虐于先，专制的魔王拿破仑（Napoleon Bonaparte）崛起于后，阶级的斗争，毕竟不过为个人造机会罢了。

第五章　巴斯的狱的陷落

一七八九年的法兰西大革命从何叙起呢？无疑的要以巴斯的监狱的被陷落为起点了。在巴斯的狱未陷落以前，法国国民议会所进行的只是一种法律内的运动，是改良派的拿手戏，直到人民奋起将这专制象征的黑暗监狱攻破以后，法国的政治改革才走上了武力解决之途，从此以后，议会中稳健的分子，虽然仍在那裹着的想拿制宪立法等事业来控制王党，缓和民情，以期将法国的政治走上和平秩序之途，但事实上法国的政治已经走上了急转直下之途了，枢机一发不能复止，不是少数议员们所能操纵的了。

巴斯的狱的陷落与其说是发动于政治问题，毋宁说是发动于面包问题。当时巴黎社会穷困已极。自一七八八年的大荒歉以来，物价腾贵之极，地方失业的人民相率流入巴黎，但是在工商业早已不振的巴黎，又何从容纳这许多劳动者使之解决面包问题呢？因此饥来驱人，劳动者早已逼上暴动之途，况加以当时野心的王族如奥伦治公之流还在极力联络细民加以煽动呢？

自三级会议选举以后，一般社会对于政治忽然呈狂热的现象，一方面中等社会也想利用下层人民作政争的工具，这些本来无智无识的细民一经煽动，自然容易鼓荡，因此种种风潮就起来了。

在巴斯的狱事件发生以前，已经有许多相类的暴动发生。如一七八九年四月二十八日的暴民攻陷立维戎（Réveillon，今作"雷韦永"）的制纸厂的事是其一例，其起因全由于无端的谣传，毫无事实的。当时巴黎的选举人会为镇压暴徒起见，遣派法兰西卫兵（Garde Francaise）及瑞士卫兵（Garde Suisse）巡守巴黎。不料这些法兰西卫兵素来多是出身下层社会，与暴徒很有关系，且兵士与将校之间感情极恶劣，因此不但不能镇压暴徒，反倒壮了他们的胆量，暴动的潮流一天一天扩大起来。

是年七月十二日的早晨，芮克的免职消息才传布以后，民间就起了一种不平。因为当时芮克在政治上的声望很高，人民崇拜他的很多。他的免职令下后，民间三三五五就纷相传说，谣言四起。不知不觉地有许多群众就聚在一处讨论这件事情。其中分子有无职的闲人，有失业的职工，也有中等社会的绅士。忽然咖啡桌的一角上，站起了一个瘦身黑发、眼光四射的青年，跳到桌上，向公众开始一篇大演说：

> 市民诸君啊！诸君都是希望芮克不要免职的，但他现在已经被免职了，这是对于爱国的人的一种圣巴托落美（St.Parthélemy，今作"圣巴托罗缪"）的警钟啊！看啊！法兰西卫兵，德意志卫兵今夕不定何时就要出动来屠戮我们人民了。我们现下唯一的手段，就是武装起来！就是武装起来！为免相互杀伤起见，我们要佩起一律的徽章进发啊！

这个演说的青年名叫加米尔德摩兰（Camille Desmoulins，今作"卡米尔·德穆兰"），是当时在巴黎的一个流浪的文人，后来大革命领袖丹顿（Danton，今作"乔治·雅克·丹东"）的股肱。

德摩兰的演说煽动了当时的群众，他更进一步的叫道："诸君要择哪一色的徽章？代表希望的绿色呢？代表自由和爱的蓝色呢？""绿啊！绿啊！"群众在喊叫之中一齐将身上的绿巾，树枝上的绿叶折取下来佩戴作自己的徽章。于是在德摩兰的领导之下，群众武装出发。

沿途的情形，今日记载已经不全，颇难得其真相。大约群众高捧芮克和奥伦治公的半身石膏像前进，兵士略加抵抗，枪死一人，但来者气势益涌。卫兵迟疑不敢动手，内中且有一小队叛向人民，群众遂集于路易十五广场前，彻夜不退。

从七月十二到七月十三这一夜间，大队的群众向武器厂中乱入，夺取武器，又攻入市中的面包店、酒店，随意抢掠，妇人也有携枪加入的，这是革命的第一声。

巴黎的选举人会这时候方在决议为长期继续的大活动。先仿他市的成例，决议创设一种国民卫兵，向政府提出请愿书，一面即着手军队的组织进行。全巴黎市六十区，每一区每日出二百人，四五日之中创设四万八千人的军队。各区更分为十六队，以十二队编成四个大队，剩下四小队作为三个大队。每小队二百人，兵士都佩青红二色的徽章。到十三日的正午，已经有了一万八千人的卫兵。严行布告，维持市内的秩序，如有掠夺抢劫之事发生，立即将犯人悬于街灯台的钩上绞杀。因此后来革命群众间流行的"灯台！灯台！"的口号就从此而起。

从十三日的情形看起来，似乎外观已较为平静一些。

但是当时奥伦治公的党羽们还暗暗地四下奔走，分配枪支，参加运动，密为次日的准备。一方面朝廷上所派的法兰西卫兵也受了乱党的蛊惑，跃跃欲叛。统帅布洛利公也无可如何。

这时候国民议会尚尽力的调停政府和民间的冲突形式，于十三日通过要求芮克复职及组织国民卫兵以维秩序的案，但政府尚冥顽不悟，不肯痛快答应。

到了十四日早晨，群众已经组织成功了，这时候已经不是那十二日的无知盲动的乌合之众可比了。大队持有武器的群众，内中有法兰西卫兵，有学生，有律师，有其他中等社会的人士，以某某二寺的教士为先锋，组成两个集团，向废兵院（Hôtel des Invalides，今作"荣军院"）进发。沿途秋毫无犯，秩序井然。

废兵院是路易十四时代建筑的收养废兵的地方，这时候有一个贵族司令官驻扎在那里，相传藏有二万六千枝枪支，故群众首向此地进发。大队到后，守兵略事抵抗，因建筑不坚固，故群众一攻就入，将武器得到手，未至演出流血惨剧。武器得到之后，遂向巴斯的监狱进发。

巴斯的建筑于一三七〇年，即法王查理第五（Charles V）的时代，本来是城堡的性质。因为他位于巴黎郊外，建筑坚固，形势便于守御，故自十五世纪以后，就变为代用监狱的性质。亨利第四（Henry IV，今作"亨利四世"）以后，法国王权达于极点，朝臣贵族偶一拂意，即投之监狱，故巴斯的成为有名罪人禁锢之所，最能代表当时专制政府的黑暗情形。故大革命之起，首以此为攻击的目标。

巴斯的虽是铜墙铁壁不易攻入，但这时守卫的仅有瑞士卫兵三十二人，老兵八十人，小口径的大炮十五门，火药稀少，粮食不足，故守御甚为单薄。

群众攻到之后先为开城的谈判，守将德罗芮（Da Lounay）不允，但也不敢开枪。直到群众争先拥入时，始开火略击伤数人，因此更惹起群众的愤激，大众奋不顾身，舍死进攻。德罗芮不得已，悬旗投降，于是有名的巴斯的监狱遂攻破，这是一七八九年七月十四日午后六时的事情。

城开之后，群众已入于无意识的盲动时代，逢人即杀，守将德罗芮及多数兵士都被屠戮，甚至自己队中的人也有被误杀的。

巴斯的狱的陷落，正是法国王权颠覆的象征，在历史上有很重大的意义。

这事起后，路易十六这时还正在凡尔赛离宫打猎，闻讯惊惶已极，问他的近臣道："莫不是谋反吗？"他的近臣答道："不是谋反，恐怕还是革命哩！"王越发的不知所措。

国民议会于次日立即召集会议，建议请芮克复职，又遣派五十个委员赴巴黎城内慰问，又对人民宣布王将要回巴黎的消息，民心始安。

议会随即选派素负民望的议员百人随护路易十六遄返巴黎，路易这时一一应允，并准芮克及其一派的人俱复职，而将保守派大臣免职。

巴黎人民的心理仍然欢迎王室，因此路易十六竟在万众欢呼之中安然回到国都。国民议会的议长巴依手捧白青红三色的国民徽章进献王前，王欣然受之，这三色遂为法兰西之国徽。

　　自七月十四的暴动以后，守旧派的贵族大为恐慌，纷纷私自逃走，因此人心仍旧不安。巴黎市上虽有国民卫兵维持秩序，但国民卫兵的统帅为拉法夷脱侯，并不受新市长巴依的指挥，因此市长的权很小。暴动的事仍然继起不已，幸赖国民议会努力维持，解散巴黎选举人会，选出新市会议员百八十二人，巴黎的秩序才渐渐恢复。但是各省的暴动仍继续传布，如波浪之汹涌起伏不已。尤其是市民与农民之间，中流阶级与下流阶级之间，继续暗斗甚烈。

第六章　国民议会的立宪事业

巴斯的陷落不过是波浪之一痕，大体上看起来法国当时还是风平浪静。王已经屈服了，民权已经有相当的表现了，这时候正是代表民意的国民议会表现他的建设能力的时候了。国民议会确已表现了他相当的能力。

国民议会的议员之中理想家甚多，他们不顾当前的实际社会暗潮如何，仍一味地埋头于根本大法的制定。七月十一日，由拉法夷脱的提议，仿美国独立宣言之例，起草人权宣言。于是议员们为这个人权的意义费了许多讨论的时间。当时实际政治家如米拉波之流，很不喜欢这种空论的游戏，但也无法阻止。最后决定的人权宣言，其内容要义如下：

一、凡人生而即有自由平等之权利；

二、凡人对于压制有反抗的权利；

三、总主权在于人民，非受人民明瞭之委托，无论何人无执行之权利。

在当时，人权宣言虽似乎是不切实际的空想，但后来于民权的发展却影响非常之大，究不可谓非当时国民议会之功。

八月四日，国民议会通过一个封建特权废止的议案，其动机由于贵族议员的自动的放弃，从此以后法国的贵族遂失去法律上的特别地位了。

议会在纷乱情形之中，不屈不挠，卒自从一七八九年十二月起，至一七九一年，三年之中，将宪法全部制成。其内容要项如下：

王有中止权，但在同时期内议会若为第二度之同一决议，则王必须承认之，这个问题关系于王权与议会权的消长问题，双方争执很久，至此议会终究战胜。

议会由一院组成，议员不得兼为行政官吏，这实在是受了孟德斯鸠极端三权鼎立说的影响，后来发生许多不便的。

旧行政区划重新划定。依全国山川自然的分布分为八十三省（Departement）、五百七十四县（Arrondissement）、四千七百三十区（Canton），每区再分为若干村镇。自省县以至于村镇，都有地方政府。区以下之地方行政委员由人民直接选出。省县的行政委员则由地方公民先选出选举人，选举人再就候补者之中选出行政委员。

从前，法国司法机关腐败最甚，其裁判员位置竟可以互相买卖，且薪俸很低，全靠裁判时上下其手始能获利。至是国民议会议决将旧法院一律暂行废止，另组一种新法院以代之，从省到区均设立法院，以备人民可直接控诉，其裁判官由人民选出，任期六年。

依据信教自由之原则，许各种教徒一律平等待遇。从前罗马旧教的领地全没收为国家的财产，宗教税全废，大小僧侣俱由国家支给薪俸。这个决议虽然一时将宗教特权扫荡，但实际上行之颇有困难。因教会的产业收归国有后一时并不能卖出，而国库却须一时增加许多支出，就财政上看起来是不合算的。在当时宗教信仰犹深的当儿，这种决议引起许多人的反对。故拥护新宪法宣誓之际，教士仅有七人敢行加入，其余全体拒绝宣誓。

议会的种种改革，固然有对的有不对的，但就当时议员们所处的困难环境之内，能够平心静气成就这样的事业，实在不可谓非成绩。当时议员们来自田间，多不熟于议事规则。加以为取媚傍听的无知愚氓起见，务为冗长的演说，结果常引起许多纷扰。明达如米拉波当提出规定议事规则之议案，竟遭否决。傍听席上，乱民麋集，对于议事或拍手，或骂詈，或喧哗鼓噪，常妨及议事之进行。这些都无法取缔。

当时国民议会的政党分野，墨守王政主义的最顽固的保守党，以米拉波子爵为首领（大政治家米拉波伯爵之弟），其势甚微。又有一派由少数牧师议员组成的，专门拥护教会的利益。其次温和保守党以牟尼（Moanier）等为首领，抱渐进改良的理想，以维持旧王政党极端的破坏为目的，在议会颇有相当的势力，但因其首领过于无决断之故，渐归失败。其次为急进党，其中皆怀抱自由主义之人，不少有雄辩家。人数虽不比旧党为多，但颇有操纵议事的能力。其次为极端急进党，在此次议会中人数甚少，只有罗拔士比等十余人，后来皆为甲哥班俱乐部的中坚人物。另有一派极端过激的贵族团，亦有相当的势力。

以上各党各派的势力实在都不如中立派的盛，故当时议会的中心势力实在是属于中立派。中立派的人没有党义的束缚，故能就事论事，以公平之眼光处理。此派的人物有哲学者德雷西（Destutt de Tracy，今作"特斯杜·德·托拉西"）、经济学者奴模尔（Dupont de Nemours，今作"杜邦·德·内穆尔"）、文学家兼历史家加拉（Joseph Garat），大政治家米拉波实在也是中立派的一个人。不过当时的议会，无论左派、右派，都没有什么严格的拘束，实际上还是个人有个人的意见。

一七九二年八月二十五日，立宪国民议会的职务告终，同时依据宪法选举新的立法的国民议会（Assemblée Nationale Legislative）。在这个以前，旧议会的议员们通过了一个最高尚而又最愚昧的议案，就是为谦让起见，旧议员一概不准在新选举中作候补人。这个决议案使当时苦心缔造最了解宪法精义并富有政治经验的分子，不能在第二届议会中占有位置，而以议会权交与一般毫无经验的新进少年，实在是当时立宪国民议会最大的失策。

第七章　米拉波与当时法国的政治

历史虽然是社会的产物，但个人天才者的关系确也不可以忽视的。法国大革命史中若前无米拉波伯爵，后无丹顿、罗拔士比诸人，不知要减少精彩许多。因此治法国革命史者，不可不知当时有米拉波伯爵其人。

在第二章已经讲过，米拉波在少年时代是个放荡不羁的浪子，到三十岁以后才折节为善。但是在贵族社会中对他仍以旧日鄙视的眼光去看他。到当选为第三级的议员以后，因着他的热烈的辩才、雄强不屈的意志，以及实际发挥的手腕，才渐渐在同伴中露出头角来。不过在王党中看起来，他似乎仍是一个蛇蝎似的暴烈党徒。然而就实际讲，他实在是一个鄙视空想、着重实际的政治家。他最早就主张调和政策，谋王室与民党的接近，以造成英吉利的宪政为职志。他在三级会议争持之际，即谋与芮克接近，以设法使王室让步略平民气。不幸芮克当时轻视他的实力，加以侮辱，于是二人始终不能联合。以后国民议会成立，米拉波着着发挥他的手腕，遂渐成为议会中实际的领袖。

巴斯的陷落以后，王室与人民的感情愈趋恶劣。路易十六虽曾一时回巴黎镇抚民情，但不久仍返郊外之凡尔赛宫。巴黎人民恐怕王党的阴谋报复，因此人心甚为不安，极端派的报纸更从而鼓动之。这时候，守旧党的阴谋确也着着进行，他们劝王设法离去凡尔赛，以避暴民的监视。因此极力联络王左右的卫兵。他们狂妄之极，竟将国民的三色章毁去，而代以布尔奔王室的白章。这种事件一旦传露于民间，人民自然对于王室更不放心了。

一七八九年十月五日的早上，巴黎人民为恐怖反动阴谋的心理所刺激，突然受不知何人的鼓动，群集于一区，又演出七月十四的喜剧。他们的心理与其说为政治所迫，毋宁说为饥饿所迫还更近情理些。这时市长巴依闻报即求救于国民卫兵的总司令拉法夷脱。不料拉法夷脱这时别具野心，想在王与人民之间造成第三种调和的势力，因此对于人民此举故意放任，持旁观的态度。群众因此愈集愈多。这时候有一个曾在巴斯的事件中出过风头的人物叫做米雅尔（Stanislas-Marie Maillard，今作"斯坦尼斯拉斯－玛丽·梅拉德"）的，趁此时机，想贯彻他迁王回都的主张，遂夺过打鼓的槌尽力击鼓，并高喊道："往凡尔赛去！往凡尔赛去！"（à Versailles！à Versailles！），这个口号一出，人民响应如雷，大队群众向凡尔赛王宫进发。

群众之中，妇女甚多，恰遇着雨天，全身泥涂，状态惨怛，极为可悯。到凡尔赛后，分为二部，一部分到王宫向宫人乞食，他一部分则到议会请愿得廉价的面包。群众拥入议会，胁迫议员同到王宫请愿。王和议会都极力地安抚人民。到午后拉法夷脱始率国民卫兵二万人由巴黎开到。于是委员代表等向王提出要求四条：一、王宫的保护委任于市民兵；二、关于面包的给养，赞同市会的计划；三、人权宣言无条件的承认；四、以巴黎市为王常住之地。王对于这个要求，承认第一条，拒绝第二、第三条，对

第四条则未明白表示态度。

经过一夜的相持，到十月六日的清晨，群众忽然乱拥入王后的宫中，向王后施以侮辱，因为王后在当时人民的眼光中看起来，是奥国的间谍，是守旧党阴谋的发动者，故多数对于王尚表同情，对王后则极为厌恶。幸经守卫的力加抗御，王后始得逃免。

拉法夷脱又极力向人民调停，以王还巴黎为条件，遂于即日午后一时，王和王族受人民的胁迫，乘马车向巴黎进发。拉法夷脱率兵先驱，大队群众包围王后。沿路对于王族加以侮辱，直送到巴黎王宫。

这次事件之真相，有人疑为米拉波或奥伦治公的阴谋指使，其实都不确定。群众的暴动与其说受何人指使，毋宁说是为面包的缺乏，以及人民对于王室阴谋的恐惧为得。自这次事件之后，中等社会对于下等社会渐生畏惧警戒之心，追悔从前之煽动小民为失策了。

王迁回巴黎以后，议会随即也迁回巴黎，以监视王的行动。这时候议会渐渐受了下等人民的压迫，旁听席上充满了胜利的暴民，对于议员的言论或拍手喝彩，或骂詈妨害，极端过激党利用人民浅薄的心理，越发唱高调起来。甚至旁听席上公然贩卖水果食物，竟如我们的戏场一般了。议长牟尼愤慨这种情状，遂辞职而去。

在这种困难的时候，渐渐显露出真实人才的本领，米拉波的手腕遂渐渐发挥起来。

米拉波的主张是王室与人民接近，造成温和的立宪政治，无奈当时王室疑他为暴民的首领，不肯接近。其后经种种的斡旋，王室渐认识米拉波的能力和诚意，而不得不求救于这当时的唯一人物。米拉波贡献的意见，是劝王与议会调和，承认议会制定新宪法，但王须有中止权，庶几可以自由操纵议会。王处议会之上，运用新宪法，以议会中的领袖人物组织内阁，仿英吉利之制，确定宪政基础。这是就目前的现状妥协之策。万一王与议会的妥协不成，则宜设法离去巴黎，脱离暴民的掌握，别迁一民论平静之地，召集议员赴该地制宪。如旧议会不肯去，则另召集新议会，制成新宪法，那时王党以公明的态度宣言遵守议会的议决，物色全国属望的人士组织内阁。如此一来，则全国人心爱戴，虽有巴黎暴民的反对也不要紧了。不过在事情未趋于极端以前，仍望与现议会力谋妥协，以奠定大局云云。

米拉波本有自任首相的抱负，无奈当时他的资望尚未成熟，因此不得不别求当时负虚声的人物与之结合。彼最初推荐王弟布罗温斯伯爵（Comte de Provence），伯爵以时机未熟却之。又谋与拉法夷脱相近，但米拉波从前曾轻视拉法夷脱，加以嘲谑故拉氏很恨米氏，不肯与之携手。米拉波又提出以芮克为首相的内阁计划，网罗当时知名人物，颇费苦心，无奈二度与芮克会晤之结果仍然互不相下，提携又经失败。

米拉波正在这样苦心经营之际，议会中突然对他起了疑虑，为防止他入阁的野心起见，遂于一七八九年十一月十七日通过议员不得入内阁的议案。这个决议实在是中了孟德斯鸠三权鼎立说之毒，结果断了议会与王室提携的路，给政治上添多大的纷扰。

米拉波这时在议会的失败，他的生涯渐入困境，加以他一旦跃为知名的人物以后，交际广阔，生活不得不奢侈，因此负债累累，无法自拔。米拉波最后欲与王直接接触，乃向王提出意见书，表明自己的政见主张。劈头先说明自己是主张恢复王权反对当前的无政府状态的。他希望的是王与宪法的调和一致。为达此目的起见他愿意采取两种手段，第一他可以随时将对于时局的报告及贡献报告于王，第二为考察舆论起见，每省派一个人负秘密报告之责。此议上后，大蒙王及王后的赞同，米拉波遂与王订立条约，王借与米拉波二十万利华供其活动，以后更每月给与六千利华。若米拉波的计划实现，国民议会闭会后，更赏赉他二十五万利华，分四回支给。这件事始终保守秘密，不令外间知道。当时米拉波对人说，"人不能买我的，我实在自己反将自己卖了"，盖米拉波为贯彻他的抱负起见，不惜将自身卖与王室，他的卖身和普通一般猪仔们是不同的。

自此以后米拉波在议会遂大试其手腕。不久因西班牙与英吉利争北美洲诺图加水道（Nootoca Sound）的交涉，法王室本与西班牙王室同姓，曾结有亲族条约。米拉波此时劝王废弃亲族条约，改结波西同盟，并主张在议会提出建造十六双军舰以为外交的后盾。此事提出议会之后，遂引起国王是否有宣战媾和的权力的问题。当时议会多数皆主张削弱王权，不许王有自由宣战的权力，米拉波独反对此说。两方起了大争论，米拉波几被认为通王卖友的小人，后经中立派调停，始通过王有宣战媾和之权但须经议会同意的议案。此事以后，外交总长孟毛兰伯爵（Comte de Montmorin，今作"蒙莫兰伯爵"）大佩服米拉波的外交眼光，以后凡事请教于他，米拉波遂成为无冠的外交总长了。

米拉波尝批评法国当日的政局，有四个危险的敌人：一是租税，二是破产，三是军队，四是冬。此四敌结合，其结果即为内乱。米拉波在这种困难情形之下，更想鞠躬尽瘁，以挽此将颓之局，可惜王室对他终究存疑忌之心，不肯完全信任。他在一七九〇年十月十四日提出的第三十四次条陈，对于他胸中的抱负发挥得很完备，他主张建立君主立宪政体，定期选举，其权限限于立法与租税之协□（原稿字迹不清）。行政部负执行法律，指挥军队之权，司法部基于王国的新区划，有整然设备之必要，裁判费用无报酬，出版的自由，责任内阁的树立，王室费的确定，王室及教会领地的出卖，封建特权的全废，也都是米拉波所热心主张的。他主张废止议员不许入阁之决议，以激烈派议员与温和派议员组织联立内阁，以收全国的重望。他并且主张每省派遣一个宣传员，与当地的中流以上良民交际，说明现议会之误点及建设良宪法之必要，以鼓吹地方舆论。

当时米拉波身为全国之重心，毁者誉者纷纷不止，议员们既骂他为王室的走狗，王室又猜疑他，但全国人民却非常之信任他。不过因为他少年时品行不良之影响，以及得意以后豪奢成性的习惯，非难他的也还不少。

一七九〇年夏天，米拉波因为劳碌过度的缘故，已经发现病兆。盖其在少年时代放荡过度，又曾囚禁于监狱数年，健康已经有损，自三级会议开以后，他以一身为活动之中心，部下少得力的助手，因此事务猬集，身心劳动过大，到这年七月里病象便一天一天增加起来。他在这患病期间，还依然不肯停止他的工作，最初谋与拉法夷脱妥协，终因二人之互相轻视，归于失败。其后在议会提议废止议员不得入阁之决议，又因拉法夷脱派之反对而失败。米拉波最后的献策是劝王设法脱出民气嚣张的巴黎，别迁于民论平静的地方，召集国会，重定宪法，这个主张若行，可以制民党的死命。无奈王室众论纷纭，迟疑不决，因此坐失机会。

一七九一年四月一日，米拉波病重死去，临死时曾叹惜道："我现在将我的肉体与法兰西的君主制一同带去了，我死之后，诸党派必因残余之物而演成相争之惨剧。"他的预言后来果然应验。

法兰西在这一个非常的时期死去了这样的一个伟大的领导人物，实在是莫大的损失。

第八章　日暮途穷的法国王室

法国的大革命之促成其原因虽很多，但财政问题要算是最困难的问题了。三级会议的召集也是为的是财政困难，巴斯的狱的陷落也是为的是人民生计窘促。因此米拉波才有国家四敌之叹。自三级会议以来，法国的财政当局一直是芮克，这个人只可算一个良银行家，但非挽救难局的国手。法国财政在大革命之初，已经陷于绝地。据一七八九年五月三级会议开会时之财政报告，当时政府岁入三亿五千七百万利华，岁出五亿四千一百万利华，出入相差至一亿八千万利华以上。芮克对于这种情形，仅以补苴罅漏的缓进手段对付之，自难满一般人之意。而议会方面又多不懂实际困难之理想分子于一七八九年十一月贸然决议将旧税收一律废止，另为新辟财源之计划，结果弄得政府全无收入，只有募集公债之一法，又提出征收所得税的提案，均以碍于事实，不能切实执行而失败。最后议会通过一个没收教会财产的动议，照他们的计算，教会的全部财产评价在二十三亿利华以上，若一齐没收变卖，足可清偿历来国债而有余。殊不知实际执行起来，与当初想象大相迳庭。第一，教会财产每年收入七千万之中，有二千万是作教会附属的学校医院等事业维持之用的，政府接收之后仍须继续支出，剩下只有五千万利华一年，为数不多。第二，教会产业多属不动产，一时难以变卖，价格自然低落，且因产业接收混乱之际，为佃户等蒙蔽干没者亦不少，政府无力收回。第三，教会财产没收之后，政府须支出一亿五千多万的教会维持费及赔偿金等，更属一时重大的担负。这些困难都是议员们当初所想象不到的。没收教会财产的结果，徒引起社会上恶性的投机行为，政府财产愈加困难，芮克遂不得不辞职了。

自一七八九年以后，政府纪网废弛，暴动屡作，地方上的农民、都市中的失业者，一天一天气焰嚣张起来，米拉波与芮克死的死，失败的失败，政府和议会都没有中心人物来维持众望，国事越发的江河日下。

自米拉波死后，王室与议会的感情愈趋恶劣，议会对于宗教的种种决议实行以来，在信仰心强的路易十六看来，是非常为教会不平的。一七九一年四月十八日，王因出外祭祀，又受民众的包围侮辱，困处马车内至十二小时之久，归来越发的愤愤不平，出走巴黎之计遂决了。

王族出走的计划本系米拉波生前的建议，但米拉波主张王出走之后，须立即召集议会，制定新宪，以缓和民气，绝对反对王族的借助外力，恢复王权的迷梦。至是王室因不堪压迫，又想起出走的计划，但他们心目中仍满怀有恢复旧制的野心，不肯照米拉波当年的计划去做。因为王后是奥国的公主，所以想借奥帝立欧泊尔德第二（Leopold II，今作"利奥波德二世"）的势力，来援助法王的恢复运动。但是当时奥帝既无干涉法国内政的决心，而法国逃亡在外的贵族又与王室不协，想用借刀杀人之计，故意大张旗鼓，劝奥国以勤王为名进攻巴黎，以激起暴民对王之反感。幸奥帝不肯听从他们的计划，但风声所播，王室越发危险，而逃亡之计也越急迫。

一七九一年六月二十日王族一家得俄国贵夫人之援助取得出国之旅行券，遂于夜半乘马车向蒙密其（Montmédy，今作"蒙梅迪"）出发，蒙密其是距巴黎不远的一个镇市，为王党将军布益野侯（Bouille，今作"布耶侯爵"）驻扎之地，他的儿子布益野男爵就是为王策划出走的一个人。由巴黎赴蒙密其有两条路：一条是近路，经过来因斯（Rheims，今作"兰斯"）；一条路稍迂远，并须经过过激派的巢穴凡尔登。布益野男爵请王从近路走，但王因曾在来因斯举行过加冕礼，恐被人认识，因此坚执须走远路。沿途因为马车的损坏，及王的朝餐等延误许多时间。次日晚间行抵圣米奴尔（Sainte Menehouid，今作"圣默努尔德"）地方，忽为旅店主人所注意，几被擒获。虽经夺门逃脱，但行抵瓦伦（Varennes，今作"瓦雷纳"）地方之后，终被民众识破，擒获归巴黎。布益野将军所派的救援兵尚在中途，不及救援。布益野亲率兵来追，将士皆踌躇不从，倒戈相向，布不得已也逃往国外。

王由瓦伦被擒归巴黎，革命派议员派三人来迎，巴黎市沿道贴不知何人所为之标语，内容谓"赞王者鞭，辱王者斩"，故王在万众沉默之中被送入巴黎。与路易十六之逃走计划失败相映者则有王弟布洛温伯爵之逃走成功，后来延法王室一线之正统。

王当六月二十日之夜脱去巴黎之时，曾留有宣言书一通，内容将从前王所承认之国民议会的决议全部推翻，认为系由于胁迫非自由意志。这样一来毋宁表示王对国民的无诚意态度，王的信用全然扫地而前途命运也就更加暗淡了。这时候过激派议员如丹顿等公然在街市演说，煽动民众，认王为叛逆者，更有人主张搜索嫌疑者的住宅，但未得通过。稳健派议员如拉法夷脱等则极力鼓吹新宪法之成立，以防止过激之行为。这时候对王出走之事应如何处分，成为问题，有主张加王以罪，废之而予以裁判的，有主张援英吉利之例，王不负责任，而施罚于从亡诸臣的，后经稳健派之调停，决定暂行停止王权，俟新宪法之成立。

　　自此以后民众之中有中流阶级与下层阶级之争，议会之中也有立宪党与共和党之争。丹顿与罗拔士比两人以下层社会为后援，在议会中力唱共和政治的主张。二人同是律师出身，罗拔士比是个极端的空想家，而丹顿则为一富有实际手腕之政治家。此外议会之外尚有马拉（Marat）为民众运动的首领，此人系一著名的医学家，科学成就甚高，大革命起后始投身政治运动，晚年因患病，故猜疑最深，力主杀戮。是时共和党密谋于一七九一年七月十七日巴斯的陷落后二周年纪念日后三日，署名议决废王，拉法夷脱事先与巴黎市长巴依商量，欲加以阻止，不果。是日群众大会遂因误会而起冲突，暴民高扬赤旗，攻击市厅，喻之不退，幸拉法夷脱率国民卫兵来援，开枪示威，群众始散，死伤三百余人。事后马拉名之为香得马尔（Champ de Mars，今作"玛尔斯广场"）之虐杀，引为攻击政敌之绝好资料。后半恐怖政治时代，巴依即以此罪受革命裁判所的暴刑而死。

　　此事过后，暴民党一时失败，丹顿与马拉等都暂时逃避，而中等社会组织的费亦林党（Feuillants，今作"斐扬派"）得到胜利，但这种胜利是不久的。

第九章　立法国民议会的成立

由三级会议改组的立宪国民议会，自将宪法制成后，任务已经终了，遂于一七九二年八月二十五日宣告终局，另外选举新议会，就是后来有名的立法国民议会。这个新议会选出的分子与前届议会大不相同。七百四十五名议员之中，极端保守派已全无分子，法律家律师最多，约四百人，占全体的过半数，新闻记者也不少，僧侣甚少，因为新宪法剥夺僧侣的特权，故信仰深的高僧多不肯服从宪法竞争选举。

议会之中极喘保守派如从前的王党现已全无，盖因怀抱极端保守思想的贵族多已逃出国外，剩下的多是怀抱进步思想的人。最多数党为费亦林党，约有百六十四人，即七月十七日事变后得胜利的温和派，其次为急进党，即左派，约有百三十五人，为议会中的第二党。最后为极左派，内中又分吉隆丹党（Girondins，今作"吉伦特派"），与极端甲哥班党（Jacobins enroge's，今作"雅各宾派"）两派。这两派后来虽成为旗鼓相当的生死冤家，但在议会初开幕时，他们还是联合为一条战线的。因为这两派人都是主张废止王政建立共和的，与温和派之主张维持王政者不同。吉隆丹党的中心人物为吴尔尼（Vergniaud，今作"韦尼奥"）、高特（Gaudet，今作"玛格丽特－埃莉·瓜代"）、吉宋尼（Gensonné，今作"阿曼德·根松内"）、罗兰（Roland）及其夫人等。这一般人大约多是理想甚高而缺乏实际手腕的人，故后来为山岳党所战败。

极端甲哥班党在议会中本占少数，其领袖为米兰特其维尔（Merlin de Thionville，今作"梅林·德·蒂永维尔"），这一派人的势力与其说在议会，毋宁说在议会之外，七月十七日事件失败后一时暂敛声迹，暗中仍极力活动的丹顿、马拉、罗拔士比等才是他们的真正首领。他们的真正势力在下层民众之内，他们不拥护一七九一年的宪法，不信任王室，仍主张极端的政策。

在这个时期我们应当注意的就是，截至立法国民议会开幕以前，怀抱彻底的共和政治思想的人还是甚少。十七世纪末年的启蒙文学派无一人怀抱共和思想，革命初期的三级会议及立宪国民议会的议员，大多数都是主张君主立宪政体的，当时一般舆论，也都是歌颂王室的居多，盖法国的大革命最初的对象本为贵族，并非王室也。但自一七九一年以来，因王室对于人民不忠实行为的结果，民间对王渐起反感，故立法国民议会开幕以后，共和思想渐占一部分势力，革命风潮愈加酝酿不已了。

但是此时王室信仰尚未完全失坠，犹有挽回之可能，故新宪法成立，王对之宣誓以后，人民又稍稍表示欢迎。不幸这时脱走的贵族，在外多方援引外力，谋干涉法国内政，在他们的意思只想恢复贵族特权，对于王室本怀不满，故不顾王室的安危，故意以恢复王权为名，致引起人民对王室的怀疑，而祸机遂日迫。

一七九一年八月，普王弗来得立克威廉第二（Frederick Willian II，今作"腓特烈·威廉二世"）与奥帝立欧泊尔得第二

（Leopold II，今作"利奥波德二世"）会于匹尔尼次（Pillnitz，今作"皮尔尼茨"），宣言法国秩序与主权的恢复，为关系全欧洲的重大问题，要求各国协力同意，观察其结果而后加以干涉。这个宣言发表以后，引起法国人民的敌忾心，以为欧洲列强与法国的保守势力勾结，有妨害法国革命运动的危险，因之主战的空气日盛一日。对于王室猜疑也日甚，因为王后是奥帝的妹妹，故人民对于王后更加不信任，其实以后来史料证之，王后之爱法国，也并不下于人民的。

这时候主战最激烈的马吉隆丹党，其领袖布利梭（Brissot，今作"布里索"）自命为外交通，欲借外战以弱王权，故主战最力，反之如王党则以为开战后王权必张，故亦赞成宣战，而甲哥班党则也怕王权之扩张而反对战争。

这时议会对于脱走贵族的反感也愈高，十月三十一日，通过议案命王弟布罗温斯伯爵于两个月内归国，逾期不归，则剥夺其摄政的权利，到一七九二年一月一日以前尚不归国之贵族，悉认为谋反人，没收其全部财产，并宣告其死刑。但此议案通过之后，王利用他的中止权将此案退回，因此民间更疑心王与逃亡的贵族暗中有勾结了。

恰好这时候巴黎市长巴依的任期已终了，各党都竞争后任市长。温和派推举拉法夷脱，而罗拔士比等过激党则推柏其翁（Petion，今作"佩蒂翁"）为候补者。论资望柏其翁本远不及拉法夷脱，不幸王后误认拉法夷脱不如柏其翁好操纵，反竭力助柏其翁当选，结果柏氏竟得当选。这真是王后的自杀举动。

此时议会中主战主和两派意见冲突愈甚，拉法夷脱因市长选举失败，谋开战后获得兵权，遂一变而为主战派，因此宣战的声浪越高。一七九二年三月，遂改组旧内阁，而以主战之吉隆丹党人物组阁，外交总长为楮牟利（Dumouriez，今作"迪穆里埃"）虽非吉隆丹党人，而实为长于阴谋之人，他迎合主战派的意思，遂于四月二十日由议会通过对普、奥宣战。这就是绵亘二十年的欧洲大战之开始。

自对外宣战以后，吉隆丹党与甲哥班党的主张愈趋分离，甲哥班党的反对战争也越激烈。战事开始后，法军三路侵入比利时，两路俱败。吉隆丹党为补救失败起见，一面改革军队，一面通过一个议案，定于巴斯的尔（即"巴斯的"）陷落的纪念日，举行全国人民的联合祝贺式，每县送人五名，总数二万人，祝贺毕后，即将此二万人改编成军队，卫护巴黎。盖吉隆丹党的根据地本在各省对于巴黎市民甚怀疑忌，故提出此议，甲哥班派则反对之。王也恐怕吉隆丹党的势力太大，故不肯签署。罗兰夫人向王提出陈请书，内容甚为无礼，使王不能堪，遂于六月十二日将吉隆丹党阁员免职，另命楮牟利为陆军总长，实际操内阁的政权。不久，楮牟利也辞职，另命拉法夷脱派的人物组织新内阁。

巴黎民众虽非属于吉隆丹党，但究属同为民党，不无兔死狐悲之感，因此对于王的改组内阁一事不满意之声大起，多数民众暗中运动，拟于六月二十日起来作示威运动。在吉隆丹党的心理但想借此运动迫胁王室，同意于惩罚对于新宪法不肯宣誓的僧侣，及恢复民党内阁，但在甲哥班党则更欲从此实行恐怖政治。这一次运动不比从前几次的漫无准备，这一次是有组织的、有计划的，主其事者仍是甲哥班派。他们决定以请愿为名，实行暴动。六月二十日的早晨，群众集合约有七千人，加以旁观者及弹压的国民卫兵等，人数颇为众多，先向议会请愿，议会中经宪政与共和两派争辩之结果，决定受理人民的请愿书。午后三时半顷，人民由议会退出，整队向王宫进发。此时王宫前已有军队严重警备，群众本不敢突入。且原来煽动者的意思，也仅不过希望群众在王宫前作一番示威运动，以减少王的信仰而已。不料此时王宫偶尔疏忽，有一个侧门开放，群众于退却之际，忽然发现此门，遂一拥入了王宫；并要求守卫开放宫内的禁门，以便谒见王。经交涉的结果，王允许开门放代表三十人入内，不料禁门一开，群众登时拥入，卫兵不敢发炮，群众遂挤至王前，向王肆为种种无理的言辞，甚至骂王为奸细。幸路易十六此时颇能镇静，亲临窗际对群众表明自己的心迹，群众见了王温良沉静的态度，渐渐转怒为敬，气焰渐低。市长柏其翁本是暴民的一党，事先故意不理，这时才慌忙赶到，假作调停。群众得了柏其翁的吩咐，始渐散去。这时候王后也几遭危险，幸赖侍臣保护，得免暴民侵入。事后王与王后夫妇抱头而泣，旁观者虽过激党员也为之下泪。

事后市长柏其翁免职，以正当日之罪，但王与群众的感情更恶劣了。

第十章　大革命与欧洲列国

　　法国大革命本是一国的内政问题，但结果引起全欧洲各国的注意和干涉，造成以后二十年的欧洲大战争，这个责任是法国和其他各国应当分负的。原来大革命之后，出走贵族在外即多方运动列强，对法民党加以干涉，但最初奥、俄诸国皆不愿干涉法事，且有对逃亡的贵族加以拒绝的。仅有一瑞典王高斯他夫第三（Gustav III，今作"古斯塔夫三世"）怀抱保守主义，欲组织同盟，干涉法事，但国远力微，无大关系。俄女帝加撒林第二（Catharin II，今作"叶卡捷琳娜二世"）与奥皇立欧泊尔得第二，都是受过启蒙文学洗礼的人，故对法民众颇表同情。不过因为与法王是姻亲的关系，不得不多少加以援助。法国的民众因为误认逃亡在外的贵族势力甚大，能够影响法国，且以为奥国真欲干涉法国的内政，因此张皇失措，应付不免过激，这是两国所以终出于冲突的主要原因。

　　这时候与法国大革命有密切关系的事件，为我们所不可不注意的，便是波兰的问题。原来波兰本是东欧的大国，自十七世纪以来，内政腐败，国势不竞，致启强邻的觊觎。一七七二年，俄、普、奥三国第一次瓜分波兰。事后，波兰的新派贵族愤专制之腐败，起而为革新的运动，主张联英、普以制俄。普鲁士为对抗俄国起见遂极力与奥国接近，这是普、奥联合干涉法乱的远因。

一七九一年八月，普王与奥帝会于匹尔尼次，协商波兰问题，遂联带的论及法国的事件，共同发表了一个宣言。这个宣言本来不过为敷衍人的耳目起见，两国都无对法用兵的决心，不料法国民党不明这种内情，误认外患即在眼前，因此战争的空气渐渐浓厚起来。

此时促进外战勃发的原因，还有一件小问题，就是亚威农市（Avignon）住民的运动问题。亚威农本是教皇从法国受来的一片小领土，一三〇九年教皇受法王威胁，从罗马迁居此地，凡传七世，其后教皇虽还罗马，而亚威农遂长成为教皇的领土。自法国革命以后，亚威农的住民遂起了与法国合并的运动，但忠于教皇的人起而反对，两派遂起冲突。其后亲法派战胜，法议会也承认合并。但教会派与亲法派因此冲突愈甚，亲法的过激党人竟实行恐怖政治，将反对党虐杀许多。这一件问题也引起各国天主教徒的反对，而讨伐法革命党的空气愈盛。

一七九一年十一月二十二日，法国国民议会根据外交委员的报告，要求政府向莱因（Rhein）选举侯等抗议保护逃亡贵族的事件，这是对外宣战的先声。为此事议会中平和、激烈两派意见争执甚烈，主战派卒战胜。十一月二十九日，议会议决要王向德意志的诸选举侯要求解散逃亡贵族的军队，更换法国外交当局，以爱国的人物当其冲，并集中必要之军队于国境等案。王和政府诸人虽不赞成此举，但不敢违抗议会的意思，乃将政府改组，并于十二月十四日向脱雷尔（Trier，今作"特里尔"）的选举侯提出通告，若该国于一个月内不将逃亡贵族的军队解散，则认为法兰西之敌国，一面于北方国境分配十五万的军队，分为三军，以罗沁波（Rochambeau，今作"罗尚博"）、卢克臬（Luckner，今作"卢克纳尔"）及拉法夷脱三人为统帅。但是王一面虽向敌国提出最后通牒，一面却暗自致书于当时各国君主，要求其原谅他不得已之苦衷。

法国议会这样挑战的举动，自然非邻国所能忍，因此奥皇立欧泊尔得第二对法宣战之意也渐坚起来。一七九二年三月七日，奥、普两国缔结同盟，一面解决波兰问题，一面对法取一致的步骤。

法国议会的外交政策此时也集矢于奥国，一七九二年开头以来，两国互相通牒辨驳，但奥皇仍持慎重态度，不欲过趋极端。不幸此时奥皇立欧泊尔得忽然薨逝，其甥佛兰西斯二世（Francois II）嗣位，力主对法宣战，而法国的主战派吉隆丹党也适于此时执政，两国感情遂无调和之余地了。

一七九二年四月二十日，法王及大臣们亲临议会，提出开战的问题，投票结果，仅有七票反对，遂以大多数通过对奥宣战。

当时法国的形势，甚为孤立，幸赖外交总长褚牟利的敏活手腕，得以稍挽回不利的形势。褚牟利的外交政策，第一着在使奥国孤立，因此极力谋与普鲁士接近，阴命其驻柏林的公使劝诱普王与法国同盟，对奥宣战，但普鲁士的反法空气很盛，未能成功。四月六日，普鲁士遂宣告对法绝交。但褚牟利犹暗中进行和议，至四月二十九日普对法宣战后，始绝望。法、普联合之计划虽失败，但此外各国则多守中立。西班牙及南德意志诸小国皆不肯为左右祖，英国人更多同情于自由主义者，自然也不肯帮助奥国。因此，对法宣战者，就只有奥、普两国。

楮牟利的外交政策既然有一半成功，第二步便准备军事布置。他的战略，是出兵争取比利时，以挫奥军的声势。命卢克枭以斯托拉斯堡（Strassburg，今作"斯特拉斯堡"）为根据，以牵制在亚尔萨斯（Alsace，今作"阿尔萨斯"）方面之敌军；命拉法夷脱居中，率领一万精兵，由基服（Givet，今作"济韦"）出发，进窥那米尔（Namur，今作"那慕尔"）以直捣比利时的首府不鲁塞尔（Bruxelles，今作"布鲁塞尔"）及里爱巨（Liege，今作"列日"）；又命罗沁波率二个师团往助拉法夷脱；毕隆将军（Général Due de Biron）率一万人，由瓦伦新奴（Valencienne，今作"瓦伦西纳"）进攻门司（Mons，今作"蒙斯"），李兰将军（General Tbeob dd Lillen）率四千人由里尔（Lille）进攻提尔尼（Tournay，今作"图尔奈"），加尔将军（Carle）率一千五百人由但开克（Dunquerque，今作"敦刻尔克"）进攻佛尔尼（Furnes）。当时奥国守军不过三万人，照楮牟利的计划，本可以一举攻破。

不料当时法兰西的军纪已经紊乱到万分，战事一开，这种丑态立刻暴露出来。狄雍（Dillon）的军队未遇敌人，即起兵变，将大将狄雍杀死。毕隆的军队在门司地方为少数奥军袭击，竟致全军溃退，拉法夷脱受其影响，也只得引退。楮牟利的攻击方针，至此完全破坏。而卢沁波又因愤杜美利兹的干涉，自行辞职。开战不到一月，败象已经呈现了。

原来法兰西军队的腐败情形，由来已久。将校位置多为贵族所把持，以目不知兵之纨绔子弟，凭借门荫，获得军权，不过为夸耀社会的地步。政府也将军职看作是赏赉勋贵的虚荣品，增加许多虚职。因此，有才能的将官不易自见。将校因为出身贵族，因此平日既不注重训练，又不能善待兵卒，上下不和，感情久已积郁。及大革命初期，自由思想渐渐传布到军队之中，尤以炮兵感染革命思想最深，故对于将校，时起反抗，秩序更为紊乱，国民议会为整顿军纪起见，于一七八九年九月三十日，选出十二名军事委员，讨论改革军政事宜。伯爵克兰西（Louis Alexis Dubois–Crancé，今作"路易·亚力克西·迪布瓦–克朗塞"）主张采用全国皆兵的征兵制度，但经多数否决，仅由委员会提出毫无常识的修正案，成为法国革命以后的新兵制。

新兵制定法兰西的常备军为十五万人，兵士由志愿征集，有一定薪俸，将官之数限于九十四人。军队的旧有特别名称废掉，依数字次序分编。下级士官一部分由兵士中拔选，四分之三由士官学校出身者选用之，依在职年限及才干而进级。为改革旧日军队行政上的恶习及使军队与普通国民无区别起见，决定除特别情形外不要军法会议，军人犯法也受普通的裁判；每队的军需由士官中选出二人，兵卒中选出三人组织委员会担任之。兵士对于长官有不平时，得向文官官吏告诉。军队受其所在地的政府与市政府的指挥。兵士得组织以政治或其他事项为目的的俱乐部，又得向议会提出请愿书。以上这些改革固为救正昔日军队之弊失，但矫枉过正，有些办法太无常识，结果遂使军纪完全紊乱，不可救药。一七八九年以后，军队之逃亡者日多，不但不受惩罚，却为人欢迎。士兵对于将校毫无礼貌，时起争端，法兵之一出即败，实由于此。

第十一章　王政的颠覆

　　六月二十日群众侮辱国王的事件，引起了地方人民对国王的同情，因此王室利用这个机会，颇想从事恢复王权的运动。但欲求恢复实力，非依赖实力不可。当时最有实力且兼具声望为民众所信服者，莫过于拉法夷脱，因此拉法夷脱的举动遂为一般人所注目。拉法夷脱在六月二十日事变未起以前，就不满意于议会的举动，曾致书于议会，对于甲哥班及吉隆丹两党行动均有抨击，因此与民党已有恶感。及六月二十日事件发生以后，就有许多人劝他趁此时机实行勤王，以扩张自己的实力。因此拉法夷脱于六月二十八日亲赴巴黎，直赴议会，面责此事的主动人物。当时议会畏惧他的势力，颇有些人张皇失措。幸议会中的急进分子，应付甚为灵敏，当即有人出来提议责问拉法夷脱不奉命令，擅离防地，潜赴巴黎之罪，提议虽经多数否决，但拉法夷脱的人望不免受损。当时巴黎的国民卫兵，对拉法夷脱犹存好感，故拉法夷脱从议会出来之后，即有多数卫兵包围，向之喝彩，拉法夷脱倘若利用这个机会，实行苦迭打，一举将激烈分子铲除，非不可能，不幸拉法夷脱素性优柔寡断，王室对他又取冷淡态度，因此竟失掉绝好的机会，至六月三十日拉法夷脱竟茫然而去巴黎，归回原地，从此他的人望全失，而反对党的气焰反愈盛了。

自此以后，民党更想彻底破坏王的声望，以绝祸根。七月三日，吉隆丹党领袖吴尔尼在议会演说，公开攻击王与敌人勾通的罪状，大煽排王的气焰。演说的结果，七月十一日议会通过议案，为救祖国的危险起见，送八万五千的义勇兵于国境，"祖国危险了"一语，遂成为恐怖政治的口号。

当这个时候，国内排王的空气已经很盛，恰好国外敌人方面又给凑了一个很好机会，这便是不伦瑞克公（Herzog von Braunschweig）的宣言问题。不伦瑞克公是德意志的一个小诸侯，七年战争以来的老名将，自身本不赞成普鲁士的干涉法事，唯因普王坚执欲战，遂被任为奥普联军的统帅。他的作战计划，系以普军进卢森堡（Luxemburg），略取附近重要都市，以进攻凡尔登（Verdun），以奥军一部守比利时，保护不鲁舍尔（Brussels，今作"布鲁塞尔"），一部也集中卢森堡。另一部分主力军队则向缪斯河（Meuse，今作"默兹河"）进发，图与普军联合。他的作战计划本来不错，可惜动员迟缓，诸事不如意，因此不能迅速达到目的。恰好其时波兰问题又形紧急，普政府的意思又想出兵波兰，以争东方，置法事于不顾。七月十九日奥帝普王及其他德意志小诸侯会于佛兰克福阿曼（Frankfurt-am-Main，今作"法兰克福"），讨论波兰及法国问题。法王路易十六也派密使来向两国提出条件：一、列国宜依照国际法提出抗议；二、宜使法王获得自由，他人不得为最后之谈判；三、法国内政宜一任法王整理。两国均予同意。法王密使又要求两国对法兰西人民发表宣言，解释此次战争之性质，第一须声明决非侵略的，第二决不以恢复旧日封建制度为目的。但后来发表的宣言，第一条虽然明白宣布，第二条却故意含糊其词，未表示真确态度。

七月十七日，以不伦瑞克公的名义，发表对法兰西人民的宣言，内容本系法国逃亡贵族所执笔，故措辞极为激烈。略谓联军侵法系为恢复王权起见，如有反抗的都市当以最严格的军法处罚之，如有对王及王后加以危害的，将以巴黎市全部之破坏为赔偿。这个宣言发表之后，他们以为可以将法国民党的气焰压伏下去，却不知法兰西人民的性格向来是吃软不吃硬，这样一来，反使法国民众以为敌人压迫即在目前，而激起他们热烈的爱国心，对于王室更以为系敌人内间，非除去不可，王政之颠覆运动遂日急一日了。

自六月二十日事变之后，王虽一时获得同情，但不久因外兵侵略的关系，又为人民所疑忌。七月十日，拉法夷脱所操纵的内阁解体，王越发陷于孤立。次日议会即议决借祖国危急之名，编制八万六千人的义勇兵，向国境进发，以威胁内外的敌人。七月十三日，议会更非法的议决，取消市长柏其翁的停职令，其目无王室的举动更令路易十六哭笑不得了。

我们在前面已经看过议会曾经通过议案，于巴斯的陷落的纪念日，召集二万人的联盟军，屯守巴黎。王当时反对此议，曾使用中止权打消此议。但此刻巴斯的纪念日已近，议会仍照原议征集队伍，并否认王的中止权，王也终于屈服。各地方应召的兵队源源而来，集中于巴黎，民党乘此播风弄火，大有气吞王室之势。政府为抵制暴民起见，曾密令各地方长官，速选派国民卫兵，以牵制在联盟军名义之下侵入巴黎的军队。

联盟军陆续开到巴黎，王党、费亦林党、吉隆丹党和甲哥班党都争相联络。因为甲哥班党的活动手腕最高，故渐渐将联盟军都牢宠在他们势力之下。七月十四日的巴斯的陷落纪念日，因联盟军所到不多，故平安过去。此后联盟军陆续到来，巴黎人民热诚欢迎，市中顿呈活气。甲哥班党人在此时期也大显其身手，着着进行其颠覆王政的阴谋。

替甲哥班党人添极大声势的是，七月三十日马赛（Marseillaise）联盟队的到临。马赛队是义勇兵中最骠悍、最激烈的一队，他们一队有五百三十人、大炮二门，沿途唱有名的《马赛革命歌》，从马赛一直开到巴黎。

《马赛革命歌》是工兵大尉李尔（Captaine Ronget de Lisle，今作"利尔"）所作，成于一七九二年四月二十四日之夜，内容本含有君主立宪的主义，因其歌词清新活泼，投合时好，忽而流行于法国南部，尤以马赛最为盛行。竟成为革命中最著名的歌曲，至今成为法国国歌。

马赛队开到以后，甲哥班党的声势骤盛，吉隆丹党看见形势于自党不利，遂转而与王谋妥协。劝王力守宪法，与议会中稳健分子结纳，以恢复人民之信用。吉隆丹党这种建议未为不是，不过七月三日在议会演说力攻王室，破坏王的威信的，也是吉隆丹党的领袖吴尔尼，现在又转而与王妥协，狐埋狐撑，徒失信用，于事已无补了。

自七月以后，巴黎市的各区有公然向议会建议请废止王政的，革命风潮愈酿愈烈。大抵北方及西北诸区多守君宪主义，东方、东北及南方诸区则革命色彩极浓。当时巴黎市四十八区之中，最过激派约有二十八区之多。他们起初尚不相联络，后来经市长柏其翁等的暗中奔走，遂联络一致。组织暴动总指挥部（Directoire de Iinsurrection）丹顿，罗拔士比等都在暗中指挥一切。他们因为国民卫兵多是中流阶级出身的，与稳健派相联络，不易为过激派所利用，因此提出一个动议，以挽救祖国的危机为名，将国民卫兵的资格扩大，凡属人民均可充当卫兵，这样一来，甲哥班党所指挥的下层民业就可混入国民卫兵之内，而增加该党的实力了。

过激派的运动着着进行，形势一天一天紧张，外间也谣言四起，王室自然也不能不筹应付之策。有些忠臣劝王再行逃亡，依赖地方势力，再起勤王之兵，王终因对于地方的有力人物如拉法夷脱辈不能信任，因此不肯从他们的计划。一面也因自己有一部分瑞士的近卫兵，自信可以抵抗乱民的暴动，故不肯轻举。不伦瑞克公的宣言发表以后，法民排王的气焰忽然高涨起来，甲哥班党利用这个机会，更着着进行他们的计划。八月四日，有几个暴动总指挥部的委员将暴动实行的详密计划已经制定，由巴黎市的两区定于八月十日向国民议会提出废止王政的请愿书，以两区的兵力为后盾。表面上提出请愿书，实际上就是暴动实行的第一步。

请愿书的消息传布后，王室知道危机已经在目前，即开御前会议，筹备应付之法。当以巴黎市长柏其翁系过激派人物，不能信赖，遂专依赖国民卫兵的总司令孟达（Mandat），他部下有最忠诚的瑞士雇佣兵一团，足以对付暴民。因为法国兵士自革命以后多倾向民党，故王室只好依赖外国雇来的兵。此外尚有忠王的绅士们约二百余人，见王室危险，自愿入宫护卫的。孟达的国民卫兵十二大队，不过二千人左右，弹药甚为缺乏，平均不过一人一弹。他们鉴于六月二十日事件的经验，先将炮兵分配于群众经过的孔道名叫新桥（Pont Neuf）的，以断革命党各区的联络。此外集中五队卫兵于市厅，以威胁群众进出的背后，与前面坚守的瑞士队相呼应，计划甚为万全。

当时巴黎市长柏其翁虽系过激分子，但市议会多数议员则系反对过激运动者，故柏其翁不敢表示真正态度。甲哥班派乃开始压迫市议会，以辅助市议会应付危急事务为名，径由各区各选出委员三名，突于八月九日晚集合市议会，扰乱议事秩序，压迫旧有议员。市长柏其翁则故意捏成圈套，假装为群众所捕，避匿他所，以为事后卸脱责任之地步。因此市议会就入于过激派的掌握了。

经过一夜的奔走运动，到一七九二年八月十日的破晓，准备业已成熟，革命之战鼓勃鸣，手执武器的群众突然集合。法国的炮兵本来感染革命思想最深，因此新桥的守兵竟不奉主将命令，自动地将炮移开，让群众自由通过。上午六时半，革命党以市长柏其翁的名义召国民卫兵司令官孟达到市政厅询问详情，孟达不察情伪，冒然前往，竟遭群众暗杀。卫兵既无首领，于是市厅附近的驻兵遂一哄而散。王室更孤立无援了。

午前八时，群众遂向王宫进发。侍臣们向王进议，请其亲自抚循守宫的瑞士卫兵，以激励他们的勇气，不料王此时勇气忽失，言语呐呐，态度消沉，反给卫兵以不快的感想。当时拿破仑曾寄寓在王宫附近的人家，目睹其事，事后告人谓倘使军队用力抵御，暴民决不足畏，后来拿破仑自身的显拔，果因率领军队抵抗暴民一役而起，可见当时王室非无挽回之方，不过路易十六非其人罢了。

这时候，路易十六已经勇气全失，恰好有人又劝他逃往立法国民议会，求议会的保护，以图安全，他们以为议会中君宪党占多数，必能保卫王室。王竟听信此计，虽经王后的坚决反对也不肯改变意旨，竟于早上，王宫未蒙民军一弹之先，悄然的偕带一行人等，逃往议会。大臣王族均陆续从行。只留下少数瑞士兵守御王宫。王既到议会，遂为议员留于一侧室中，幽闭四十八小时之久，耳听王宫附近的炮声，眼看大势的失败到底。

王族等离开王宫之时，并未向留守兵留下何等命令，因此卫兵无主，只得各自为战。暴民大队攻进宫内，瑞士兵舍死背墙而战。王此时更加昏乱，竟以手令传谕瑞士兵退出王宫，任听暴民拥入。王宫大遭暴掠，毁坏不堪，且纵火焚烧。尚有一部分不知退却命令的瑞士兵，竟遭暴民全体屠戮，宫中执役也有遭杀的。

此时市议会旧议员业经被逼辞职，新市议会即刻成立，推举代表向国民议会请求废止王政。国民议会议长吴尔尼立于讲坛之上，宣布依巴黎二十一区委员会之请，法兰西人民应制定新宪法，依新宪法改选新国会，行政首领的王，在新宪法未成立以前，暂行停止其执行政务之权力。这个提案竟遭通过，盖此时王党及费亦林党议员多已逃避，剩下的吉隆丹、甲哥班两党都是共和主义者，因此就多数通过。王此时幽闭在议场旁的小室之中，亲耳旁听他的王位被人废止的一切经过手续。从此，自纪元九八七年以来传国八百十三年的法兰西王朝，竟轻轻废掉了。

王权废止后，议会即将内阁改组，并从事恢复秩序，计这次事变，牺牲者双方约千人左右，有许多王党多被惨杀，王室势力从此一蹶不振。

第十二章　恐怖政治的开幕

　　王政废止以后，由国民议会选出二十一人，组织委员会，当行政之局，内中多数为吉隆丹党，新闻纸的大部分也多操于吉隆丹党之手，故此时吉隆丹党人颇为得意，对于甲哥班党不免存轻视之心。甲哥班党虽有市议会在其手中，但系非法选出，故不易得人同情。不过甲哥班党多实际有干才的人，不比吉隆丹党人的空疏不实，故能以市议会为根据，逐步发展实力。对于国民议会渐倡反对的论调。此时王虽实际被废，然名义上不过暂时中止职权，一旦新宪法制成，犹有复职之可能，故一般勤王派心终不死。一般中产阶级，恐怕秩序之过于紊乱，也都怀想旧政。因此过激派认为反动尚多，非彻底实行恐怖政治不可。罗拔士比遂在国民议会提议设立国事裁判所，经议会可决，遂制定有名的嫌疑者取缔法（Loi des Ssupects），设立革命裁判所（Tribunal Révolutionaire），以为铲除反动分子之用。于时稳健派人人自危，不得不为自救之计。当时君主立宪派最有力的后盾就是拉法夷脱，他在外拥有强大的兵力，人望甚高。此时他在绥丹（Sedan，今作"色当"）驻扎，得王被废之信后，遂大行阅兵典礼，并将巴黎市会所遣使者三人捕缚下狱，并联络其他将领，共同勤王。不料巴黎国民议会得他逮捕使者的信之后，即议决认他为叛逆，下令逮捕，他的军队多怀抱革命思想，不肯服从他的命令，其他将领也表示服从新政府，拒绝联络。拉法夷脱不得已，遂于八月二十日逃往荷兰，后为奥军所捕，下了监狱，至一七九七年始释放。

拉法夷脱失败后，杜美利兹代为国防军司令官，甲哥班与吉隆丹两派，遂共同谋将君主立宪派一网打尽，八月十五日，将王朝的最后内阁大臣，费亦林党的名士狄博尔（Duport，今作"迪波尔"）等数人逮捕下狱，这是恐怖政治之开始。不过最初革命裁判所的活动尚为迟缓，对于嫌疑者也多释放。但甲哥班派的势力一天一天扩张，他们以市议会为根据地，对于国民议会时时催促，要求其采用敏活的手段，以处置反动者。加以外兵压迫愈深，防闲反动派的心思也愈急。到八月三十日夜，遂举行全巴黎的大搜查，凡家藏有武器者即行逮捕，结果武器不过搜出一千支枪，而因嫌疑受逮捕者竟至三千人之多。负审理这种嫌疑案件的责任的是猜疑心最深的甲哥班党魁马拉，其结果可想而知。甲哥班派这种运动，使巴黎人心大加恐惶，都以为过激派政府一定出现，因此甲哥班派声势大振，吉隆丹党相形见绌，内阁竟成虚设了。到了九月二日，凡尔登陷落的警报传来，甲哥班派更乘机煽扬起剿除内奸的空气来，突将市厅拘禁的僧侣二十二人、俗人二人，于路上杀死，其后又至加尔米利特（Carmerites）律院中，将其中拘系的囚人百二十人尽行杀死，此外各监狱也为有组织的暴民侵入，将囚犯唤出，按名点视，由民众随意审问，即付死刑。自九月二日起，此种虐杀继续至数月之久，统计巴黎全市被虐杀的人数，极少说有八百五十人，极多数则有千四百余人之多。

这种虐杀与八月二十日的事件一样，是事前有组织的，由市会预定计划，支出经费雇用人夫以助暴动，所杀者大抵系不向宪法宣誓的僧侣、瑞士卫兵及赝造纸币者。赝造纸币者因为扰乱金融的关系，故深为民众所痛恶，也与反革命派同受惨刑。

当巴黎虐杀进行之际，政府和议会都取旁观态度，盖吉隆丹党对于宪政党的猜忌也不亚于甲哥班党，不过不愿自居屠杀之名，如今幸而甲哥班党以市会为根据，对于反动派取屠杀手段，正中吉隆丹党人的心思。不过甲哥班党人自屠杀以后，威权愈加树立，势力愈加扩张，竟至将吉隆丹党的势力也全体颠覆，这却是吉隆丹党人所不及料者哩。

巴黎虐杀之后，各地方也受影响，都起了虐杀的运动。牺牲者之数，全国统计约在千四百人以上，其中重要人物很多。

九月的大屠杀虽贯彻甲哥班党人的计划，但结果却也生出新反动，当时正在改选新国会，改选的结果却与甲哥班党不利，而吉隆丹党人仍然得势。

这一届的新国会和旧国会分子完全不同，盖前届议会的分子有的因政争失败而得罪的，有的因厌倦政治而退出漩涡的，也有失去人望不能再选的，因此新议员七百八十三人之中，旧立法国民议会议员之重新当选者不过百八十六人，其余尽系新进分子以及第一次立宪国民议会的旧议员。新议会的党派色彩非常鲜明，吉隆丹党多数占据议场的右侧，甲哥班党则在最左侧，因其位置很高，故有山狱党（Montagnards，今作"山岳党"）之名。占议场之中央者，则为无所属之议员，普通称为平原党（Plaine），这派人占大多数。吉隆丹党的领袖人物仍为吴尔尼、布利梭、高特、吉宋尼及罗马兰等。前巴黎市长柏其翁，此时也加入吉隆丹党，故此派声势比前又进一步。甲哥班党则三大领袖马拉、丹顿、罗拔士比三人俱皆当选。此派人数不多，但富于实行之手腕，以巴黎市会为根据向外肆行活动，极为社会所畏惧。此外所谓平原党者实际并非一党，多系超然之分子，往往随大势为转移，无一定的主见。但其中也不少特立独行的专门家，如阿伯锡司（Abb Sieyes，今作"埃马努埃尔－约瑟夫·西耶斯"），后来曾任公安委员，但始终不参加党争，一意以发展教育事业为志愿，即其一例。

　　旧反革命派完全颠覆以后，议会上只剩下吉隆丹、甲哥班两党，因此两党的冲突愈甚，演出以后种种的活剧，而以裁判前王路易十六一案为两派政争之导火线。

第十三章　路易十六的死刑裁判

自八月十日以后，实际上法国虽然已由王政改为共和政体，但依法律讲，国王不过暂时中止权力，俟新国会成立后，仍有恢复权力之余地，故新国会成立后，即讨论此问题。但此时王党及主张君主立宪的费亦林党已完全颠覆，议会中的两大派都是共和主义者，自然无人赞成恢复王政，因此废止王政的议案竟经全体一致通过。一七九二年九月二十二日，议会发表确立共和政治的宣言，废止基督教纪元，改为共和元年，全国举行盛大的庆祝会，共和政治逐渐稳固。

王政废止以后，吉隆丹党与甲哥班党的政争忽焉开始，吉隆丹党为巩固自党的内阁起见，提出议员得兼内阁官吏的议案，竟遭甲哥班党的讥笑而否决。吉隆丹党为报复起见，遂提出调查九月虐杀的事迹并惩罚主动人的议案，以威胁甲哥班党。又主张以巴黎秩序紊乱为名，召集全国八十三省的守备兵入都，以防止再有暴动。盖吉隆丹党自以为自党的根据地在各地方，故以此镇压巴黎暴民，殊不知因此伤及巴黎人的感情，将中立的平原党的分子也驱向甲哥班党，结果这种提案也遭失败，而吉隆丹党与巴黎市民遂发生恶感了。吉隆丹党见此次又经失败以后，遂对于甲哥班党的党魁马拉、丹顿、罗拔士比等加以攻击，又指马拉为九月虐杀事件之主谋者，结果也未能将敌人攻倒。而两党意见从此愈闹愈深，吉隆丹党骂甲哥班党为独裁政治的阴谋者，甲哥班党则骂吉隆丹党为小共和联邦的计划者，有分裂法国的危险。因为吉隆丹党素主张联邦主义，与甲哥班党的中央集权主义相反，但在议会中竟通过法国共和永久统一不可分之议案，也是甲哥班党战胜吉隆丹党的一端。

正两党政争剧烈之际，前王路易十六审判的事件忽然发生，遂为两党政争的好题目。原来自八月十日以后，议会对于王政，曾议决俟新国会成立后，以王之可否裁判，问诸人民。此后遂组织二十二人之委员会，调查王的罪状。结果委员认为路易十六有通敌卖国之嫌疑，请议会裁决，议会中遂发生王可否裁判及应归何机关裁判的问题。结果甲哥班党主张杀王为政治上必要的手段，正义是非尚在其次的论调，大得人的同情。故遂决定于一七九二年十二月十一日将路易十六召至国会共同审判。国会所宣布路易的罪状甚多：第一为飨待蹂躏三色章的近卫兵；第二为不认可议会制定的人权宣言及其他数件议案；第三为路易曾数数为虚伪的调和、虚伪的约束之演说；第四为路易曾秘密收买米拉波，以谋反动；第五为路易曾支出费用，秘密买收议员；第六为路易曾召集身带短剑之武士；第七为路易曾与逃亡在外的贵族密相勾结；第八为路易曾主谋一七九一年六月十七日的屠杀国民事件；第九为故意集合大兵于国境，以压制民党；第十为路易对于逃亡的贵族给予近卫士官的俸金；第十一为路易曾承认于巴黎附近作二万人的屯营之主张；第十二为路易曾轻减要塞的武装设备；第十三为路易曾于八月十日召集瑞士卫兵及王宫守备兵；第十四为惹起同日之骚扰，其责应归王负。

路易十六是个庸懦无能的人，此时明知前途无望，尚不拿出国王的气概，表现视死如归的精神，反畏缩乞怜于议员之前，自认罪犯，对于议会所提出的罪状，仅否认一二件，是无异于已承认其他各条为正当，因此虽有有名的律师为之辩护也无效了。

自前王受审判以来，舆论受过激派的煽动，多主张处王以极刑。议会中对此问题自然也起争论。甲哥班派当然主张非杀王不可，并且如罗拔士比所主张的，杀王并非法律上的问题，实在是政治上实际必要的手段，这话实在不错。但在吉隆丹党之中，则对此问题意见即自行纷歧，布利梭一派因为自身是对外宣战的主动人，故认为欲贯彻战争之目的非杀王不可，而吴尔尼一派则主张王的裁判应公诸国民，不应但凭议会的意见，其至如罗兰夫人更认杀王一事即吉隆丹党政治的自杀，应取反对态度。吉隆丹党自身主张既如此不一致，故甲哥班党遂乘间抵隙蹈衅，宣传吉隆丹党与王有关系，以减少民众的信仰。在议会中经过长期的激辩之后，到一七九三年一月十四日，遂由吉隆丹党员一人之动议，提出三个问题，将各议员依次唤出，令其对于问题单独表示可否的意见。其三个问题，第一是问路易对于国民果有叛逆之阴谋否？第二路易的判决书受一般国民之认定否？第三问路易应适用如何的刑罪？表决的结果，对于第一问题，全体七百十七名议员之中，是认者五百八十三票，否认者百三十一票，弃权者十名。对于第二问题，是认者四百二十三票，否认者二百五十一票。这两个问题投票的结果已表现吉隆丹党的缺点，盖甲哥班党全体意见一致，而吉隆丹党则殊不一致也。到了讨论到第三个处刑与否的问题，更引起院内外的注意，旁听席上充满了下等暴民，对于议员的意见加以威吓，因此多数议员为畏惧暴民的恐吓起见，不得不勉强赞成王的死刑以取媚于民众。即如吉隆丹党的领袖吴尔尼在投票的前一夜，尚对人言自己决不投王死刑之票，及到了临时被唤出质问之时，竟低声答一"死"字，当时甲哥班党人在旁大为嘲笑！竟面诋吉隆丹党人为懦弱无耻，吉隆丹党内部的破绽至此暴露无遗。

当时吉隆丹党人以及中立分子，敢于反对处王以死刑的，也并非无其人，不过占少数罢了。表决的结果，主张处王以死刑者三百六十一人，主张宣告死刑，但中止执行者二十六人，主张加以拘禁，俟平和成后放逐于国外者三百三十四人，因疾病或公务而弃权者二十八人，计总出席表决人数七百二十一人，仅以三百六十一对三百六十之一票多数，可决王的死刑，路易十六的命运就因此一票而规定了。

死刑的多数通过，实在就是吉隆丹党战败的征兆，因此该党为挽回名誉起见，即又提出死刑执行延期的动议，以试验自党的实力。不料表决结果，又因该党内部意见自行纷歧，以三百〇十票对三百八十票的少数被否决，该党的失败又增加一层了。

路易十六的死刑判决以后，大引起旧日臣僚及一般人民的感动。曾经投王死刑票的一个议员竟在茶馆被旧近卫兵刺死。有许多忠臣努力为营救路易的运动。有人请求普鲁士承认法国共和政治，停止战争，以保全王的性命，但普鲁士不肯。西班牙王室因与法王室同族，也努力营救法王，均归无效。民党方面见营救者日多，恐有疏虞，遂赶紧决定从速执行死刑，定期在一月二十一日，即死刑投票决定后之第五日。王当初尚自以为无甚大罪，不过暂行幽闭，俟和平恢复后仍可退隐国外以了余生，忽得执行死刑之报，不觉感慨万分。当时王与王后及子女亲族等，均分别拘系，不通音息，至是始为最后之诀别。路易与他的妻及妹及子女二人交互拥抱，泣诉别离。王手抚幼年的太子之头，勉以复仇之事，王后以只有今宵为最后之一夜，要求相伴一宿，王毅然拒绝，强迫其归狱，而招高僧来前，为之忏悔。最终仪式完后，已至早晨五时，王自知死期已至，即嘱侍从以印玺赐太子，以指环赐王后以作纪念。

一月二十一日的早晨，路易十六在朦胧寒气的天色之中，从丹博尔监狱被送至断头台，当时西班牙的大使，因受政府之命，曾以巨金收买王党武士四五百人，埋伏要路，想于不意中将王救出，不料防守严密，竟无从下手。刑场设在王宫对过的吕迫利克广场（Phce de Repulique，今作"协和广场"）上，断头台的周围设立严重的栅栏，禁止闲人挨近。数千兵士，十数门大跑，包围台侧。刽子手萨姻森（Samson，今作"查尔斯·亨利·桑松"）因为今天的任务特别不同，特意将台上用水洗净，自己也换了新衣，以服侍前王。午前十时，路易的马车到着刑场。王自己将衣服徐徐脱去，刑场的助手要将王的两手绑住，王怒斥不许，由僧侣扶导上了断头台，王对民众作最后的告别辞道："法兰西人啊！祖国的人啊！我现在是在身负重罪的名义之下罪而死了，然我仍为致死我的人祈祷，盼望勿因我之死而致法兰西国家于危险。"说话未终，台下的鼓声乱作，王的声音竟尔消失，牧师以手按路易的头祝道："圣路易之子，升天罢！"刑机忽落，王首落地。

　　法兰西大革命之中，牺牲的人不知有多少，就中最惊心动魄、令人注意者，莫如法王路易十六之处刑。路易十六的人格在生前及死后都被人误解，其实本人并非恶人，亦并非绝对怯懦无能的人物，不过生当环境剧变之际，不能应付得宜，因此身败名裂，为天下笑，论起来还是受祖父的余殃所致，非本人之罪也。

第十四章　对外战争之发展

自一七九二年七月以后，法国军队节节失败，普鲁士的军队于八月二十三日攻陷鲁维（Lonwy，今作"龙韦"），九月一日攻陷凡尔登，进至末斯河，直指巴黎简直是指顾间事，此时巴黎人心非常恐慌。幸统帅楮牟利守御得宜，法军又多系新征调来的义勇兵，迫于爱国热心，应战甚力。九月二十日，两军遇于瓦尔迈（Valmy，今作"瓦尔密"），普军因地势不熟及痢疾传染病蔓延的缘故，未能胜利，遂自行引退。自此役后，法军已颓丧的勇气逐渐恢复，而开后来胜利之端。

自路易十六被杀以后，楮牟利因手握重兵在外，徘徊观望于两党之间，两党皆欲引为外援，其地位甚为重要。楮牟利想对外建立奇功，以震慑人心，遂极力主张对外继续并扩大战争。普鲁士自瓦尔迈的退却以后，因波兰事件紧急，将重兵调往东方，对法战争一时中止，法军遂移全力对奥，一七九二年十月，进占南德意志的斯丕雅尔（Speyer，今作"施派尔"）、窝牧（Worms，今作"沃尔姆斯"）、门兹（Mainz，今作"美因茨"）、佛兰克福（Frankfurt，今作"法兰克福"）等处。十一月六日，大败奥军于揭姆普（Jemappes，今作"热马普"），这一战不但是大革命以来对外的第一次胜利，也是自七年战争以来，四十七年中法国对外战争的第一次胜利。从此法国军心稳固，士气蓬勃，共和政府的基础也因之稳定，外国军队不但不能侵入法境，法军反有攻出境外之可能。比利时受奥国的压迫，向未谋起反抗，至是受法兰西自由主义的鼓荡，遂起而排斥奥军，欢迎法军入境。这时候的法兰西人，实在是国家主义与世界主义交糅并作的国家，一面高唱自由平等的高调，主张四海一家的世界主义，排斥偏颇的爱国心，一面又极鼓荡爱国精神，想以法国为中心而支配世界；故征服南德意志以后，即将莱因流域合并，建立共和政治。至是对于比利时也以战败的国家待遇之。比利时人本崇信天主教，法军到后对于教会常加侮辱，因此激起比人的反感。加以捐税苛重，征发无节，滥用纸币等，比人苦不堪言。因此从前妄想世界主义，欢迎自由平等的法军来解放比人的，至是都毅然觉悟，对于法人加以反抗，不复如从前盲目的欢迎了。

自路易十六受刑以后，法国外交上骤感孤立，西班牙因与法王室同宗的关系，遂于一七九三年三月七日对法宣战，自此法国南境又增一大敌。英国人民向来同情于法国的自由平等主义，但自法国革命日趋暴烈以后，英国的同情者转而失望，渐怀抱反对的思想。自路易十六处刑以后，英国舆论对法益为不满，唯英相辟德（Pitt，今作"皮特"）主张整理内政主义，不愿卷入大陆政争旋涡，故仍严守中立。唯自法军占领尼德兰（Nederlanden）以后，曾本自由人道的原则，宣布准许席尔达河（Scheldt，今作"斯海尔德河"）的自由航行，这种主张与英国的利益相冲突。因为席尔达河自由通航以后，荷兰的贸易必驾伦敦而上，这是英人所大惧的。加以楮牟利主张出兵干涉荷兰（Holland）的内争，更引起英人的嫉视。盖荷兰原为比利时北面的一小国，其国中向有奥兰治党（Orange）与贵族共和党之争。法兰西援助后者，英普两国则援助前者。一七八七年，普鲁士出兵援助奥兰治党得政，当时法国坐视不理，致遭外交上之失败。自后荷兰的共和党常常暗中求杀于法国，以谋恢复势力。法国也想乘机干涉荷兰的内政，因故意煽动荷兰反政府党的气焰。法国人又妄欲煽动英国内在野党反政府的运动，以期引起民主大革命。因此英政府对法的感情日趋恶劣。八月十日的事变以后，英相辟德即将驻法的英大使召回，并宣言否认法国的共和政治。当时英国的在野党为辉格党（Whigs），约分为三派：一派为贵族保守派，痛恨革命，不同情于法国民党；一派为温和自由主义派，根本仍固守英国的主义，但希望与法国缔结同盟；又一派则为极端自由主义者，主张联合世界的共和主义者共起世界革命。在这种形势之下，辟德却以政府党脱雷党（Torys，今作"托利党"）为后盾，以试探国民的意向。一七九二年十二月一日，召集义勇兵的一部，又于同月十三日召集议会，提出募集海军二万七千人，陆军一万七千人的提案。英政府对法战争的决心已经渐渐显露，法国国内激烈党徒也极力鼓吹排英，双方感情一天一天地趋于恶劣，至一七九三年二月一日遂对英宣战，此后十三年中英法两军不绝的争斗从此而起。

法兰西现在已处于四面包围的形势之中，奥地利再度与普鲁士携手，准备恢复势力，为卷土重来之计，而因法人的不谨慎，又引起英国的敌视，添了一个劲敌。此时楮牟利部下，多系未受训练的义勇兵，其地位非常困难。楮氏以为欲买比利时人的欢心起见，必须注意勿伤比人的感情，因此在比军队购用军需品主张多用现金，但陆军总长所发的军饷多系纸币，因此楮牟利愤而弹劾，陆军总长巴希（Pache）迫其退职。不料比利时人对法感情业已恶劣之极，巴希虽然免职，国库仍然空虚，军饷仍然不能不用纸币，因此比人的感情终难挽回。当时楮牟利部下兵有十万人，以一万人分守诸地堡塞，一万一千人由阿维尔将军（General Harvilie）率领，驻守那米尔，又屋伦司将军（General Valence）率一万九千人守亚尔丁奴（Ardeune）。此外阿痕（Aacehn，今作"亚琛"）地方有楮牟利手下的兵三万人，末斯河下游有米兰达将军（General Miranda）率兵一万六千人驻守。因此楮牟利自己想往目的地亚姆斯特丹（今作"阿姆斯特丹"）进击的兵，仅剩一万七千人，兵力非常卑弱。法军必须于英、奥两军未到以前夺取了安提普（Antsvep），始能免于失败。但本国政府应援的兵非常迟缓，因此楮牟利不得已将屋伦司将军的兵调取一部分，合之米兰达将军的兵共约三万人，迅速向尼希维根（Nijinwegen）进发，一方面放间谍于亚姆斯特丹，阴谋煽动革命。楮牟利的战略仍是采取突击的方法。当五个月以前，法军与不伦瑞克公对抗之际，曾出其不意，转出左方，攻陷比利时，予敌军以一大打击，至是又想袭用前策，出其不意，攻入荷兰，以牵制敌军。一七九三年二月十七日，法军进入荷兰的国境，以猛进之势攻陷诸城，至三月初，法军已占领了末斯河的全部。但此后荷兰人即以战船百双分布于末斯河的诸支流，引入海水以御法军，一面又求救于英国。普、奥两国也倍军来援。三月初，法军受敌人不意之袭击，大败而走，以致全线崩溃，委弃粮食武器无数，溃兵纷纷逃回本国。当时敌军若加以追击，则法军必至全军覆没，幸敌军迟疑不进，稍事观望，故法军得退守鲁汶市（Löwen），以一部分军队守弗来门（Firlermont）以逐渐恢复势力。

法国政府得了前敌败报之后，即谋召回楮牟利，另想补救之法。不料此时楮牟利别具野心，竟不肯服从政府的命令。原来楮牟利的野心极大，当他进占比利时之后，即谋将奥地利军队击退之后，以比利时为根据，整军经武，收拾人望，然后旋师巴黎，以定祸乱，建立自己的功业。故其在比，极力联络比人的感情。当法军初到比境之时，焚掠寺院，待虐居民，颇失比人的同情，加以各地贱民乘革命的风潮，群起作乱，压迫中等社会。楮牟利乃取消从军委员等过激的主张，以收买人心，禁止各地的甲哥班俱乐部干涉民政，没收贱民团的武器，接收各地地方团体的陈诉。又于三月十二日向本国国会去函，告发派遣的从军委员的暴行。国会对此，答以大将当服从政府命令，不得私自主张，因此楮牟利与国内的感情愈趋恶劣，遂无形的在外取独立的态度。他从不鲁舍尔到了鲁汶，尽力收集溃兵，约得五万人左右。以之与奥军的五万一千人相较，兵力本不相上下，唯士气已衰，不易恢复。楮牟利以为就军事言，就他政治上的野心言，此时亦唯有速取攻势，大胆攻击敌军，以挽回颓势之一法。因于三十八日全军进击奥军于开特河（Getto）附近，不料奥军应付得宜，军队抵抗甚力。法国的义勇兵训练本来不足，至是经奥军的猛烈反攻，全军忽然溃乱。遂弃开特河向鲁汶引退。是役法军死伤及被俘者约五六千人，奥军也损失三四千人，楮牟利也奔回鲁汶。这一战两军互有死伤，本不一定就算是法军的大败，但在士气本来颓丧的法军，经此挫折，更难支持。因此数日之间逃亡军士竟至数千人以上。比利时人乘此机会，也到处准备起事，驱逐法军。楮牟利以前既与政府及国会挑战，自知早已不为民党所容，本来他想乘战胜奥军以后，回师定难，建立奇勋，不料经此一败，不但全盘计划俱成画饼，且进退两难，因此遂生了通敌之心，借口于甲哥班派之行为过激，意欲与敌军携手倒戈回法。当时甲哥班党的首领丹顿，犹欲牢宠楮牟利，以弥祸变，因亲来鲁汶，与楮氏会见，劝楮氏取消三月十二日向国会提出的声明书，但楮氏仍顽强拒绝。丹顿看破楮氏是个野心勃勃的人，不易为大义所动，因于归法以后，密加布置。这时楮氏已以交换俘虏为名，遣使至奥营密议休战，要求奥军停战二星期，他担任在期间实行恢复王政。当时楮牟利的计划，是想自率前锋回到巴黎，将兵分为三队，以一队占领国会，一队占领甲哥班俱乐部，又一队至丹博尔监狱救出王族，拥立太子路易十七为君，新王承认类似英国的宪法，返还旧贵族的财产，令彼等组织上议院。楮氏将此意通告奥军首领，奥军当然同意。此时政府也听见了这种消息，特由国会派了外务委员三人来侦察楮氏的行动。当时楮氏与奥伦治公家有关系，故委员责以欲拥立奥伦治公之罪，楮氏不肯承认。委员遂变计劝其拥护共和政治，而以拥其作甲哥班党的党魁为饵。楮氏不但不肯接收此议，且面斥甲哥班党的暴举，以恢复王政自认。此时楮氏的气焰可谓高极。盖楮氏对于自己的军队过于相信，故敢作此奢想。殊不知其部下军校之中，怀抱极端民主思想的人很多，对于楮氏的种种计划，常有人密告中央。但有一部分旧军队则颇愤恨过激派新订军规的不合，及轻视义勇兵的怯懦无纪律，因此对楮氏的恢复王政运动颇表同情。楮氏若能利用此等旧军队，断然包围义勇兵，先解除其武装，然后回师巴黎，则大功可成。但楮氏迟疑不敢出此。义勇兵对于楮氏的背叛共和，私通敌军，久已不满，至是遂起而谋乱。一日楮氏在行路之际，突被义勇兵三大队要劫，詈以间谍的恶名，且开枪射击，楮氏单身逃至奥营，始由奥军护送回营。楮氏回营后，即向其军队诉说被劫之事，并宣言欲率军队向巴黎进击，若自己军队不够，则可以奥军五万人同行。全军听说欲约奥军为助，皆起反感，竟无人响应。其他军队谣传楮氏已经身死，多陆续逃亡。楮氏知人心已去，感觉到身边的危险，遂于四月六日率忠实残兵千八百人，走入奥军，赫赫一世的名将楮牟利，从此遂永葬于历史之下了。

楮氏的失败，使共和政治更加稳固，甲哥班党的气焰愈高，更有一件意外的利益，即腐败骄横的旧军队，经此一番，溃散净尽，共和政府得以从容组织为主义而战的新军队，为此后却敌御侮的新纪元，则楮氏消极的功也不为少哩。

第十五章　吉隆丹党与甲哥班党之决战

楮牟利的背叛消息一传到巴黎，各派都好像大敌临前，非常恐慌，因感觉巩固行政组织的必要，遂将革命裁判所组织改革，扩张其权限，准许国事犯罪人对于判决案得以上诉。又由国会通过设立九个委员组织成之小委员会，名为公安委员会，赋以绝对无上之行政权力，这就是从来恐怖政治的发动机关。又议决加大派遣委员的权限，令彼等直接向公安委员会报告事项。后来甲哥班党之实行恐怖政治，吉隆丹党之败灭，都是利用这几件凶器。但在当时大家却都未曾觉悟到此，仅以为为国防上之必要，多数赞成设立。

楮牟利失败以后，公同之敌既去，吉隆丹和甲哥班两党之争遂开始。最初，丹顿本怀抱较稳健的意见，意欲与吉隆丹党的一部分携手，造成稳和的中立党，外结楮牟利，内巩固中央政府。不料楮氏与吉隆丹党员感情不洽，联络未能成功。当时丹顿本不赞成马拉、罗拔士比等暴烈的意见，且自身任外交委员之后，对于外交大势渐渐明了，深以以法兰西一国敌视全欧之危险为惧，因在国会提出废止十一月十八日对外宣言之议案，经多数通过。他本心实愿极力与吉隆丹党接近，不料吉隆丹党人过重理想，不察事实，竟误认他为九月虐杀事件之罪魁，拒绝提携，结果使丹顿失望，不得不仍与甲哥班党一致，而吉隆丹党的败亡竟不可避免了。吉隆丹党人尚不觉悟，更于四月一日在议会主张设立调查楮牟利背叛事件的委员会，言外暗指丹顿为楮氏的同谋者，这样一来，更使丹顿不得不与甲哥班党完全提携了。

吉隆丹党攻击丹顿的策略，经丹顿在议会内滔滔的雄辩答复，结果失败，遂又转其攻击的目标于马拉身上。原来马拉是个猜疑性最深的人，他猜疑一切的人，对于一切的人都想毁灭，主张最近于无治主义。他的奇异的行动、大胆的言论，很容易得下层民众的信仰。他公然在街上张贴标语，攻击吉隆丹党人为通敌卖国，底下署名为甲哥班俱乐部会长马拉。因此，吉隆丹党人恨之刺骨，遂在议会提出处分马拉的动议，议员多数皆主张加以裁判，虽经甲哥班党人多方辩护卒归无效，丹顿提出国民代表者身体不能侵犯的理由为马拉解围，也未生效力，结果遂议决将马拉交付法律委员会审查，又经法律委贝会提议付革命裁判所审判，也经多数通过。不料革命裁判所的委员尽系甲哥班党人，使马拉得在裁判时，当着多数民众，痛数吉隆丹党的罪恶，而被判决为无罪，为大多数民众欢送回议会。从国会出来之后，在街上为一场大演说，公然高喊打倒吉隆丹党，博得民众的喝彩。这一次事件，吉隆丹党所受恶影响甚大：第一，打马拉不倒，反被敌人回头痛击，政战失败；第二，关于处分马拉的事件，本党内就意见纷歧，暴露弱点；第三，自马拉被捕事件发生以后，议员遂失去不可侵犯的身体保障权，后来吉隆丹党人纷纷被捕，皆此一次开其端，吉隆丹党人的作法自毙，真令人可痛惜了。

自马拉被捕事件发生以后，甲哥班党为反攻起见，乃也由巴黎市三十五区的代表向国会提出请愿书，请愿惩办吉隆丹党重要人物二十五人，目之为平和秩序的破坏者，此案经无形搁置而消灭。当时吉隆丹党的势力在国会，而甲哥班党则以巴黎市议会为根据，巴黎的下层民众多拥护甲哥班党。吉隆丹党人在此情形之下，不知急起应付，反仍旧意见纷歧，但骋空想，甚或主张地方主义，主张将国会迁至凡尔塞，结果大伤巴黎人的感情，形势越发孤立。两派竞争的结果，都知道非法律手段所能解决，因此各为实力的准备。吉隆丹党在国会通过组织委员会，调查关于国会的危机事项，选出委员十二名，大多数系该党人物。这个委员会议决由各地方选出特别护卫队，以保护国会的安全。又将甲哥班党的爪牙逮捕数人。甲哥班党对于这种挑战，也以市参事会的名义，向国会提出抗议逮捕人的事件，而吉隆丹派的答复竟谓若有人敢冒犯国民代表，则巴黎市必须全加毁灭，云云，此种不谨慎的言辞，也是挑动巴黎市民恶感的一种。

五月二十六日，市会向国会提出请求废止十二人委员会，及释放被捕人民的请愿书，经中立派的斡旋，议决将委员会废止，但未几又经吉隆丹党提议通过复活。自此，巴黎市各区不断地秘密开会准备谋反，组织谋反委员会，谋于五月三十一日起事，一切都照一七九二年八月十日的先例办理。

一七九三年五月三十一日午前六时，各处暴动的形势已经呈露，吉隆丹党为应付起见，乃急速召集国会，提议解散市会，及奖励各区的恢复秩序，以离市会与区会的情感。又通过解散十二人的委员会，扩张公安委员会的权限，以平甲哥班党人之忿。因之此日遂平安过去。但甲哥班党人对于这种平凡的结果是不能满意的，他们并不以撤废十二名委员会为满足，他们还想进而将二十二名吉隆丹党首领捉住，付诸革命裁判所裁判。于是新市参事会径下命令逮捕罗兰、克莱维尔（Claviére）、陆布伦（Lubrun）诸人，罗兰逃走，其妻被捕下狱。六月一日的早晨，本预备再行暴动，唯因这一天恰好为星期六，各工厂支薪都在此日，故工人来者不多，未能起来。甲哥班党连续两日的运动，都未能成功，可见民众心理也并不一定好乱。吉隆丹党得此余暇，本可再鼓勇气，从事抵抗的策略，结果尚未知鹿死谁手。但此时暴民方面，忽有首领亨利欧（Francois Henriot，今作"弗朗西斯·安利奥"）出现，力主再行暴动，并担任纠合群众之责，因此甲哥班党之勇气复作。六月二日早晨，遂由巴黎市会派遣请愿委员到国会，要求拘捕二十二议员及大臣克莱维尔、陆布伦等。公安委员会也派代表协同要求，容纳市会的请求。国会议员们受暴民迫胁，不得已通过逮捕议员二十一人的议案，被逮捕的议员有吴尔尼、布利梭、吉宋尼、高特等，俱系吉隆丹党的重要人物，巴黎前市长柏其翁也在被捕之列。吉隆丹党的人物一扫而空。从此，国会中盖为甲哥班派所盘踞，平原党虽占多数，尽仰甲哥班党人的鼻息，不敢稍有立异。国会、市会、公安委员会联为一气，为所欲为，恐怖政治遂确立了。

自楮牟利失败以后，旧军队已全瓦解，新军队尚未训练成功，在此短时间之内，革命政府却以异样新奇的手段，改革军队，使之成为劲旅。革命政府对于军队并不用旧式的笼络手段，只是严定军律，凡败北者无论理由如何，一概以通敌的名义处以死刑，一方面以非常敏决的手段，淘汰无能的将官，拔选奇材异能之士，锻炼败残的军队，在短期间之内，使法国军队成为世界上最优良的军队，这真是革命政府的最大成绩了。

一七九三年的六、七两月是法兰西外忧内患最盛的时期。东北方面受普军的压迫，退回法境；北方诸要塞又尽为奥军占领。当七月末，奥军攻陷威伦新奴（Valencienne，今作"瓦朗谢纳"），倘使长驱直指，则巴黎不难陷落，当时法国形势实在危急万分。幸敌军将领意见不统一，故未能前进，这也是法国革命政府的天幸。普军由不伦瑞克公统率，攻陷梅因（Mainz），也有直指巴黎的可能，后因普军忌奥国气焰太高，不肯前进，法遂得免。东面及东北的军事情形既然不利，南方也多败于西班牙人，幸西军无意深入，故不为大患。

六、七两月之间，外患既然紧迫，国内自吉隆丹党失败以后，余党四起报复，内乱纷作。王党也乘机起事。一七九三年三月，王党起事于文德省（Vendée，今作"旺代省"），其动因由于国会议决征兵，征兵委员在文德过肆骚扰所致。文德乱事起后，附近都市纷纷响应，共和政府所派的委员及差役多被虐杀，击败政府军队，声势大振，遂宣言遥尊太子路易十七世为君，至六、七月间，蔓延愈大。

此外里昂（Lyon）、波尔多（Bordeau）、马赛、康恩（Caen，今作"卡昂"）诸地也起叛乱，其主动者多为吉隆丹党人，其号召者为地方主义，盖向来屡次革命皆系以巴黎人为主动，地方的人吃亏很多，吉隆丹党向来主张联邦主义，其势力根据地皆在各省，故此次失败之后，即煽动各地起而叛乱。里昂原为甲哥班党势力较大之地，市长也系该地党中人，平日对于异党压制过严，久使人心不服，自征兵令下后，委员强制征发，并限二十四小时内征集六百万佛郎，以致激起地方中等社会的愤怒，遂起而反抗，将市长和委员拘禁，吉隆丹党毕梭等闻风均来赞助。马赛亦系甲哥班党的根据地，后因受反对党之鼓动，遂亦起而独立，此外波尔多和康恩诸市，更系吉隆丹党的根据地，一闻六月二日的中央政变之后，即起而反对。至七月末，吉隆丹党议员由巴黎陆续脱走，集合于康恩，共十七人，其中有高特、柏其翁等。吉隆丹党人若有实际的手腕，则此时正可联络各市，集合军力，共同一致对付敌人，巴黎敌党不难屈服，不幸该党人士过于空疏，当这样紧要的关头，还依旧只晓得到处演说，发表论文，作爱国诗歌等没要紧的事，结果坐失时机，令政府得以从容布置，遂逐渐失败下去。

但吉隆丹党人的文字鼓吹也不无一点效果，即如马拉的被刺就是受了文字鼓吹的影响。原来暗杀马拉的凶手是一个年方二十五岁的女子，名叫夏绿蒂·可蒂（Marie Aline Anne Charlotte de Cordayd' Armant）。她本是康恩地方农家之女，她父亲是个勤王党人，但自己从小即好读革命文学，受新思潮之感染颇深。生性富于空想，又操行笃洁，守独身主义不嫁。她向来崇拜吉隆丹党人，以为系真爱国者。自六月二日以后，吉隆丹党员纷纷逃至康恩，大宣传甲哥班党人的罪恶，并指马拉为运动的主谋，因此她听见了非常愤恨，遂立志为正义牺牲，拟刺杀马拉以泄众忿。七月九日，她以赴巴黎访友觅事为名，由康恩出发，十一日到了巴黎。当时马拉因病不能出席议会，正在家休养，她遂于十三日到马拉家中去访问。马拉其时正在沐浴，其侍妾代为谢绝，夏绿蒂不允，一定要会见，二人争执之声为马拉所闻，遂就浴室召她入见。夏绿蒂以报告在康恩的吉隆丹党人的阴谋为名，一面谈话，一面冷不防抽出手中的匕首，刺入裸体的马拉身上，从胸直穿入背，马拉喊叫之声未绝，就断气了。及众人来救时，夏绿蒂面不改色，束手就缚。经法庭屡次审问，她坚执系自己主意，不受任何人指使，最后受了死刑的宣告，仍无丝毫惧色。一世魔王的马拉竟死在这一个弱女子之手。

论起革命党人来，马拉实在是最热诚、最笃信主义的。他本是医生出身，曾作宫中的侍医，又邃于电学，发明甚多，自革命起后一变而为实际运动家。他反对一切的权力，赞美一切的破坏。晚年因为染皮肤病的缘故，神经受了刺激，不得安宁，遂养成一种猜疑的心理，对于一切敌党时时刻刻以猜疑的眼光去揣度，以为一切人对于他都有迫害的可能，几乎成为一种迫害狂了。因此，他对于一切人的也不肯丝毫容情，恨不能斩尽杀绝，在革党领袖之中，他最遭人忌恨也是这个缘故。但这实在是由于他的病痛所致，论本性本是个沈静明细的学者，他以前在学问上的成就，是不可抹煞的。即以革命以后的生活而论，他始终身居陋巷，财产荡尽，内无家室之慰安，外无车马宫室的炫耀，一心一意为主义奋斗，不肯为自己打算丝毫的利益。在当时与革命有关系的几百人之中，他的人格实在是最坦白光明的。他的性格和刺她的夏绿蒂女士比较起来，恰好是同一的人物，即对于自己的信仰百折不挠地去实行，对于自己利害丝毫不顾，不过二人所信仰者恰好相反，因此就都作了革命时代的牺牲者，而徒供后人的惋惜了。

第十六章　革命政府对外战争之胜利

前章已经说过，当一七九三年六、七两月之际，是法国外患内忧最深的时期。在北方英奥两国的联合军已攻陷威伦新奴，英海军又将但开克（Dunkerque，今作"敦刻尔克"）封锁，东北方面普鲁士的军队也占领了梅因。西南两方也为西班牙、葡萄牙两国军队所侵入，国内则王党与吉隆丹党纷纷在各省起事，革命政府的形势实在危险万分，然而到了一七九三年之末，大局突然一变，这是什么缘故呢？

内乱之速平是由于吉隆丹党人的无能力，奔走数月仅募集四千义勇兵，以王党约瑟夫布色希伯爵（Comte Joseph de Pulsage，今作"约瑟夫·德·普赛耶伯爵"）为指挥官，后来遂使敌党借口谓吉隆丹党与王党私通。此时政府方面也非常狼狈，多方募集也仅得兵四千人。七月十三日，双方军队战于威尔农（Vermon）附近的一小村，战争甫开，双方即各开足后奔，真是一场滑稽的争斗。因吉隆丹党军奔逃稍早，政府军遂跟踪追上，号称大捷，即于同日攻入叶维利市（Evreux，今作"埃夫勒"）。从军委员林德（Robert Lindet）事后处置得宜。仅将毕梭之家焚毁，又命六个良少年与六个良少女结婚。盖当时敌党相争，报复仇怨之心甚切，今林德以儿戏之手段处置被征服之地，一面既使报复者满意，一面又使敌人感其宽大。果然叛军听说惩罚并不甚烈，不久就都自行逃散，一场大乱，尽于短期间内冰消瓦解了。

事败之后，吉隆丹党员的末路非常可怜。他们或藏于土窟，或隐于屋根。罗兰夫人的情夫毕梭及前巴黎市长柏其翁久伏于树林之中，终至饥饿而自杀，尸体委于野犬之口。毕梭死后，其身旁搜出情书多通，始知其与罗兰夫人有秘密关系。罗兰也潜伏于乡下，至同年十月，闻其妻罗兰夫人之死刑后，始自杀。其他多数名士则皆被捕而处死刑。

文德的王党军队起初尚占胜利，后经十月七日的西龙（Cholet，今作“绍莱”）地方的大战，王党军队大败，形势遂涣散下来。至十二月中旬以后，王党军队遂全灭，共和政治的危险才过去。

里昂市的叛乱起初虽系吉隆丹党主持，但后来渐带勤王色彩。后为国会遣兵包围，至十月九日粮尽援绝，始被攻破。马赛亦于八月二十三日被国会军攻破，此次攻城之役，拿破仑·蒲拿帕脱（Napoleon Bonaparte，今作“拿破仑·波拿巴”）即任炮兵士官，后遂以此立功，得逐渐升擢，至于知名。波尔多是吉隆丹党的根据地，起初气势极盛，特设公安委员会，集合各路军队，谋向巴黎进攻。不意该党人士意志太为薄弱，一闻威尔农附近的滑稽会战失败以后，竟自己意气消沉，于八月二日自行将公安委员会解散。至九月六日国会派遣的委员遂无抵抗地进入市内。此外西龙地方于七月中宣言反对国会，宣布敌党领袖的罪状，一时亦附和吉隆丹党，不意不久王党即得势，于是地方联邦主义一变而为勤王主义，并引外兵为援。八月二十九日，英国海军上将荷德（Adniral Hood，今作"上将胡德"）率英西两国联合舰队入港，助其抵抗。此时西龙的原驻国民兵有千五百余人、英兵二千余人、西班牙兵六千余人、拉布勒（Naples，今作"那不勒斯"）兵四千余人，合计有一万六千人之多，且多系曾受训练之精兵。假使有良将统率，转取攻势，则南方局面必为一变。然市内叛军自行分为二派：一派主张维持一七八九年的宪法，欲求君主立宪；他一派则主张完全恢复君主专制的旧局面。前者占势力于市会，与英国人接近，后者占少数，与西班牙接近。两派互相猜忌，不能一致行动，故终于失败。当时守旧党主张迎王弟布罗温斯伯爵（即后来的路易十八）来市，为王国摄政，而立宪党大为反对。加以英西两军的暗斗也很烈，故遇事不能进行。马赛降伏之后，法国会即命攻马赛之军转而攻取西龙。统帅加尔多（Carteoux，今作"卡尔托"）本是个庸懦无能的人，故久攻不下。其时拿破仑正在他的部下任炮队士官，机敏之才干渐为政府认识，遂将加尔多撤换，另委陶布（Doppet，今作"多普佩特"）继任，而以拿破仑握其实权。其时公安委员会也尽力增加军队，攻围军增至六万人，炮至二百门以上。卒于十二月十七日将西龙市攻破，英西联合军队自动退出西龙，市民之反革命色彩素著者也都扶老携幼随联合军逃至国外。从此内乱悉行扫平，而拿破仑的声望也由此渐著。

以上是内乱扫平的情形，同时外患在此时期也逐渐减少下去，其经过更值得我们注意的。

外患减轻的原因则很多，第一，于公安委员会有了无制限的行政权，任意施行恐怖政治，令出必行，人人畏服。第二，军事上出了一个稀有的天才加尔诺（Carnot，今作"卡诺"），他加入委员会之后，握兵马的全权，最迅速最严重地执行他的命令，故能成功。第三，加尔诺以下的人，不择手段，排除一切的困难，为救护共和政治之目的不惜牺牲一切。其最大的原因还是由于加尔诺的军事天才。他以非常手段于最短期间集合了从来未曾有的全体一致的大军，他又了解法兰西人的特性，设法鼓励起他们的兴趣，于最短期间集中最大多数的兵于前敌，以不顾一切的勇气战胜训练和纪律较优的敌军。此外，对于庸劣无能的将校不惜罢免而登用有实力之人才，也是胜利的重要原因。但论起军事胜利的原因来，丹顿也很有功绩。他最初对征发军队即很尽力，后来又力荐楮牟利等军事人才，以御强敌。丹顿本是个富有实际常识的政治家，他策划军事于中，又得军事天才加尔诺主持于外，故能于仅少时间成了非常之大功，可谓革命政府之幸了。

当时外患之中，最危险的是北方的外国军队之侵入。自威伦新奴攻下之后，英统将约克公（Duke of York）即主张移兵攻取但开克以直窥巴黎，唯奥将不欲，约克乃自率联军三万余人往攻但开克。以自率的主力军队攻围但开克，以一部分奥军牵制敌人的援兵。不料因为进军过于迟缓，及荷兰地势低下，易于受海水灌入的危险的缘故，致使法军得以从容集中。法军以五万兵力向奥军进攻，奥军因众寡不敌失败，约克受其影响也不得不撤围而退。这一战法军虽非大胜，但士气由此渐振，影响后来不少。

当英军攻但开克失败的时候，奥军已攻陷卢搂那（Lequesney），进围莫布解（Maubeuge，今作"莫伯日"）要塞，莫布解是往巴黎大路的唯一要塞，此地一失，则巴黎万事皆休，故公安委员会严令守塞的司令官须以死守。当时全军统帅加尔诺对付这次危机除亦严令守将死守外，又拔擢朱尔丹（Jourdan，今作"儒尔当"）为救援军司令官，令东西各路屯兵于最短时限内集中于盖斯（Guise，今作"吉斯"），不顾其他部分之空虚。朱尔丹本是商人出身，在军中初无赫赫之名，唯机敏果断，富有勇气，加尔诺炯眼加以赏识，付以大任，后果成大功，至拿破仑时代为名将之一。加尔诺既择将得人，又于仅仅三日半的短时间之内，将远在六十五里以外的军队都集中于盖斯，也是非常惊人的手段。至十月十五日，法国大军由盖斯开到阿威尼（Avesnes，今作"阿韦讷"），距离莫布解不远。唯奥军势力雄厚，仓猝不易解围。加尔诺乃运用最大胆的策略，令各军抛弃一切目的地，集中兵力于最小一点，猛攻奥军的左翼，奥军事前不知准备，仅以三联队应敌，至是力不能支，突然崩溃，全军受其影响竟全体溃败，十月十七日，法军遂解莫布解要塞之围。法国北境的外患遂消除了。

当加尔诺集中大军于北境以解莫布解之围时，东北方面守备甚为空虚，幸奥、普两军意见不合，普鲁士政府方注意波兰问题，不愿深入法境，故未受攻击。及北面之围既解，加尔诺乃移兵击东北之敌，任命毕奇鲁（Pichegru，今作"皮什格鲁"）为莱因军司令官，何希（Hoche，今作"奥什"）为摩塞尔军司令官。二人均系将才，为加尔诺所特别赏识。至是奉加尔诺之命令仍集全军于东北方面以攻奥军，至十二月二十六日，将奥军全线击溃，普将布伦瑞克公坐视不救。自此以后，敌军引退，北方及东北之边患完全肃清，革命政府的地位也越发稳固了。

第十七章　公安委员会之活动

　　从上章看起来，一七九三年六、七月间，内忧外患交至沓来之法国，到了年末，竟次第扫平，政府的基础稳固，权力因而增高，甲哥班党遂得凭借而自由施行其恐怖政治了。

　　甲哥班党的根据地在巴黎，巴黎是首都所在，政令所自出，亦即恐怖政治的出发点。甲哥班党施行恐怖政治的主要机关为公安委员会（Comte de Salut Publique），此外有保安委员会（Contéké Surete Gééuerale）及革命裁判所（Tribunale Rèvolutionaire）为其左右手。公安委员会一手兼行政司法之权，令出惟行，生杀任意，实在就是当时的真正政府。至于内阁，名义上虽仍存在，实则毫无实权，俨同散秩，故论一七九三年时代法国的政治者，必不可不注意公安委员会。

　　公安委员会是怎样产生的呢？原来国民议会起初主张立法行政分权之制，禁止议员充任阁员，对于内阁举动每多过分的干涉，后来更于国会中设立许多委员会，处理外交内务陆军等政，内阁竟同虚设。至一七九二年八月十日王政颠覆以后，国会任命议员以外的人士六人组织内阁，称为假行政府（Le conseil exécutif Provistoirc）。这个政府直到一七九四年四月十九日为止，以前都还存在，但事实上自一七九三年一般国防委员会（Comiitedc défence Génerale）起后，这个假行政府遂成为有名无实的闲散机关了。

议会因为笃守三权鼎立的旧说，对于自行任命的假行政府仍不准议员兼职，以致政府与议会隔膜，权力仍然微小，而且在议会中又设立许多关系国政的委员会，处处越俎代庖，职权更形混乱。一七九三年一月，法英国交濒危之际，吉隆丹党遂在议会提议设立一般国防委员会，经多数通过，由陆海军、财政、殖民、商业、外交、宪法各委员会，各出三名委员，组成一般国防委员会，与内阁并立，处理战期内一切事项。这个委员会成立之后，吉隆丹党员占多数，如布利梭、吉宋尼、高特等都是其中翘楚。全体委员二十一名以上，会议皆取公开，故不能保守秘密，影响于外交及军事不少。及楮牟利在前敌连败之耗传来，一般舆论多责一般国防委员会之无能，遂于三月二十五日改选新委员，委员数定为二十五名，每周二次要求行政会议的大臣出席，为各种报告，又委员中每日必派二名出席国会，备议员的咨询，于是这个机关遂成为行政会议与国会间的中介机关了。

新国防委员会之中吉隆丹党与甲哥班党人数略相等，中立党亦有数知名之士在内，可称是网罗各派人才了。但各委员之中仍缺乏相互的调和，且议事依然公开，较前届委员会不但未曾改良，而且反形改劣。及楮牟利谋叛的事发作以后，一般人皆感觉非巩固中央行政府的权力不足以挽救国难，因此一般国防委员会遂自请解散，另行改组，经国会通过后，遂改名为公安委员会，于一七九三年四月六日选出委员成立，这就是震怖一世的公安委员会之起源。

新委员会委员之数九名，会议以秘密行之。其职权为受行政会议之委托监督行政事项之执行。在理论上国会虽未将行政会议废止，但实际上内阁大臣不过是公安委员会的书记而已，公安委员会才是实际的政府哩。

公安委员会照定例系每月改选一次，但实际上议会不愿时时变易人员，屡次以旧人重复当选。委员定额原为九名，后加为十六名，最后又定为十二名。以后此十二名委员常常继续当选，直到恐怖政治终了为止，其十二名委员之名为金朋圣安多雷（Jean Bon Saint Andoré，今作"让·邦·圣安德烈"），巴莱尔（Bertrand Barère de Venzoc，今作"贝特朗·巴雷尔"）、罗拔士比、苛顿（George Auqust Couthon，今作"乔治·奥古斯特·库顿"）、叶浴尔·德西齐尔（Marie Jean Hérault de Sechelles，今作"马里·让·埃罗·德·塞谢勒"）、布利尔·德马奴（Pierre Louis Prieur de Marne，今作"皮埃尔·路易·普里厄·德·马恩"）、圣揭斯特（Louis Antoine Léon Floselle de Saint-Jusr，今作"路易·安东万·莱昂·德·圣茹斯特"）、罗比尔·林德（Robert Lindet，今作"罗伯特·林德"）、加尔诺·布利尔德可多（Prieur de Cote-dor，今作"普里厄·德·科多尔"）、比浴屋伦诺（Jean Nicolas Billaud-Varenne，今作"雅克·尼古拉·俾约·瓦伦"）、可洛代尔鲍亚（Collot d Heabois，今作"科洛·德布瓦"）。丹顿曾在第一次公安委员会中有大势力，第二次虽当选，不久即因故辞职，故势力不大。在公安委员会中，最知名的人当然数罗拔士比，故人多误以为公安委员会即全是罗拔士比个人的爪牙，其实这个观察是错误的。罗拔士比是个富于情感的空想家，自信力很强，自以为是当时唯一伟大的人物，革命以前本是很温和的法律家，革命以后突变为极端派，他生性对于实际事务的处理手腕很缺乏。他虽自以为能够全权指挥公安委员会，其实公安委员会的委员大多数都是富有经验、手腕灵活的事务家，他们与其说是受罗拔士比的指挥，毋宁说是以罗拔士比为傀儡，奉以虚荣，而暗中操其实权。严格分析起来，公安委员会十二委员之中，可称为罗拔士比的信徒者，只有圣揭斯特和苟顿二人。圣揭斯特是个美貌雄辩的活动家，苟顿是个多病沈思的理想家，这二人俨如罗拔士比的左右手，都是长于理想而短于实际的人物，决非其他老练人物之敌。除了罗拔士比派委员三人之外，其余九名委员之中，可称为丹顿派者一人，无色彩的投机派者一人，下余七名则均系实际专斗事业家。丹顿派的委员一人即叶浴尔德·西齐尔，此人是个温和保守派，出身世家，少年曾出入宫庭，后始投身民党。仪容甚美，善于交际，既非罗拔士比派之空想家，又非其他委员之实际家。对于他的职务并不热心，整日里只是驰驱于交际社会，在政见上比较与丹顿接近，但也无实际力量。像这样的人也列于公安委员之选，颇不可解。投机派的一人为巴莱尔，此人是个富于常识而缺乏胆量的人物，向无党派色彩，当吉隆丹党与甲哥班党相争之际，他居于中立派首领地位，曾任国会议长。及甲哥班派胜利之后，他遂见风转舵，仍以中立派首领的资格取得公安委员的地位。当时议员中像巴莱尔的行径者实在很多，所谓平原党者，即全系此等人物，平心而论也不能说此中尽是人格卑下的人物，像巴莱尔这等人，他们向来对于主义以及政见之争本不感到若何趣味，则其态度之模棱两可亦势所当然，不足深病。况他们虽无坚定主张，而头脑明晰，对于公务能有明了观察，这种人也不可少的。巴莱尔在公安委员会中专管的是向国会出席报告，他的报告非常明晰，颇得听者欢迎。当时国会名为监督公安委员会的执行，实则委托公安委员会以全权，每日仅接受报告而已。此外七名委员都是实际的事业家，各有专长，对于当时的法兰西国事，负责甚重。就中如加尔诺是个有伟大天才的军事家，法国军事的改革，他的功绩最大；他又是个名将，他的战略后来为拿破仑所采取遂战胜全欧。故有人谓拿破仑为加尔诺的弟子中之最大者，可想见加尔诺的天才了。他的人格并且很伟大，始终忠于共和政治，自共和失败以后，他经过拿破仑及路易十八两朝，始终隐居乡村，不肯出仕，可想见其高洁了。当时，他在公安委员会中职掌军事，与他同掌军事者尚有布利尔德可多，亦系专门军事家出身，对于军事行政富有经验，为加尔诺的得力帮手。此外，在公安委员会中专掌海军者为金朋圣安多雷，他对于海军富有经验，也和加尔诺之于陆军一样，可惜议会对于海军政策运用错误，故不能有大功绩。原来法国海军在革命以前本富有声誉，及革命以后，纪纲废弛，海军士卒往往以下凌上，酗酒滋事不服命令。议会又误信自由、平等之说，废止海军刑法，以至士卒们更无所忌惮，虐杀长官的事时有所闻，纪律越加紊乱。及金朋圣安多雷担任海军事务以后，始极力以最刑处置不守纪律的士卒，制定海军刑法，恢复上下秩序。一面又不次拔擢其正人才，畀以重任，故海军事业以后遂蒸蒸日上。但当时法国海军究缺少练习与经验，又受英国海军之压迫，故不能如陆军之建丰功，这也是金朋圣安多雷之不幸了。此外罗比尔·林德和布利尔·德马奴二人专司关于军队和市民的食粮给养事务，多涉及与经济有关的问题，可视为财政家。二人都是精通财政的实际手腕家，林德常驻在首都，马奴则常派往各省办事。比洛屋伦诺及可洛代尔·鲍亚二人则负内务之责，比洛屋伦诺是个手段爽辣的政治家，他力主恐怖政治并使恐怖政治成为有系统有计划的政治行为。他掌握内政的大权，指挥警察，逮捕人犯，实在可视为当时法兰西内政上真正的君主。从一七九三年九月到一七九四年七月，事实上支配法兰西的国事者，实在就是上述的七人，此外巴莱尔仅负向国会报告之责，叶洛尔·西齐尔不过备员而已，二人都无关重要。罗拔士比等三人则纯系卢梭流的空想家，毫不留心实际事务，故实际的权柄反不及其他七人。

平心而论，公安委员会在此时期所有种种的措施，虽然暴厉恣睢，残杀无辜，未免为历史上的污点，但就一方面看来，也未尝不是救时的一种手段，在当时腐败凌乱已极的法兰西，苟非厉行绝对集权专制主义，以敏快严刻的手段处置一切，则难免也不蹈波兰的覆辙，酿成亡国之祸，所以知人论世者，也不可不原情立论。况以十二委员的个人人格而论，终无一人曾借其地位为肥己营私之事全体皆以贫士而终。除金朋圣安多雷、巴莱尔及加尔诺三人之外，无一人曾屈膝于拿破仑之朝。加尔诺虽屈节于拿破仑，但拿破仑败后，彼仍尽力运动设立自由主义之政府，不肯服从路易十八，也是很难能可贵的。总之，公安委员会的首领人物决非如后世所想象的尽系出身微贱的暴徒，大多数委员皆出身于中等社会，并且富有实际的经验，他们的部下更有许多专门的事业家相助为理，所以能统一国是，转危为安，其成功并非是偶然的。

第十八章　恐怖政治之大狱

恐怖政治的发动机关是公安委员会，但为公安委员会的爪牙以辅助恐怖政治之进行者，却是保安委员会及革命裁判所。前者是逮捕国事犯的警察机关，后者是审判国事犯的裁判所。保安委员会的出现尚在公安委员会之先，一七九二年十月即已成立。当时吉隆丹与甲哥班两党互争此机关，结果甲哥班党获胜，委员三十名之中，甲哥班党即占十七名，吉隆丹党仅占六名。一七九三年一月再选，吉隆丹党战胜。但未几因某暗杀事件发生，甲哥班党利用人心激动的机关，提议改造保安委员会，委员仅定为十二名，结果吉隆丹党仅占一名，甲哥班党竟占十一名之多，获大胜利。自后内部组织虽时有变动，但甲哥班党恒占胜利。至吉隆丹党失败以后，甲哥班党更指挥如意，成为该党的御用机关了。至一七九三年九月，始确定委员人数为十二名，由公安委员会提出候补者之名单，交国会同意。其任务为缉捕反革命派，凡王党及其他一切对于共和政治及国民有不忠之举动、计划，或表示意志者，径可捕缚之送交革命裁判所审问。又伪造纸币者，不照政府发行纸币的票面额使用者，及照规定面包之最高价以上发卖者，皆认为不忠于国民者。又当时每一国民必须有一证明券，由其地方官吏发给，证明其系忠于共和政治者，凡于行路之际，经官吏或普通国民向之索阅，必须即时示之，否则即可认为嫌疑犯，立时拘捕交付市厅押禁。

此外革命裁判所的地位更为重要。成立于一七九二年三月九日，正法兰西军队败于比利时之际，为镇压反侧，巩固国会威权起见，乃议决设立一特殊裁判所，专审判反革命派。至一七九三年六月，吉隆丹党覆灭以后，乃变更革命裁判所的组织，使成为独立于国会以外之机关，公安委员会确立后，遂附属于公安委员会之下，分为四部，共设裁判官十六人，陪审官六十人，以外设检事长一人，检事下役五人。裁判长为哈尔曼（Herman，今作"赫尔曼"），检事长为丁维尔（Tinville），都是天资刻薄的酷吏，唯恐受刑人之少，故其罪人往往未经审判即已预定，且有每日定须执行若干死刑之请求，可见其残忍了。其审判的情形最初尚依照普通裁判手续，对于犯人须经过相当手续始能判罪，故往往亦有被判为无罪释放者，一七九三年四月至八月之间，纯粹国事犯在革命裁判所受死刑宣告者仅三十八人。但其后求效愈急，裁判的手续愈简单，犯人差不多经草草一审，即付死刑，九月一个月之间死刑至百人以上，其目的在使反对党震栗不敢反动，不复问其本人之是否应犯死罪也。

恐怖时代的大狱最动人耳目者，莫如王后马利安多尼之被刑。自路易十六刑死以后，王后与其子女仍系于但布尔狱中，至一七九三年春，有人谋将王后一人救出，王后以不忍弃全家老弱而独生，遂打消此意。其后营救者日多，消息渐渐泄露，政府的警备也越严。至同年七月遂以市长巴希（Poche）之命，将太子从其母之手夺开，另行囚禁，事后始交国会承认。又将图救王室之嫌疑犯狄龙将军（Géneral Dillon）拘捕。及梅因与威伦新奴相继为敌军陷落后，公安委员会恐王族与敌军勾结，遂请求国会将王后移系于孔塞吉利（Conciergérie，今作"巴黎古监狱"）狱中，而加以特别裁判。十月十二日至十六日连续审判王后的罪，照例以恣睢暴厉的态度强迫承认，传唤证人四十人，皆虚构事实，务以证明王后的死罪为目的。有人甚至妄言王后与其太子有猥亵之行为，此种过度之诬妄转引起民众对于临死王后之同情。审判既终，遂宣告应付死刑，王后自知决无幸免之理，故转不惊惶，十月十六日，遂夷然就死于断头台上。

在王后以前较著名的死刑执行，则有刺马拉的凶手夏绿蒂女士于一七九三年七月十七日被杀。在王后死后的大狱，则要以吉隆丹党名士之被杀为最重要。原来自一七九三年六月二日的政变以后，吉隆丹党议员被拘禁者凡二十九人之多，其中二十一人皆逃赴各省举兵反抗甲哥班党，唯吴尔尼、吉宋尼等八人自以为本无罪状，且以为国会议员身体神圣不可侵犯，故不肯逃避，遂被拘系。起初尚颇被优待，及各地举兵之事发生与马拉被刺之后，甲哥班党根本铲除吉隆丹党分子的意思遂渐坚决。其后各地叛乱削平，陆续被捕至巴黎的吉隆丹党议员连前系八人共至二十一人。初因革命政府组织尚未完成，故无暇审判，至九月中公安委员会的组织业已完成，遂于十三日由国会议员动议将吉隆丹党二十一人付之审判。至十月二十四日遂将二十一人传到革命裁判所审问。告发他们的罪状是与王党通谋，是挑拨离间地方人与巴黎人的感情，是与楮牟利勾结叛国，是迫害真爱国者，是暗使女子刺杀马拉，是与英国人勾通出卖土地，是破坏统一不可分的共和政治，剥夺人民的自由与安全云云。甲哥班党的二等首领都出席法庭作为证人，陪审官也加入攻击吉隆丹党人的罪恶。迂阔的吉隆丹党人犹误信言论可以挽回他们的危机，遂在法庭之上滔滔挥其雄辩与证人及陪审官相辩驳，法庭之上俨如重现议场的状态，无奈甲哥班党的法网早已布置严密，非口舌所能自拔的了。十月三十日，遂由国会通知裁判长，召集陪审官，先为二时间之休息，使陪审官的良心十分明净，然后再静心研究有无罪状的问题，这种掩耳盗铃的做作自然结果可想而知，所以在陪审官的良心明净了以后，竟全体一致异口同音承认有罪，于是吉隆丹党议员的命运遂确定了。他们最初尚自以为决不至于死刑，一闻有罪的宣告竟大起纷扰，有的高呼无罪，有的战栗不已，有的互相拥抱彼此安慰，有的尚自以为半属甲哥班党，不应糊涂株连，更有人当堂拔剑自杀的，但也有几个人泰然自若，不示怯于敌人的。到十月三十一日，吉隆丹党的名士除吴拉赛（Valazè）一人当堂已自杀外，下余二十人一齐送往断头台，受了死刑。至此，他们已知万无幸免之希望，态度转夷然自若。唯有鲍亚劳（Bolleaul）一人自以为本系接近甲哥班党者，偶因误会，致被株连，心不能甘，至死犹喃喃不已。二十一人被刑之后，逃亡在外的吉隆丹党名士，有的随后被捕受刑，有的漂流无定，困饿而死。残余者伏处乡里，匿迹埋名，直到恐怖政治终了，甲哥班党完全覆灭之后，才由国会欢迎吉隆丹党议员七十三人复归议会，但精粹分子已尽被夷灭，也就无能为力了。

平心而论，吉隆丹党的分子其热心共和政治、反抗专制殊不下于甲哥班党人，当王党及君主立宪党未倒以前，吉甲两党合力为共和政治作战，故能战胜君主党，确立共和政治的基础。所惜吉隆丹党人多长于理论短于实际，当国年余，无特著的成绩，又凡事拘牵文义，优柔寡断，不能先发制人，与狠辣阴毒的甲哥班党人比较起来，自然不能不着着失败。卒至身败名裂，骈首就戮，也就是太过于迂阔持重之过了。

一七九三年十月中经革命裁判所判决被刑者，有王后马利安多尼、吉隆丹党议员等，统计一月共杀五十人。至十一月中，则被杀者五十八人，以罗兰夫人、奥伦治公及前巴黎市长巴依之死最著名。罗兰夫人死于十一月八日，临死，服白衣，被长发，从容登台，毫无惧色。其所呼"自由！自由！天下几多罪恶，假汝之名以行"数语，至今为人传诵。夫人实在是个醉心理想，好高骛远的女子，生平最恶王党，曾面辱王后，咒其速死，不料今日竟步其后尘而同上断头台，也是始料所不及哩。夫人死后，其丈夫罗兰闻而自杀。

罗兰夫人死前之二日，即十一月六日，为奥伦治公被刑之日。奥伦治公腓力布（Philippe，今作"菲利普"）是王室的近族，当路易十六初年，曾蓄意篡夺王室，挥金买士，极力鼓动革命风潮，自居为维新派首领。不料革命风潮一起，大势所激，急转直下，由君宪而共和，由共和而过激，路易十六周身遭显戮，奥伦治公自身亦同归于尽，可为野心煽动家之鉴戒了。至一八三〇年七月革命以后，法王查理第十（Charles X，今作"查理十世"）被逐，国人迎立腓力布之子路易·腓力布（Louis Philippe，今作"路易·菲利普"）为王，至一八四八年始被逐，总可谓稍达其父一生之期望了。

　　恐怖时代最可悲惨的牺牲者，是前巴黎市长巴依的死。巴依本是个品行纯正的学者，对于天文学造诣甚深，不幸革命起后，卷入政治漩涡。最初在三级会议时代被选为议长，领袖议员，力争民权，声誉卓然。巴斯的狱攻陷以后，他出任巴黎市长，当艰危震疑之会，矢勤矢慎，镇压守旧党的反动，防止过激派的乱举，守正不阿，超然不倚。徒以禁压过激派活动之故，遭暴民之忌，遂至受惨刑而死。当他从狱中送往断头台之时，沿途故意到处停留，任市民随意侮辱，以火燃烧他的头发，群众拍手喝彩以观之。他的刑期在十一月十一日，正是寒风凛冽的天气，故意将他留置寒风旷野中至三时之久。他的刑台又故意搭在河边粪堆之上以示侮辱。巴依对此惨刻的待遇，始终态度沉着，从容就死，真不愧为有学养的君子了。

第十九章　恐怖时代的巴黎与各地方

　　当革命运动未成功以前，暴民的势力极大，举动可以影响于政治，及恐怖政治既已确立以后，一切反对党俱已打倒，革命政府威权既已集中，遂不得不采取鸟尽弓藏的手段，对于暴民加以限制了。当时下等暴民之中，尤以女子最为跋扈。几次革命的爆发，都由巴黎的下等女子为前驱，她们对于革命功绩极大，故社会上奉以"编织女"（Tricoteuse）之尊称。马拉在时尤极力与她们联络，给她们以各种奖品，一切的公会场及刑场都替她们设有特别座位。成群打伙的妇女们，坐在刑场附近，一面编织手工，一面参观杀人，乃是革命时代常见的景象。她们也组织像甲哥班俱乐部一样的团体，横行市上，无人敢理。这都是革命初期的情形。等到恐怖政治确立以后，为巩固政府的威权起见，首先便剥夺她们的特权。先禁止她们在国会旁听，次剥夺她们出席一切政治集会的权利，于是巴黎市上的秩序为之一肃。

　　在恐怖政治之下，侦探四布，伺机辄发，偶语者弃市，腹诽者族诛，人民摇手动足，皆有触及法网之处，因此，一般人民将政治看作极危险的事，大家相戒不谈。加以自革命以来，五年之中，朝秦暮楚，瞬息万变，一般人看惯政治上的奇形诡状，渐觉当初的一切理想希望，都成画饼，"我躬不阅遑恤我后"，遂不知不觉走到享乐主义的路上去，务以过一天算一天的卑劣娱乐强为欢笑。因此一般平民多不务正业，相率赌博，买彩票，作投机事业。至于酗酒滋事，荒淫无度，更是当时的常事，竟至人民道德堕落不堪。

革命以后，社会阶级既已完全撤废，社会上遂实行真正的平等。从前的麦歇（Monsieur，今作"先生"）、马丹（Madame，今作"女士"）等尊称都已废止，人民见面彼此互称为公民（Citoyen）或女公民（Citoyenne）。又从前对人的尊称您（Vous）字也废止，改用你（Tu）字。人民身旁多配戴自由的标章，即三色章、自由帽、秤、椰子、斧等。人名则多采用古代希腊、罗马时代的常用人名，如 Brutus、Macius、Anaxagoras 等名。衣服则趋于简单，头上的白色假发多已废止，唯罗拔士比一人反例外地保守古风。也有仿照罗马时代人的服装的。女子则多着希腊时代的古裳衣，废去女裤，身着长坎肩，发不结而长垂于后。装饰则避用金银宝石等类而改用钢铁，盖表示珠宝都已贡献于国家，为爱国女子应尽之义务也。

关于文学，当革命初期因人民兴趣集中于政治，加以恐怖时代对于出版言论检查綦重，因此文学不能自由发达。戏剧倒很发达，剧场也很多，但政府的限制也很严，有时竟禁止戏剧中有王者及贵族登场，以免引起人民思古之情。公安委员会所准许的正当剧本都是鼓吹革命，赞美共和的所谓爱国自由剧。

罗兰夫人死后，华丽的沙龙（Salon）生活从此告终，以女子为中心的社交生活也从此中止，新兴的代起者，一方面是放荡无赖的卑污生活，他方面则是清净安逸的家庭享乐。如丹顿娶了一个寡妇，享受家庭生活的乐趣，是其一例。

最奇怪的是旧式沙龙的社交生活在社会上业已绝迹，而转于狱中盛行起来。盖当时贵族、绅士、贵妇人等偶因嫌疑，即被拘击，狱中罪犯常至数千人，他们闷极无聊，乃异想天开，于狱中举行旧日之社交生活，甚至有一次召集千人而聚食的，狱囚与狱囚之中，恋爱争夺等趣剧也时常发现，真是古今所未有了。

革命以来，教育的颓废已极。一七九二年十二月，国会虽有重视普通教育之决议，但因党派之争，纷争辩难，朝定夕改，以致毫不能施之实际。旧日王政时代，大学中学本有特权可以征税自给，革命以后，特权废止，经济概仰给于政府，而政府因财政困难，时时拖欠，或给以无价值之纸币，因之现状亦难维持。加以大学中各人因牵涉政治之故，死亡者不少，内容自受影响。中学校的教科也常受政府干涉，教员俸给又少，一般民众误认教育为富豪贵族们独有的权利，常有打倒智识阶级的谬论，父兄也多不愿其子弟进入学校。一七八九年八月八日，学士院及学会被命停止；九月十五日又废止中学校，大学的神学部、医学部、美文学科及法律科。新政府显有彻底改革旧教育制度的决心。至十二月十九日，经国会决议，反对教育为国家事业，将教育委之私人之手，无论何人得以一科或数科为主而创办学校，不过须经市区的监督，其教科若与共和政治的道德及法律反对者则予以严罚。单以读书、算术为主的初等教育，政府对于他的教员按生徒之多少比例给予津贴，即男教师每生徒一人每年津贴二十利华，女教师每年十五利华。生徒的入校励行强迫，不励行者罚其父兄。但这种官督私办的学校不易为学生家庭信任，时局不定，愿意致力教育事业的也很少，所以革命时代的教育是很颓废的。

财政困难为法兰西革命的大原因，革命以后，财政困难不但不减轻，反有加重之势。革命政府对此也无救济之法，只以乱暴的手段，滥发纸币，封闭货币交易所，强令凡不照纸币额面规定之价格使用者，处死刑。但经济大势究非政治的力量所能强制转移，交易所虽停，仍有其他变相的场所代之而起，纸币的价格仍然时涨时落，不能一定。革命政府所发的纸币反不如王政时代的旧纸币在社会上的信用高。因纸币限定照额面行使的结果，物价日趋增高，人民苦不堪言。一七九三年八月，政府强制募集新公债十亿利华，结果仅得二亿，因此恐怖政府依然不能脱离向日的方针，只有滥发纸币以救一时之急。为恐巴黎市民之不平起见，政府对于市民面包之供给向来不敢忽略，但因物价腾贵之难制，故政府于此殊费苦心。当时人民欲买一块面包，有时竟须在面包铺门前鹄候数时之久始能得到。幸政府尽力以高价输入谷物，以救济巴黎市民之缺乏，始得免于因饥饿而致暴动之危险。从一七九三年八月至十月间，政府连续制定关于种种日用货品之最高价格，如薪炭、石炭、燕麦等生活必需品四十种稀均限定其最高之价格，大体标准照一七九〇年的平均价格之一又三分之一为例。其后限制的种类越加增多，几乎一切用品真有限制了。但限制尽管限制，不能禁私下授受价格之抬高。而贫民得陇望蜀，需要也仍不满足。政府恐贫民之不满，乃于一七九三年九月制定每星期开全区民会二次，凡出席者支给四十苏的出席费。又将贫饿人民编成炮兵千二百人、步兵六十人的革命军，以之励行巴黎食料的供给，但因革命军队之乱暴如盗贼之故，却大生反对之结果，使生产者将货物紧藏，不敢暴露，征集越发困难了。

革命时代还有一件较大的改革，即历法的变更。当时学者因旧日通行的格利高来历（Gregoire）不甚完备，颇有创议改良的，一七九三年十五日，罗姆（Lomme）提出改良历法的议案，其新历法的创作人为有名的数学、天文学者兰格伦（Lagrange，今作"拉格朗日"）及拉普拉斯（Laplace），每月题以美的名字者为诗人费伯尔德格兰丁（Fabre d' Eglantine，今作"法布尔·代格朗蒂纳"）。国会径将此案通过，公布施行，于是法兰西的历法遂改变了。

新历以一七九二年为共和元年，以秋分日为岁首（九月二十二日），一年分为十二个月，每月按相当的季节赐以美的名称，如：

一、葡萄酒月（Uendemiaire）九月二十二日——十月二十一日；

二、雾月（Brumaire）十月二十二日——十一月二十日；

三、霜月（Frimaire）十一月二十一日——十二月二十日；

四、雪月（Nivose）十二月二十一日——一月十九日；

五、雨月（Pinvosie）一月二十日——二月十八日；

六、风月（Uentóse）二月十九日——三月二十日；

七、萌芽月（Germinal）三月二十一日——四月十九日；

八、开花月（Floreal）四月二十日——五月十九日；

九、牧场月（Prainal）五月二十日——六月十八日；

十、收获月（Messidor）六月十九日——七月十八日；

十一、炎热月（Fermidor）七月十九日——八月十七日；

十二、果实月（Fructidor）八月十八日——九月十六日。

每月各三十日，分为三旬，每旬有一休息日。平年于年末加补充日五日，每四年一闰，则加补充日一日。但这个历法自革命失败后，又行废止，仍恢复今日通行的格利高来太阳历。

以上巴黎恐怖时代的状况业经详述，其时地方上的情形也有可述者。原来自革命以后，党人迷信三权鼎立之说，凡事以国会监督行政机关，以致行政机关一点不能自由，其后国会之权日张，竟至将行政事务越俎代庖起来，因此立法、行政二权又由分而合。国会常常选派委员到地方或军队里调查事项或就近监督其活动。国会委员因权限不分明，故常有以监督调查的职员进而直接执行事务，其中毫无经验因此偾事者也不少。以后国会逐渐改良，选派有经验、有手腕的议员到地方，大凡能办事而拙于言论的人往往被选派到地方为委员，正是他们磨练手腕的地方。一七九三年三月八日，楮牟利连败之报至，国会感于巩固中央行政势力之必要，乃决议征集新兵三十万，每省各派委员二人，全体共派八十二人，这是革命裁判所成立前一日的事。自公安委员会成立后，遂将委员直接隶属于公安委员会。这些委员名虽为征发新兵而设，实则干涉地方一切的行政，权力甚大。委员中大多数是年少气盛富有精力的人才，能够了解公安委员会的意旨，以精悍灵敏的手腕执行公安委员会的命令，或平定祸乱，或处置敌党，或指挥军队，或报告实情，恐怖政治之能推行于全国，皆此辈之功。这些委员大多数出身于甲哥班党或平原党，属于吉隆丹党者甚少，也可见该党领袖之只知埋头于中央政争，而不知注意地方势力了。一七九三年六月二日政变之后，里昂等市起而叛乱中央，这时各省的派遣委员忽而大显其能力，叛乱之速平都由于委员之处置敏速而得宜之故。自此以后，委员之权力竟无限增涨，只要两个委员一致，可以处理地方上任何事务，从前的地方议会及政府至此全退处于无权。地方委员有自由任免地方官吏之权，但武官的任命须经议会承认。委员每日必向公安委员会报告一次，每周必向国会报告一次，公安委员会每周也将地方派遣委员的报告综合向国会报告一次。地方委员得自由逮捕任何人，得组织地方的革命裁判所，得任意没收个人或团体的财产。因为委员有这样无限的权力，故恐怖政治因之遂能实行普及于全国。北方军事之胜利，里昂、马赛等叛乱之善后处置，皆赖地方委员之力。就中如里昂叛乱之后，地方委员奉政府之命，将里昂市的中心建筑物破坏大半，虐杀反革命人物一千六百余人，这就是地方恐怖政治的最显著的实例。

第二十章　甲哥班党的内讧

当一七九三年之夏，正甲哥班党内忧外患交迫之际，已如前述，到了同年十月以后，种种乱事，逐渐平定，危险时期已过。甲哥班党共同的敌人既倒，遂自然生出内讧来。其时党中约有两大派，一派是极端过激派，其领袖叶伯尔（Hébert，今作"埃贝尔"）与裘米特（Chaumette，今作"尚梅特"），他们主张将阶级及宗教全行废止，施行极端过激政治；他一派则是温和派，其领袖为丹顿及德摩兰，他们主张促政治入于轨道，以便树立稳健的共和政治。此外罗拔士比及公安委员等则可视为中立派，盖罗拔士比专尚空想，不管实际之竞争如何，而其他委员则又多系实际的手腕家，但欲以恐怖政治树立新的秩序，既不赞成过激派的妄动，又不赞成稳健派的和平，故拥罗拔士比为魁，以之操纵于两派之间，大得其利。

叶伯尔是个人家的雇役出身，性情粗野，长于煽动，自革命以后，曾任检事长，对于九月虐杀事件及吉隆丹党的颠覆，都非常出过力。他是主张撤废阶级最力的人。裘米特也是船上的小使出身，于九月虐杀事件中也非常卖力。他曾主张全废财产，今后人一律穿木履常食薯。就中他所最致力的是宗教破坏运动。自革命之初，非加特力教和无神的理论就很盛行。国民议会制定的宪法虽规定信教自由，但实际上否认加特力教为国教，强迫僧侣对宪法宣誓，就暗含有视基督教为自由之敌，不尊重其教徒之信仰自由权的意思。即如废止旧历、改革新历等举动，也暗含有排斥宗教的意思。但国会中如罗拔士比主张有神论，虽不一定赞助加特力教，但不赞成排斥宗教。又如丹顿，则因为维持社会秩序起见，承认公众的宗教之需要，反对盲目的破坏的运动。这种理由没很得大众的赞同。故一七九三年八月过激派在国会提出禁止关于上帝的讲话的议案竟被否决。过激派不肯罢休，乃胁迫巴黎的大主教召集一部分僧侣向国会提出废止宗教寺院的意见书。其理由以人民现已不需要宗教，巴黎的寺院从前系受之于人民，现在仍应返诸人民。此案受理之后，仿效者纷纷继起，有的退还寺院，有的与尼僧结婚，但信仰坚笃的教士极力反对者也不少。叶但尔想蹂躏宗教的权威，乃唆使巴黎的细民起而举行反宗教的示威运动。民众乱拥入诸寺院，侮辱圣器或装成僧侣等，种种情状以为笑乐。为打倒宗教的权威起见，又特别提倡理性之崇拜（Culte de raison），雇用了一个著名的女优装成理性的女神，于十一月十日由民众舁往游行街市，更抬往议场，议员们也只得加以敷衍这种滑稽的举动，是过激派的得意手笔。

当时的法兰西虽然无神论盛行，其实大多数民众仍然笃信旧教，并无更变。而且因为过激派的儿戏举动，更引起一般人的宗教心，地方上时有拥护宗教的反动运动。丹顿和罗拔士比也不赞成这种举动。丹顿本是个富于实际才干的人，性格与米拉波略相似。他向来不喜欢什么虚空的理想，只以实际为重。他最初为树立巩固政府起见，本倾向君主立宪，后因朝廷无能，王政日趋腐败，遂逐渐趋于共和主义，竟至主张处王以死刑。但在共和政治之下，丹顿仍极力主张速建设稳固的政府，反对约克滨党的暴动，颇与吉隆丹党思想接近。不幸吉隆丹党气量太狭，不肯彼此携手，以致丹顿不得已仍须与甲哥班党一致。及吉隆丹党失败以后，他的主张遂日趋于温和，反对虐杀吉隆丹党员以为系政治上的罪恶，因此很惹过激派之厌忌，渐渐彼此互相攻击，有不两立之势。至于罗拔士比因为相信有神论，认无神论的主张为贵族式，故对于过激派的滑稽举动也采取旁观的态度，不肯加以赞助。到是年九月中，丹顿派的策士费伯尔密访罗拔士比，告以叶伯尔等过激派的密谋。大致谓过激派谋将国会中有势力之议员及反对他们的人一网打尽，择其中七十三人加以处分，丹顿、陆毕劳（Billand，今作"比兰德"）与罗拔士比都处死刑。同时鼓吹卑视议会的舆论，以革命军队、陆军部及甲哥班党之多数掌握于该派之手。这种报告虽未必尽属实在，但费伯尔向与市会中的下等人物往来甚密，故其所得的消息也未尝无几分真确性，故罗拔士比闻之大为惊讶，因之与丹顿派的联络遂日密。到了十一月中，两派的冲突遂日渐显明起来，叶伯尔在甲哥班俱乐部内，提出对于国会议员狄奎诺（Duquesnol）等二人的攻击，次日罗拔士比即伴狄奎诺来部，对于叶伯尔派加以反驳，目之为离间共和政治，有取公安委员会而代之的野心。叶伯尔的部下翟博（Chadot）又向罗拔士比告密，告以叶伯尔派对国会的阴谋。罗拔士比听说了愈加惊骇，遂与丹顿派结合益坚，于十一月十七日以公安委员会的名义，趁在向国会报告外交事项之际，突然将费伯尔及翟博等告密的内容逐一对众宣布，但未举出叶伯尔等之名，唯暗讽之使知警畏而已。自此一方面以公安委员会为主体，欲将过激派的阴谋向国会控诉，加以处置，一方面则以巴黎市会为根据，谋一举夺取甲哥班俱乐部的实权，捕取反对党巨魁，以威吓公安委员会。至十一月二十一日罗拔士比遂在甲哥班俱乐部演说攻击叶伯尔等蹂躏宗教的行为，大博多数的喝彩。其时丹顿因新婚后正在外省度蜜月，优游暇逸，静待过激派之失去人心。至十二月初旬，见时机已熟，乃遄回巴黎。那时有人造谣谓楮牟利的叛乱与丹顿有关系，主张加以裁判，罗拔士比乃在国会演说，极力为丹顿辩护。两个首领携手的态度既然判明，人心自然都倾向这面，叶伯尔派的阴谋顿受挫折，寺院也禁止封锁，理性的崇拜也无形消灭。十一月十八日，公安委员会起草革命政府宪法决议案，十二月四日经议会通过。规定一切官厅俱须受公安委员会之监督，一切处置俱须得公安委员会同意，不得丝毫自由行动。且为政治的统一起见，人民不许以任何名义自由集会结社，这就是将当初对付王室及吉隆丹党的手段全行除去，以免有人利用以颠覆国会及公安委员会。人民若擅自集合军队，不受国会及公安委员会命令者，一律以叛徒视之。此令一公布，叶伯尔派越发失去了活动的根据了。是时丹顿派的报纸也公开攻击暴烈分子的罪恶，痛快淋漓，毫不客气。当时巴黎报纸受革命政府监视，久已无自由言论的胆气，突然有此言论出现，大受社会的欢迎。但因此罗拔士比及其背后之恐怖政治实行家转生疑惧，恐叶伯尔派一倒，连带也波及他们，因此遂转而对温和党加以限制。一七九四年一月，罗拔士比在甲哥班俱乐部演说，公开攻击德摩兰所办杂志言论之非，并由其党羽提议将德摩兰除名于俱乐部。两派间渐开始人身的攻击。叶伯尔派以为有机可乘，遂于三月四日鼓动贫民，起而暴动，不料公安委员会早有布置，并在平民间破坏叶伯尔的名誉，谓之有过激的嫌疑，因此叶伯尔人望失坠，鼓动不成。至三月十三日遂将叶伯尔及其党羽十七人陆续逮捕，裴米特也于三月十八日被捕。三月十八日开始审判，其罪名为损坏人民主权，妨灭法兰西的自由，图谋复活专制，使人民濒于饥饿，虐杀人民的代表云云。其首领叶伯尔等则更指为与英国政府勾通，受敌人贿赂，图谋扰乱。三月二十四日遂判决他们的死刑；——由断头台上处死。这一般人平日惯以残酷暴虐的手段对付异己者，今日天道好还，即以其人之道还治其人之身，可为好杀之徒戒了。

第二十一章 丹顿派之颠覆

叶伯尔派的刈除，是公安委员会用极周密的计划，极静稳的手段处置了的，较之从前铺张扬厉的做法大不相同。委员会利用他们既得的权力，着为恢复秩序之计，很平静地将革命军解散，市会改造，陆军部废止，一切暴动的中心，惹人注意的乱源，竟于短时期之内，一扫而尽。过激派既然铲除之后，公安委员会的注意遂转移到温和派身上。当时丹顿派虽在委员会中势力甚微，但在国会中潜势力却很大，自过激派失败以后，社会上舆论对于过激行为渐渐加以攻击，温和的主张渐能得人同情，这都是公安委员会所最忌的。而且罗拔士比是个气量最狭，虚荣心极盛的人，眼前唯一的可以抗衡的人只有丹顿，怎能不视为眼中钉而急欲除去呢？

当时双方的友人因为两雄相争，非国家之福，颇有极力为之奔走调停的。一日友人等设席为二人调停，已得二人允许，见面之后，互相握手谈心，言笑极欢。不料丹顿醉后言辞不谨，竟面斥公安委员会疑忌之非，以致罗拔士比大为不乐，拂袖而去，二人的嫌隙遂因之愈深。罗拔士比归后与圣揭斯特终夜密议，更由公安委员会连夜开议，捕缚丹顿等的计划遂决定。

丹顿尚不知自身的危机已经迫切，友人多加以劝告。国会议长塔利安（Tallien）和马拉的妹阿尔比斯丁（Albistine）也劝他在国会中演说，煽动议员以压迫公安委员会，更有人劝他鼓动人民以推倒公安委员会的。不幸丹顿过于忙大，竟毫不准备。他平素轻视罗拔士比的为人，尝评之为连鸡卵也煮不熟的人物，且不信其能操纵公安委员会，对自己加害。殊不知此次倒他的阴谋，主动者乃是公安委员会，并不是罗拔土比个人，大家不过以罗拔土比为傀儡，令他挡头阵而已。第二，丹顿又过于误信自己的能力，以为只要自己一开口，便能获得听众同情，将敌党折服，因此直到临危之夜，有人劝他暂为躲避，尚不肯行。但是无论丹顿如何自信，公安委员会扑灭他的计划却是非进行不可，结果到一七九四年三月十日、十一日两夜，遂将丹顿、德摩兰及其党羽数人捕获，投之卢森堡监狱。以鼓动一世风云之革命首领，竟与其反对党同被禁于一个狱中，这真是丹顿之所万想不及者了。

国会闻丹顿被捕之耗，自然大为惊愕，但大家都怕连累，不敢出声，有一个丹顿派议员勉强大胆提议请求国会将被捕者传来，当场加以询问，并为丹顿略加辩解，即被罗拔士比痛加驳斥，全场为之震服，竟无人再敢为丹顿派进言了。

丹顿等被捕之后，于一七九四年四月二日开始审判。所控诉丹顿的罪状，全属无根之辞，如谓他与王室私通，曾主持一七九一年一月圣讨马尔的屠杀事件，不尽职于八月十日的革命运动，以公安费用饱私囊，图谋颠覆共和政治等。丹顿听了裁判长宣读了他的罪状之后，不禁大怒，在法庭上为最后的狮子吼，舌辩滔滔不绝，颇博听众的喝彩。唯敌人种种毒计，早已埋伏妥当，岂口舌所能争服。结果竟不问证据确凿与否，宣告了他们的死刑。丹顿于赴刑场路过罗拔士比的门口，突然高呼道："看罢！我们三个月之后再相见。"这个预言果然后来证实，三个月之后罗拔士比也同样地被杀。

丹顿是法兰西大革命运动中的首脑。他是一个富有实际天才的人，并不耽于空想。王政颠覆之后，他所尽力的是共和政治基础的稳定，对于党争的纷扰颇为厌倦。因为与吉隆丹党的提携失败，迫他不得不趋向于赞成恐怖政治之一途。他曾努力于公安委员会的创立，对于外交上也有很大的功绩。他有对于大事牺牲的决心，计划和气魄都很伟大，但欠缺细密周到的精神，故结果终至一蹶不振，正是为他的性格上的缺点所自误哩。

第二十二章　罗拔士比之全盛及失败

　　现在公安委员会的权力可算稳定了，他们以罗拔士比为傀儡而实际任意发挥他们的手腕。将诸部俱皆废掉，于国会内组织十二个委员会处理行政事务：一行政警察裁判，二教育，三农业及艺术，四商业及人民之食粮供给，五公共土木，六公共的保护，七邮务，八公共收入，九陆军行政，十海军行政，十一武器弹药制造，十二外交。以上各委员会都有所专掌的职务，各各独立处理而秉成于公安委员会。又将市会改造，反对分子尽行排除。各地方的革命裁判所悉皆废止，地方上的国事犯都移归中央革命裁判所审理。所有狱中羁系的罪人特设六个人民委员会预审之，有罪者移交革命裁判所，无罪者放免。所有各机关官吏积压的公务限三个月内清理，又禁止他们干涉职务以外的事。

　　公安委员会所最得意的主张是规定国民制度一事，四月二十日，比洛屋·伦诺在国会请求明白规定国民的制度，大致谓"欲再与国民以十分的自由，不可不先将他们完全改造。应当先将他们先入为主的迷想扑灭，变更他们的习惯，制限他们的欲望，芟除他们的罪恶，使他们的倾向清新。抑国家之根本在人民的教育如何，梭伦（Solon）的宽大设施，使雅典沦于奴隶的状态，立喀古斯（Lycurgus，今作"来古格士"）的严酷手段，却奠定了共和的基础。二者对照则政治的秘诀可知。"以上这种强欲将人民投于一个模型的荒谬思想，本来是行不通的，不过公安委员会当时为排除异己净尽，贯彻万能政治的主张起见，却不能不采取这种手段。罗拔士比的见解却较其他委员稍有不同，他的主张恐怖政治，并不是仅仅为手段上的便利起见，他自己一向怀抱有创造新社会的空想，他自信是人类的救世主，因为这一点虚荣心，他不得不希望贯彻独裁的政治。他的提倡新宗教，动机也是如此。盖他既无军事的天才，又无内政的成绩，欲求压倒其他委员，获得人民信仰，则不能不从提倡宗教入手。因此他于五月七日特在国会演说，攻击叶伯尔等无神论之谬，而主张举行公众的"最高存在"（L'Etre Suprème）的崇拜式，国会唯唯从命，遂决议于六月八日举行。甲哥班俱乐部与市会从前为无神论的根据地，今日翻成反对无神论的大本营。一般人民向来宗教信仰极深，故对此举也比较赞同。但一方面不喜此举，认为系罗拔士比个人之妄想而加以腹诽者也不为少。不过慑于威势，不敢作公然的反对，但言外也不无表示。即如罗拔士比在国会内演说之际，一般议员对于他所主张的最高崇拜之存在只以沉默的态度听之，但对于他攻击宗教迷信之处，却格外的拍手喝彩，这实在是有意对罗氏加以嘲讽。盖当时国会议员多系从地方委员归来者，他们从前在地方的时候，作威作福，俨如小君主一般，一旦欲其俯首听罗拔士比及公安委员的指挥，心岂能甘。因此暗中的反罗拔士比运动甚为猛进。最利害的是旧丹顿党的几个国会议员，他们曾谋将罗拔士比暗杀，五月二十三、二十四两日接连有暗杀罗氏的案件破获，罗氏因此大为警备。除公安委员会特别严行侦探，并检查书状外，罗拔士比又别设一个高等秘密警察部，自为主任，对于嫌疑的议员加以特别侦查。又特别招募一小队兵士，以其最亲信的心腹任大将，为之保护。当时国会、市会及甲哥班俱乐部对于罗拔士比尚表热心赞助，故罗氏的地位一时甚为稳固。一七九四年六月八日，由国会布令举行最高存在之崇拜式。是日天朗气清，家家浓妆艳抹，群集于旧王宫之前，罗拔士比等演说之后，群众向广场进行，齐唱宗教的、爱国的赞美歌，然后发祝炮，祝贺式终。是日罗拔士比因有宿疾，致迟迟其行，颇惹一般议员们的焦急怨愤。及到场演说之后，即演放烟火，以纸糊成一大怪物的形状，代表无神论，以之投于松枝燃烧，所谓"真理的炬火"之中，而借机关的巧力突然于火中涌现一天使之偶像，如演剧一般。

许多国会议员却于威力不得不花衣羽饰，来赴此盛会，然目睹这种儿戏的举动，焉能不耻愤交并，群集矢于罗拔士比之妄自傲慢尊大，当时已有许多人背后窃窃私语，骂罗氏以"暴君""独夫"，事过之后，阴谋遂日亟了。

罗拔士比现在以为中立党已完全慑服于其威力之下，决不敢有丝毫反抗，因此颇为放心，唯于甲哥班堂中一部分反对他的人，尚存疑虑，颇想得间以尽除之。但他因自信过深的缘故，对于这些事件颇不以全力急赴之，故转予反对党以隙暇。这些反对分子因自身的生死利害问题，不得不急急为自卫的举动。他们彼此早已暗中协议，以为只要罗拔士比一死，将公安委员会及革命裁判所完全废止，恐怖政治从此告终，可以恢复到秩序的轨道以内。他们以此条件与中立派商量，自然易得同意。恰好这时有些良家子弟因厌恶恐怖政治之故，起而组织武装自卫的团体，浑名为"金箔附青年"（Jeuness Dorèe）。反对党得了这一支民众武装的后援，遂于一七九四年七月二十七日突然在国会提出弹劾罗拔士比的议案，经多数立时表决，遂将罗氏捕而投之狱中。

罗拔士比不意受此暗算，在狱中尚谋对付反对党的策略。但自叶伯尔派失败后，他已无直接指挥细民的机关，因此无能为力。最后以铳自杀也未果，鲜血淋漓，绑赴杀场，遂与其党羽九十四人同被杀戮。恐怖政治也随罗氏之死而告终。这一七九四年七月二十七日即革命后新历的共和二年炎热月九日。后来对于这次事变之运动有功者，遂有忒米刀尔党（Termidorian，今作"热月党人"）之名，忒米刀尔郎法语炎热之音译也。

第二十三章　甲哥班党之全败与秩序之恢复

自罗拔士比被殛之后，恐怖政治告终，人民脱离苦闷的环境而突入于欢欣鼓舞之域。但因被压迫已久，多数对于政治仍持厌倦态度，不加理会，其活动者仅少数反动运动耳。国会的权力较前大增，公安委员会须事事秉命而行。至八月十三日，遂将公安委员会废止，以国会全体当行政之任，设十七委员会以处理之。专制之弊虽去，但行政机关之运转不能如从前之灵活。民间反甲哥班党的空气大盛，对于党员渐敢加以非难，新闻纸也公开攻击起来。一部分良家的子弟，结成一种武装的团体，上着鼠色的上衣，佩黑色的襟饰，腕缠黑布，手携重杖或带刀剑铳等，横行街市，对于甲哥班党员施以武力的压迫，这一种团体当时绰号为"金箔附青年"，是反甲哥班党的主要武力。

这时国会内部也分为数派，塔利安（Tallien）、弗来龙（Freron，今作"弗雷龙"）、巴拉（Barras，今作"巴拉斯"）等结合成一派，称为忒米刀尔党，因于忒米刀尔日扑灭罗拔士比派有功。这些人都是丹顿的党人，素来主张温和主义，以恢复秩序为目的。此外与之对立者，有甲哥班党残余的过激派，如可洛代尔鲍亚、比洛屋·伦诺、巴莱尔、加尔诺等，旧公安委员会皆属之，唯圣揭斯特则已与罗拔士比同时被戮。忒米刀尔党因有金箔附青年的后援，对于甲哥班党也很压迫。新闻纸也连日攻击甲哥班党不已。至一七九四年十月十六日，又由国会通过政社法，取缔各政治团体的联合，当时甲哥班党的支部遍于各地，此法一公布自然大受影响。又其法严禁假借多数的力量压迫少数，这是将甲哥班党得意的武器也夺去了。甲哥班党自然不肯心服，屡次高呼此种反动运动为王政复活之预兆。比洛屋·伦诺于十一月三日在党会演说，谓人民方在对于反动运动有所激发，狮子现在并非死了，不过是在睡觉，一旦醒后必将其敌人搏击。这种演说发表反引起反对的影响，就在伦诺演说的一周后，有一队金箔附青年为中心的武装暴徒，闯入他们的党会，捕去党员，加以侮辱。至十一日，又一度袭击甲哥班俱乐部，幸经兵士保护得免。一般贫民无知，也仿照着对其加以侵袭。此举更给甲哥班党人精神上以一种打击。十一月十二日，公安委员莱尼尔公然向国会报告此事，博得议员们的喝彩。这时候，地方上舆论对于甲哥班党的攻击越加激烈，盖地方上受恐怖政治的荼毒最深，从前地方派遣委员到处残杀无辜，夺人的财产，强奸人的妻女，罪恶甚多，至此遂群起而追究旧罪，因此处罚旧公安委员的声浪大盛。国会中的反对党也乘机主张除对于曾有罪恶的地方委员加以处罚外，更主张对于曾派遣他们出外的长官，旧公安委员比洛屋·伦诺、可洛代尔·鲍亚、巴莱尔等加以裁判。甲哥班党人在国会中极力妨害此议，在议场中为数次之激烈攻击演说，无奈其他议员受他们的压迫已久，此刻决不肯再为屈服，况旁听席上有多数金箔附青年旁听，对于他们的言论每故意加以妨害，因此言论不能收效。他们不得已只好再用向来的老手段，鼓动贫民起而暴动。当时贫民因食物缺乏，颇有怨言，故党人犹存旧日的痴梦。一七九五年三月十五日，巴黎有两造的多数细民自称为人民代表，向国会来请求拯救他们的饥饿，状态极为狼狈，经兵士驱逐始散，事后调查系出于甲哥班派的阴谋。其后又有一部分贫民与金箔附青年在王宫前发生冲突。这时甲哥班党所号召的是从速实行一七九三年的宪法，乘此机会遂在国会提出，无奈反对者多，案遂延搁。至四月一日甲哥班派遂为最后的突击，多数细民冲破议场的门乱拥而入，高呼"面包！面包！"甲哥班党人也随之高呼，并请将宪法案速决。但议长坚待不动，多数议员也置之不理，细民等喧扰四小时之久，一事不成，为兵士驱逐而散，甲哥班党人的黔驴之技至此遂穷了。国会事后也决心要铲除甲哥班党，遂将首谋主动的甲哥班党诸领袖分别加以禁锢及流放，又付市以兵权，令之镇压贫民。甲哥班党仍不甘心，仍谋再起暴动。五月二十日，市中遍贴宣言，谓次日将起大暴动，其所标口号：第一面包，第二即时实行一七九三年的宪法，第三解散现政府，宥免被拘留的爱国者。果然到五月二十一日的夜晨，一部分暴民手提武器，包围国会，铳杀正在途中的议员佛劳，以抢尖挑其首领，乱入国会，强迫国会容纳他们的请求，即时议决并任命了实行委员，但转瞬应援的军队开到，加他们以压迫，适天又大雨，贫民多自行散去。国会忽自将前议取消，却以煽动反徒之罪命将甲哥班议员拘留。但暴动仍未平定，至二十三日将军吉尔曼（Kilmaine）率金箔附青年千二百名攻围暴徒，大军也次第云集，示以炮击的形势，叛党遂将武器交出屈服，甲哥班党员的自杀者接踵。

巴黎的甲哥班党失败以后，地方上气脉相同，如亚绵

（Amiens，今作"亚眠"）、卢昂（Rouen，今作"鲁昂"），马赛、西龙等市都多少曾起暴动，但皆易于平定。乱平之后更捕缚八名甲哥班党员，指为煽动叛乱，自此甲哥班党极端派遂完全覆灭，残余的少数党员也只有备员议场，甘守沉默，不敢复如前日之趾高气扬了。

罗拔士比死后，国会分为四个党派，他们因畏惧罗拔士比，一时曾互相团结，及共同之敌既去，忽尔分裂。第一为甲哥班党的极端派，主张彻底以恐怖政治的手段贯彻民主主义。其中多旧日的公安委员，故可目之为罗拔士比党，也称为忒米刀尔左党。第二即忒米刀尔党，其人曾经一时赞成过恐怖政治，且帮助其实行，多属丹顿的党羽，自推倒罗拔士比之后，颇占势力。他们恐怕恐怖政治再行复活之后，必于自身不利，故举全力覆灭极端甲哥班派，不惜与温和党携手，故人称之为忒米刀尔右党。第三为独立党（Independents），也是旧甲哥班党的分子，对于丹顿、罗拔士比、叶伯尔三派的行动都不赞成，但对于一七九三年王的死刑一事，尚认为正当。因为感情的冲突，并与极端派携手以对抗忒米刀尔右党。最后，第四即旧保守党及中立党，他们久知共和政治之难以维持，故常鼓动反动的风潮，与在外国的旧王党交通。忒米刀尔党恐怕极端派得势，故欲借异派以对抗之。乃议决自六月二日政变后被捕缚的吉隆丹党员七十三人一律准其复职，于是该派在国会中共占二百三十席，成为第一党。吉隆丹党议员复职后，在议会中也颇占势力，惜仍如前日的缺点，议论家多而实行家少，又有一部分人倾向于王党的。

自恐怖政治告终后，旧日类种的社会习惯逐渐恢复。可令人注意者是以妇人为主体的沙龙式社交生活。自罗兰夫人死后，此种生活久已绝迹于社会，至是又从新兴起。主其事者多恐怖政治下幸脱残生的人士，其谈论的题目多关于恐怖政治，且多倾向于反对方面。普通社会的风习也都渐恢复旧制，如衣服则禁戴赤色的自由帽、三色的徽章也都厌弃佩戴。人民相互间的称谓则国民、女国民，与马丹、麦歇之称并用。巴黎市政府所常贴的"不自由毋宁死"（La Liberte on la mort？）的标语也废止了，改用人道、正义等字样以代之。

革命时代因人民生活之困难，曾规定种种物价的最高价格，但此种以人工强制自然的方法，本难奏效，在恐怖时代政府有威力以盾其后，虽能勉强执行，犹不能禁人民之私定价格。今自秩序恢复以后，政府的威力大不如前，更虽强制执行。而且政府的财政困难，威信扫地，也无余力为人民调济不平。因此政府就将禁令取消，除谷物以外允许自由售卖，又准许外国人运输出入的自由，人民的生活才渐渐活动了。

恐怖时代的财政非常紊乱，政府的岁入仅仰伏于没收财产与滥发纸币两途，正当的租税收入甚少。恐怖时代告终后，新政府也别无整理的良策，依旧仰赖滥发纸币以救一时之急，以致纸币价格非常低落。因为纸币价格的低落，以致社会上罪恶日多，往往有借人的债而以票面额相同的纸币代还之者。政府为救弊起见，特规定凡亲族间财产之授受不得使用纸币，但是自己发行纸币又自己限制他的用途，未免有点矛盾了。纸币既然低落，现金的价值自然日日增高，多数人多贮蓄现金以待涨价，因此流通的现金更为缺乏，甚至有以物品代现金的。因为财政的紊乱，以致一般官吏生活困难，不得不贪赃枉法以维生计，因此一般道德甚为堕落。又因财政困难影响军事补充的缘故，对外战争甚为困难，因此平和论渐行，议会中持此议者不少，后来对普鲁士与西班牙之讲和，皆由此而起。但当时主战党仍甚占势力，其理由：第一为战胜之后可以得多数赔偿金以救济财政；第二可以扩张领土；第三可以在国境周围创立多数小共和国以扬国威。独立党的全体及忒米刀尔党的一部、旧甲哥班残党的全部及温和派中旧吉隆丹党议和皆属主战派。

第二十四章　王党恢复运动的失败

因为财政紊乱的结果，社会上投机和赌博的风气大兴，暴富之家不少。这些人多希望政治状况固定以保持他们的财产，以他们的常识判断起来，共和政治变化多端，总不如旧日专制政治之稳固，故一时歌颂王政的空气颇盛。再如僧侣们也很希望王政的恢复他们在恐怖时代备受压迫，至恐怖政治推倒后虽信仰已得自由，但没收的寺院财产终不能发还，且在体面上也远不如从前王政时代的尊严，因此他们也多主张恢复王政。外面的王党趁此机会，阴谋日亟。自路易十六死后，王党拥护的目标为太子小路易，即所谓路易十七世者。太子生于一七八五年三月，一七九二年八月他年甫七岁即随其父母被捕入狱，一七九三年他母亲被刑后，他的境遇更可怜了。像这样的一个伶仃孤苦的孤儿，竟为各方面视作奇货，不但王党想拥护他，就是君主立宪派也想拥之作立宪的君主，甚至共和派中也有人主张拥路易十七为虚位的大总统，而树立共和政治。路易十七的身价虽然这样高贵，但是本身的待遇却非常可怜。自离开他母亲之后，仍系于狱中，而委其保护的责任于一靴工西门（Simon，今作"西蒙"）之手，西门是极端残忍卑劣的甲哥班党员，以为太子是罪孽深重的王族之子孙，故特意加以凌辱，并教以卑劣的种种习惯。太子本来生得身体衰弱，经此人的种种的打骂挫折，竟弄得奄奄一息，有人说西门的种种暴举都是公安委员会的授意，盖公安委员会视太子为眼中之钉，必欲拔去之始为快。太子因身体衰弱之极，对于西门的种种叱打只有守沉默之一法，丝毫不敢反抗。到一七九四年一月，西门被选为市议员，公务多忙，遂无暇监守太子，后于忒米刀尔革命之际，西门也被杀于断头台上。在他未死以前，太子被闭于一小牢之中，一日一回由户隙传入食物，夜中三四回派人来查看。衣服多日不换，大小便也在就地，如虫豸一般生活者凡六个月之久。忒米刀尔革命之后，政府新派劳伦为太子监理人，他初入狱之时，劈头一种恶臭扑鼻，在污浊的一隅里，太子蜷伏其中，颜色俨如死人，手足皆肿，背已弯曲，头和身体都已出脓生虫，衣服之破碎自不必说。劳伦见此惨状不禁酸鼻，乃诉之国会请与以清洁之卧床，许其沐浴，但国会仍然顽强不许其移入他室。盖国会始终希望太子的夭折俾勤王派可以冷心，故特意对于他的病状不予调理。至一七九五年六月八日遂因病重去世，有人疑为毒杀，但不能证明。

太子的死，对于王党为一大打击，盖太子不死，则王党与温和进步党之间犹有调和的媒介，今则失其中介物了。路易十六之弟布罗温斯伯爵早已出亡在外，一闻其侄之死，即自称为路易十八，并于一七九五年七月发表宣言。其宣言大致主张恢复旧日光荣的王政，仍保存十五世纪以来的种种制度，再兴宗教，扫除无政府的乱暴状态。这个宣言一发表，毋宁表示路易十八的仍旧梦想昔日君主专制的政治，失去温和立宪派的同情，于复辟暴动大为不利。并且利用外力以图恢复势力，是法兰西人所大忌的，更难望得人拥护。加以国内的新兴地主恐怕旧制一恢复，他们的土地将被贵族夺去，一般人民也忧虑贵族、僧侣的再行跋扈，因此王党受了打击，进行甚为困难。

但是王党的运动仍不停止，文德（La Vendée，今作"旺代"）、布尔达尼（Bretagne，今作"布列塔尼"）二省早已因征发兵士及压迫僧侣之故起而独立，以勤王运动为号召。后经国会采取宽大手段，于一七九四年十二月一日发布大赦令，许其不究既往，始行降伏。但降伏之后因新旧派感情之不洽及兵民冲突等事，又有复行煽动之势。幸留守将军荷希处置得宜，于五月二十五日将王党主谋苟马丁等八人拘捕，并发宣言，凡私藏武器者加以严罚，安分守己者予以保护，乱机始平。

其时又有伯爵普撒希（Comte de Puisage，今作"普赛耶伯爵"）者，原为立宪国民议会的议员，是一个比较通达时务的人物，他曾游说英相辟德赞助王党的恢复运动。辟德原来对于一般王党的庸妄思想甚为轻视，但普撒希的主张较为妥适，故易动辟德之听。他以为若借外国兵攻入法境，则易惹法国人民的反对，得不偿失，因此他劝英国政府但以经济及武器贷给反叛党的领袖，以军舰输送叛党并掩护其上陆，所用之兵止以法国逃亡在外的人为限。辟德对此说赞同，允助其返国。适布尔达尼的事变发作，普撒希以为机不可失，因助辟德以军舰八双，组织三千五百人的初发队，自伯爵代维利（Comte d'Herilly）以下都属之。但征途方始，即发生统帅之争。普撒希本来以统帅自居，但代维利不肯服从他的命令，文德市叛党领袖谢雷特（Charette）也不肯居他人之下。且当同王党大多数系愚昧无识的人物，多不喜普撒希的较新思想，甚或詈之为与罗拔士比同流的人物。王党们内部如此纷争不已，因此军机迟滞，不能深入。法军主将荷希乘此机会，攻虚蹈瑕，将王党军上陆的根据地魁白龙（Quiberon，今作"基伯龙"）攻破，党军并布尔达尼人民被捕虏者至六千二百人，仅余千二百人乘英国军船而逃。战后荷希本欲采取宽大的处置，但因在军中的国会代表达利安主张强硬，遂将多数捕虏杀却。因此引起文德、布尔达尼两地农民之愤怒，乘此机会谢雷特得英国军器粮食的援助，遂又复起。皇弟亚尔特亚伯爵也率兵一万五千人返国。无奈亚尔特亚伯爵赋性怯懦，谬执持重之说不敢上陆，一方面路易十八也忌妒他兄弟的成功，恐怕有损他的声望，因此强令他们回兵。此事过后，王党的运动遂一蹶不振，再无复起之望。国内的温和党也看破王党的思想固陋、怯懦无能，不肯与之携手了。

第二十五章　新宪法与总裁政治

一七九三年的宪法在恐怖时代久未实行，武米刀尔革命后曾催促其实行，但多数议员不喜此宪法，故意加以延搁。最初借口实行宪法起见，另选委员制定实行的法律。委员选举的本意是想将宪法加以修改，但当时因甲哥班党尚有势力，故不敢提出。到暴民们完全压伏之后，遂公然宣布一七九三年的宪法诸多不备，应当别作新案。共和三年收获月五日，即一七九五年六月二十三日向国会提出报告。国会对此并无争议，于八月二十二日全部议竣。又将宪法付之国民投票，得了多数，于共和四年葡萄酒月一日，即一七九五年九月二十三日起实行，这就是改订的一七九五年的新宪法。

新宪法全部共分三百七十五条，大体采温和的革命主义。第一，废普通选举而代以阶级选举，这是全部最要之点。即议员的选举分为二重手续，先于初选会中由出席人选出地方裁判官、地方吏员，及复选选举会议员。凡出席初选会者，其资格必须年龄在二十一岁以上，一地方的特别名册上有姓名，曾在共和国内居住一年，直接向政府纳税或至少曾向政府缴纳与农业的劳力三日间的赁钱相当的款额者。凡在地方特别名册记名者必须有一定的职业，且共和十二年以后有读书之能力者。凡能出席初选会者，谓之能动公民，除此以外皆谓之被动公民。凡当选之复选会议员，其资格须年龄在二十五岁以上，岁入有与该地价格二百日以上之劳动赁金相当或居住与百五十日劳动赁金相当收入之市中家屋或二百日间劳动赁金相当之田舍者。复选当选人有选举两个立法院议员的权利。

立法部分为上、下两院。上院谓之元老院（Le Conseil des Anciens），议员数共二百五千人，资格限四十岁以上之已婚者。下院谓之五百人会（Le Conseil des Cinq Cents），议员数共五百人，资格限三十岁以上，余无其他的限制。法案提出之权仅限于下议院，上议院及政府皆无此权。议案经下院通过后再送上院以完成法律手续。若上院否决之后，一年内不得将该案再提出，但可将其中一部更为提出。上院对于议案不但可定可否，且有修正之权。两院得在同所开会，但不能在同一议场，行政部非经立法部的请求不得在其近傍六迈罗迈当内驻扎军队。立法部议事公开，但旁听者人数不得超过议员半数以上。议长及书记每月交代选举。凡议事以起立为表决，有疑问者举行秘密投票。得设立委员会，但不得为永续的。下议院中除紧急问题外，其余议案必须经过三读手续，各读会相距之时间不得在十日以内。各议员每年得与小麦三千米利格罗姆（Myriagram，今作"万克"）代价相当之报酬。议员不得因其言论之故受裁判或被捕。

这种两院式的英国议会制度，本是米拉波等稳健派所一向主张的，不过国民议会之中多空想家，以模仿英吉利为可耻，怀抱自开新例的虚荣心。且以上院为阶级制度的遗传物，反乎平等主义，而认一院制为民主主义的本质，故始终主张一院主义。现在经过罗拔士比的暴政以后，大家又误认一院制易于产生独裁者，故二院论遂复占优胜。但新宪法中上下院议员的资格无甚区别，故上院冷静，下院感情之互相调和的好处都不见了。

行政部设五人的总裁，其资格须在四十岁以上，由立法部任命。先由下议院秘密选出照总裁定额之十倍人数，再由上议院于此五十人中秘密选出五人。每年抽签一次，被抽出之总裁即辞职至五年满再重新改选。总裁与立法部同市住，其住宅费由政府供给，每年薪金与小麦五万米利格罗姆之数相当。随从步兵百二十名，骑兵百二十名为卫队。总裁穿特定的衣服，出入俱不许脱。总裁中互推议长一人，三月一交替。总裁不能直接处理行政事务，须任命六人至八人之大臣处理之，但总裁得召集大臣会议。总裁有发布法律，指挥军队，对阴谋叛国罪犯发逮捕状，任命大小官吏等权。在战争期间，有指挥殖民地之权。对外握外交之全权，签押条约，但须经立法部之批准。关于财政方面特设国库管理委员五人，负管理国有财产之责，并掌其支出。总裁不得自将军队。政府内官吏之数均较前减少。

此次新宪法与一七九一年的宪法比较大不相同。一七九一年的宪法毗于理想，因为惩于已往政府的专制，故专以削弱政府权力为目的。其结果行政部受立法部之限制过深，终至完全仰给于国会各委员会的鼻息之下。一七九五年的宪法惩于此弊，乃务求立法、行政之互相牵制，结果彼此之间无妥善联络之法，行政部的权力依然较强。关于立法部议员的选举，从前国民议会时代，曾禁止旧议员当选，结果新旧不相衔接，政局因之急遽变化。现在惩于此弊，规定用抽签方法，只改选议员三分之一，其余三分之二照旧，以防政局的急变。要之一七九一年的宪法趋于理想，一七九五年之宪法比较的毗于实际，但关于政治的公开，宗教的自由，逃亡者的赦免等当前必要的问题却两者都不曾顾及。

新宪法及选举法既经定出，自当进而实行。原来国会所以规定立法部议员只能改选三分之一者，虽云为惩旧日完全禁止再当选之弊，其实因为当时国会议员在民间已久失人望，大家多望有新人物出来改换局面，恐一经改选，温和党将渐得势，旧国会议员无从立足，因此始不顾舆论的反对，为此保全地位之规定。果然宪法公布之后，巴黎市即起反对之声，王党乘之大为活动。国会为防备万一起见，将地方军队渐次内调，并组织细民的队伍，以资保护。但地方人民对于渐次改造国会的办法尚表同情，因以军力赞助国会，结果宪法及新选举法得经大多数通过实行。但巴黎人民反对日烈，至十月三日遂有暴动之势。但这次暴动与从前的暴动不同，以富人为主动，手下有护国兵三万人，其中坚即金箔附青年。政府知此消息，急遽召集军队，以为抵御。奈当时军队士官多已厌于内战，不愿参加，大将米农（Mènon）并谢绝任细民队之指挥。十月四日，他率兵至叛党盘踞的拉普替尔区（Lapeltiter），命令叛党解散，叛党不从，径向国会进攻。时国会仅有军队四千人，细民队千五百人，防御甚为困难，一时未免稍挫，故叛军颇为欣幸，彻夜欢会庆祝胜利，但国会方面经巴拉连夜奔走之结果，士气复振。十月五日早晨，将米农罢免，以巴拉代之。巴拉因不甚知兵，遂召青年士官拿破仑而委以全责。

拿破仑受命之后，向米农略询以敌之状况后，直命部将率骑兵三百人赴撒波隆（Sablon，今作"萨伯隆"）取大炮四十门归，时叛军也派兵向撒波隆去取炮，经官军击败，取炮而归。拿破仑将这四十门大炮分布于国会附近适宜的处所，顷刻之间便变成一座坚固的堡垒，且与议员七百人以武器，使为预备队，形势更为稳固。叛军本无斗志，起初只想以声势威吓国会使其解散，至是见守备严固，转生畏意。乃于午后派人到国会提出议会条件议和。其所提条件本无甚与国会冲突之处，仅有解散细民队一条，国会议员对此有主张同意者，但因大多数坚决不主退让，且有细民队之威吓。故终于拒绝其条件，非叛徒舍弃武器不能议和。其时叛军已逐渐接近国会，两方兵士已能彼此谈话。不知何处枪声一放，两军遂起冲突。叛军一遇官军的炮火，即行溃走。拿破仑又命开大炮向空示威，叛军遂奔逃四散，至次日早晨市中要害已全为官军所占，乱事遂平。双方死伤各二百人以上。事后国会取宽大主义，仅将首魁二人处刑，其余概置不问。

十月二十六日，国会闭幕，次日即召集新议会。新选出的议员多数为温和共和党，立宪君主党及王党次之。旧国会议员之重选者也以温和党居多。当时地方选出的议员尚多未来巴黎，旧国会议员欲趁机把持政权，乃赶紧抽签成立元老院。即于四十岁以上的已婚议员之中，新选者抽出八十三人，旧国会议员抽出百六十七人，合成二百五十人之数，成立上议院。下余以及后来的议员，皆为下议员。

旧国会议员更趁新当选议员未到之际，预先协定总裁的人选，结果通过以鸠斯、吕伯尔、巴拉、拉吕维来、勒提纽五人为预选总裁。但依宪法本应由下议院选出五十个候补人，再由上议院从中择选五人，上议院中斌米刀尔党的反对党多，恐所预选的五人未必能当选，乃于此用了一些手段，即所选出五十人之中，其他四十五人尽系无名小卒，仅可为陪衬，故此五人不得不当选，结果只有鸠斯一人辞职，而以加尔诺代之。用这样苦肉之计，独立党得以与忒米刀尔党携手而限制王党及君宪党之活动，其维持共和之苦心亦殊不可及。但是共和政治已到日暮途穷之境了，人心已经盼望有新伟人的出现以拯救眼前的困难，打开一个新局面了。拿破仑的出现就是由这种期望所造成的。

第二十六章　共和政治之告终与
拿破仑之兴起

　　自罗拔士比被杀，公安委员会废止后，国会及总裁政府远不似从前之强悍有为，因此对外战争一时陷于不振之地位。总裁政府鉴于国势之危险，乃奋然发遣三军，向外侵略，二军向德意志攻入，其他一军则由拿破仑率领向意大利进发。意大利这一军本是牵制的作用，真正主力军队还在德意志方面，不料拿破仑以非凡的天才，率领贫薄的军队，不顾万难，渡过阿尔卑斯山（Alps）的重险，长驱将奥地利的军队击破。终于一七九七年十月十七日与奥军缔结康波佛米（Campo Formio，今作"坎坡福尔米奥"）条约，法兰西的领土大为扩张，国威大为澎涨。从此拿破仑遂成为国人崇拜的中心了。

　　法兰西的军队本是革命的产儿，革命之初，贵族将校多逃亡于国外，军队纪律中自由平等论之毒未免紊乱。加以当时军队自行选举士官，军事稍为失败，将官即为士卒疑为卖国，付诸裁判，不管证据之充分与否，即付死刑，而另行选举新将官，这样情形，军队当然不能统一而有力。但自加尔诺出来后，军队纪律大为整顿，在数量上、在性质上，法兰西军队都可算为欧洲第一的军队。在战术上则一脱从来复杂的形式而改用简单敏活的战略，所向无敌。法兰西革命的危险不啻为军队所救出。即如拿破仑当远征意大利之际，亦时时在军中决议为总裁政府声援。在这种情势之下，军队的势力一天澎涨一天，自然是一定的道理了。

这种军队势力澎涨的结果，其唯一的产儿便是拿破仑。拿破仑的出现恰好赶到法兰西国民次第饱尝总裁政府的无能，而要求刷新机会的时候。拿破仑利用这种国民的心理，遂于一七九九年十一月九日不意用兵力将上、下两院解散，改造新宪法，设立三个总统，而自任第一总统。以其绝顶的天才，发扬法兰西的国威于境外，内则为百般的进步改良，恢复安宁秩序，发达国民产业。在他的独裁政治之下，革命的第一叫声"自由"被压抑了，而革命的第二叫声"平等"却达到了，从前的阶级制度之弊害至此一扫而除。疲于革命的法兰西人民，对于这种进步的改革自然表示欢迎，因此拿破仑遂在人民欢迎之下，于一八〇四年五月十八日被推为法兰西大皇帝。直到一八一三年始以穷兵黩武之结果而失败。

以后这些事件都在拿破仑的个人传纪之中，本书所叙法兰西大革命的史迹至此已算完了。总括起来说，法兰西的大革命始于王政的压迫与贵族僧侣的跋扈，最初人民仅要求恩赐的些微改革而已，这种改革得不到，才激而成为具体的革命运动。由君主立宪变而为虚君共和，由虚君共和变而为国会政治，由国会政治变为恐怖政治，由恐怖政治变而为总裁政治，由总裁政治复变而为拿破仑的独裁政治。像走马灯一样，法兰西大革命在十年之中将一切政体都匆匆地演了一遍，但实际上已是进步了。

法兰西大革命年表

1774 年

5 月 10 日　　　　　路易十五死，路易十六即位，毛尔波为
　　　　　　　　　首相。

8 月 24 日　　　　　翟尔谷任财政部长。

1776 年

5 月 12 日　　　　　翟尔谷免职，初以库利尼（Cugny do Nui），
　　　　　　　　　继以芮克代之。

7 月 4 日　　　　　北美合众国发表独立宣言。

1781 年

5 月 19 日　　　　　芮克免职。

11 月 21 日　　　　毛尔波死。

1783 年

1 月 20　　　　　　凡尔赛和平会议，承认北美合众国之独立。

11 月 3 日　　　　　加伦组织内阁。

1787 年

2 月 22 日　　　　　召集名流会议。

4 月 8 日　　　　　加伦免职，布利因代之。

5 月 25 日　　　　　名流会议解散。巴黎最高法院拒绝登记布

利因之法令。

8月6日	王以正义敕（Lit de Justice）压迫最高法院。
8月15日	放逐最高法院议员。
9月30日	召还最高法院议员，王与最高法院继续争议。

1788 年

8月8日	王以勒令决定来年五月召集三级会议。
8月16日	政府濒于破产。
8月25日	布利因免职，芮克再掌财政。
12月6日、12月12日	再召集名流会议。

1789 年

5月4日	三级会议集合大游行。
6月20日	三级会议争论合并问题不快。
6月16日	第三级断然成立，翌日改称"国民议会"。
6月20日	网球场誓约。
6月23日	王亲临会议，第三级之全胜，实行三级合并之决议。
7月11日	芮克免职，翌日巴黎暴动。
7月14日	巴斯的狱的陷落。
7月17日	王返巴黎。
7月—8月	各地农民之叛乱。
8月4日	议会议决废止封建的特权。
10月1日	王室近卫兵于凡尔赛宫欢迎宴将上三色章蹂躏。

10 月 5 日	巴黎细民及妇女袭围凡尔赛，王室及议会藏于巴黎。

1790 年

2 月 4 日	王亲临议会。
6 月	法兰西全国联盟之进行。
7 月 12 日	巴黎全市热衷于圣讨马尔联盟纪念祭。
7 月 14 日	联盟纪念祭。
9 月 3 日	芮克辞职去法。

1791 年

4 月 2 日	米拉波死。
4 月 4 日	米拉波之葬仪举行。
4 月 18 日	王赴圣苦鲁（Saint Cloud）宫殿祭祀途中为民众侮辱。
6 月 20 日	王全家逃出巴黎被获。
7 月 17 日	圣讨马尔之"虐杀"。
8 月 27 日	奥帝、普王会于匹尔尼次，对法发表宣言。
9 月 30 日	立宪国民议会解散。
10 月 1 日	立法国民议会开会。
10 月 16 日	亚威农等地起骚乱。

1792 年

3 月	吉隆丹党内阁成立。
4 月 20 日	对外宣战。
4 月 29 日	里尔起骚乱，将军狄雍为部下所杀。
4 月 30 日	毕隆之军队败于门司。

6月12日	吉隆丹党内阁瓦解。
6月19日	王对于处分不宣誓之僧侣及联盟兵驻屯巴黎二决议不同意，行使其中止权。
6月20日	巴黎暴民迫袭王宫，发生国王侮辱事件。
6月28日	拉法夷脱来巴黎。
6月30日	拉法夷脱去巴黎。
7月6日	巴黎市长柏其翁免职。
7月11日	"祖国危险了"之宣言。
7月14日	联盟祭。
7月25日	布伦瑞克公宣言。
7月30日	马赛队与国民卫兵卫冲突。
8月9、10日	中央执行委贝会独占巴黎市政。国民卫兵总司令孟达被杀。
8月10日	民众袭击王宫。议会宣布停止王权，法兰西王政颠覆。
8月10、12日	吉隆丹党组织新内阁，丹顿为司法部长。
8月13日	王族幽闭于丹博尔监狱。
8月23日	鲁维开城。
9月2—6日	9月屠杀事件。
9月2日	不伦瑞克公取凡尔登。
9月20日	瓦尔迈之战。
9月21日	宪法制定国会开会。
9月22日	共和政治宣言。
11月6日	揭姆普之战，楮牟利大破奥单。

11 月 19 日	国会提议援助各国之废弃专制政治运动。
12 月 11 日	前王路易审问开始。

1793 年

1 月 21 日	路易死刑。
2 月 1 日	法英开战。
2 月 24 日	国民大征发之决议。
3 月 7 日	法班开战。
3 月 18 日	奥、法两军战于开特河附近之尼文登（Neerwinden），法军败绩。
3 月 25 日	公安委员会之设置。
4 月 4 日	楮牟利奔奥国。
5 月 31 日	谋叛委员会成立，吉隆丹派十二委员会废止。
6 月 2 日	叛乱起事，吉隆丹党议员被流放，恐怖政治开始。
7 月 13 日	马拉被暗杀。
7 月 25 日	梅因陷落。
7 月 28 日	威伦新奴陷落。
8 月 29 日	英军占领西龙。
9 月 17 日	制定嫌疑犯检举法。
10 月 7 日	国会军取里昂。
10 月 16 日	前王后死刑。
10 月 31 日	吉隆丹党名士死刑。
11 月 1 日	真理崇拜仪式之举行。

| 12 月 19 日 | 西龙由英军之手夺还。 |

1794 年

3 月 24 日	过激派首领叶伯尔被捕。
3 月 24 日	叶伯尔死刑。
4 月 5 日	丹顿派之处刑。
6 月 1 日	法海军为英海军击败于不来斯特。
6 月 8 日	举行最高存在之崇拜仪式。
7 月 27 日	罗拔士比失败，恐怖政治终了。
11 月 12 日	封闭甲哥班俱乐部。
12 月 8 日	吉隆丹党议员 73 名复归国会。

1795 年

1 月	法军征服荷兰。
4 月 1 日	暴徒对国会叛乱失败。
4 月 5 日	法普讲和，订巴尔条约。
5 月 20 日	对国会第二次之叛乱失败。
6 月 9 日	前王太子路易十七死。
7 月 10 日	法班讲和。
9 月 23 日	发表总裁政治宣言。
10 月 5 日	对国会最后之叛乱失败。
10 月 26 日	国民公会解散。